本项目由深圳市宣传文化事业发展专项基金资助

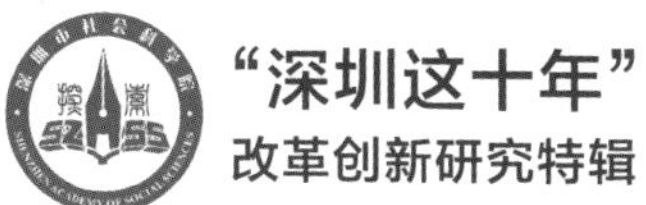

“深圳这十年”
改革创新研究特辑

新时代深圳城市文明建设的理念与实践

李凤亮◎主编

中国社会科学出版社

图书在版编目（CIP）数据

新时代深圳城市文明建设的理念与实践／李凤亮主编．—北京：中国社会科学出版社，2023.2

（“深圳这十年”改革创新研究特辑）

ISBN 978－7－5227－0985－7

Ⅰ.①新… Ⅱ.①李… Ⅲ.①精神文明建设—研究—深圳 Ⅳ.①D648

中国版本图书馆 CIP 数据核字（2022）第 205532 号

出 版 人 赵剑英
责任编辑 郭曼曼
责任校对 刘 娟
责任印制 王 超

出　　版 中国社会科学出版社
社　　址 北京鼓楼西大街甲 158 号
邮　　编 100720
网　　址 http://www.csspw.cn
发 行 部 010－84083685
门 市 部 010－84029450
经　　销 新华书店及其他书店

印　　刷 北京明恒达印务有限公司
装　　订 廊坊市广阳区广增装订厂
版　　次 2023 年 2 月第 1 版
印　　次 2023 年 2 月第 1 次印刷

开　　本 710×1000 1/16
印　　张 18.75
字　　数 279 千字
定　　价 119.00 元

凡购买中国社会科学出版社图书，如有质量问题请与本社营销中心联系调换
电话：010－84083683

主编简介

李凤亮，1971 年生于江苏阜宁，文学博士。曾先后在江苏师范大学、暨南大学、中山大学、美国南加州大学、深圳大学从事教学、科研和管理工作，现任南方科技大学党委书记、全球城市文明典范研究院院长、讲席教授。享受国务院特殊津贴专家，国家“万人计划”哲学社会科学领军人才，中宣部文化名家暨“四个一批”人才，“百千万人才工程”国家级人选暨国家“有突出贡献的中青年专家”，教育部“新世纪优秀人才支持计划”入选者，教育部高等学校艺术学理论类专业教指委委员，霍英东教育基金会高等学校“青年教师基金和青年教师奖”获得者，广东省“优秀社会科学家”。研究领域为文艺理论、文化产业与城市文明，独立主持国家级课题 6 项（重大项目 2 项），出版各类著作近 30 部，发表学术论文百余篇、文化评论近 200 篇。曾获中国文化产业 20 年学术贡献奖、广东省哲学社会科学优秀成果奖、广东省文学评论奖、鹏城杰出人才奖等。

内容简介

2019 年 8 月 18 日，《中共中央、国务院关于支持深圳建设中国特色社会主义先行示范区的意见》发布，将“城市文明典范”列为深圳建设中国特色社会主义先行示范区五个战略定位之一。党的十八大以来，深圳贯彻落实习近平新时代中国特色社会主义思想，推动城市文明实践不断孕育新的蝶变，为建设全球标杆城市提供文化能量。《新时代深圳城市文明建设的理念与实践》一书全面回顾了新时代深圳城市文明建设的理论与实践，从研究阐释学习宣传新思想、推进两个文明全面协调发展、打造高品质公共文化服务、推动文化产业高质量发展、构建文化安全体系、加强世界文明交流互鉴六个方面，系统阐述了深圳在城市文明典范建设不同方面的创新理念与实践探索、由此取得的“以文运城”的成效与经验、未来建设全球标杆城市的进程中充分发挥文明伟力、建设城市文明典范的思考与对策。

《深圳这十年》
编委会

总 序 一

突出改革创新的时代精神

在人类历史长河中，改革创新是社会发展和历史前进的一种基本方式，是一个国家和民族兴旺发达的决定性因素。古今中外，国运的兴衰、地域的起落，莫不与改革创新息息相关。无论是中国历史上的商鞅变法、王安石变法，还是西方历史上的文艺复兴、宗教改革，这些改革和创新都对当时的政治、经济、社会甚至人类文明产生了深远的影响。但在实际推进中，世界上各个国家和地区的改革创新都不是一帆风顺的，力量的博弈、利益的冲突、思想的碰撞往往伴随着改革创新的始终。就当事者而言，对改革创新的正误判断并不像后人在历史分析中提出的因果关系那样确定无疑。因此，透过复杂的枝蔓，洞察必然的主流，坚定必胜的信念，对一个国家和民族的改革创新来说就显得极其重要和难能可贵。

改革创新，是深圳的城市标识，是深圳的生命动力，是深圳迎接挑战、突破困局、实现飞跃的基本途径。不改革创新就无路可走、就无以召唤。作为中国特色社会主义先行示范区，深圳肩负着为改革开放探索道路的使命。改革开放以来，历届市委、市政府以挺立潮头、敢为人先的勇气，进行了一系列大胆的探索、改革和创新，不仅使深圳占得了发展先机，而且获得了强大的发展后劲，为今后的发展奠定了坚实的基础。深圳的每一步发展都源于改革创新的推动；改革创新不仅创造了深圳经济社会和文化发展的奇迹，而且使深圳成为“全国改革开放的一面旗帜”和引领全国社会主义现代化建设的“排头兵”。

从另一个角度来看，改革创新又是深圳矢志不渝、坚定不移的命运抉择。为什么一个最初基本以加工别人产品为生计的特区，变成了一个以高新技术产业安身立命的先锋城市？为什么一个最初大学稀缺、研究院所数量几乎是零的地方，因自主创新而名扬天下？原因很多，但极为重要的是深圳拥有以移民文化为基础，以制度文化为保障的优良文化生态，拥有崇尚改革创新的城市优良基因。来到这里的很多人，都有对过去的不满和对未来的梦想，他们骨子里流着创新的血液。许多个体汇聚起来，就会形成巨大的创新力量。可以说，深圳是一座以创新为灵魂的城市，正是移民文化造就了这座城市的创新基因。因此，在经济特区发展历史上，创新无所不在，打破陈规司空见惯。例如，特区初建时缺乏建设资金，就通过改革开放引来了大量外资；发展中遇到瓶颈压力，就向改革创新要空间、要资源、要动力。再比如，深圳作为改革开放的探索者、先行者，向前迈出的每一步都面临着处于十字路口的选择，不创新不突破就会迷失方向。从特区酝酿时的“建”与“不建”，到特区快速发展中的姓“社”姓“资”，从特区跨越中的“存”与“废”，到新世纪初的“特”与“不特”，每一次挑战都考验着深圳改革开放的成败进退，每一次挑战都把深圳改革创新的招牌擦得更亮。因此，多元包容的现代移民文化和敢闯敢试的城市创新氛围，成就了深圳改革开放以来最为独特的发展优势。

40 多年来，深圳正是凭着坚持改革创新的赤胆忠心，在汹涌澎湃的历史潮头劈波斩浪、勇往向前，经受住了各种风浪的袭扰和摔打，闯过了一个又一个关口，成为锲而不舍的走向社会主义市场经济和中国特色社会主义的“闯将”。从这个意义上说，深圳的价值和生命就是改革创新，改革创新是深圳的根、深圳的魂，铸造了经济特区的品格秉性、价值内涵和运动程式，成为深圳成长和发展的常态。深圳特色的“创新型文化”，让创新成为城市生命力和活力的源泉。

我们党始终坚持深化改革、不断创新，对推动中国特色社会主义事业发展、实现中华民族伟大复兴的中国梦产生了重大而深远的影响。新时代，我国迈入高质量发展阶段，要求我们不断解放思想，坚持改革创新。深圳面临着改革创新的新使命和新征程，市委市政府推出全面深化改革、全面扩大开放综合措施，肩负起创建社会主义现代化强国的城市范例的历史重任。

如果说深圳前40年的创新，主要立足于“破”，可以视为打破旧规矩、挣脱旧藩篱，以破为先、破多于立，“摸着石头过河”，勇于冲破计划经济体制等束缚；那么今后深圳的改革创新，更应当着眼于“立”，“立”字为先、立法立规、守法守规，弘扬法治理念，发挥制度优势，通过立规矩、建制度，不断完善社会主义市场经济制度，推动全面深化改革、全面扩大开放，创造新的竞争优势。在“两个一百年”历史交汇点上，深圳充分发挥粤港澳大湾区、深圳先行示范区“双区”驱动优势和深圳经济特区、深圳先行示范区“双区”叠加效应，明确了“1+10+10”工作部署，瞄准高质量发展高地、法治城市示范、城市文明典范、民生幸福标杆、可持续发展先锋的战略定位持续奋斗，建成现代化国际化创新型城市，基本实现社会主义现代化。

如今，新时代的改革创新既展示了我们的理论自信、制度自信、道路自信，又要求我们承担起巨大的改革勇气、智慧和决心。在新的形势下，深圳如何通过改革创新实现更好更快的发展，继续当好全面深化改革的排头兵，为全国提供更多更有意义的示范和借鉴，为中国特色社会主义事业和实现民族伟大复兴的中国梦做出更大贡献，这是深圳当前和今后一段时期面临的重大理论和现实问题，需要各行业、各领域着眼于深圳改革创新的探索和实践，加大理论研究，强化改革思考，总结实践经验，作出科学回答，以进一步加强创新文化建设，唤起全社会推进改革的勇气、弘扬创新的精神和实现梦想的激情，形成深圳率先改革、主动改革的强大理论共识。比如，近些年深圳各行业、各领域应有什么重要的战略调整？各区、各单位在改革创新上取得什么样的成就？这些成就如何在理论上加以总结？形成怎样的制度成果？如何为未来提供一个更为明晰的思路和路径指引？等等，这些颇具现实意义的问题都需要在实践基础上进一步梳理和概括。

为了总结和推广深圳的重要改革创新探索成果，深圳社科理论界组织出版《深圳改革创新丛书》，通过汇集深圳各领域推动改革创新探索的最新总结成果，希冀助力推动形成深圳全面深化改革、全面扩大开放的新格局。其编撰要求主要包括：

首先，立足于创新实践。丛书的内容主要着眼于新近的改革思维与创新实践，既突出时代色彩，侧重于眼前的实践、当下的总结，同时也兼顾基于实践的推广性以及对未来的展望与构想。那些已经产生重要影响并广为人知的经验，不再作为深入研究的对象。这并不是说那些历史经验不值得再提，而是说那些经验已经沉淀，已经得到文化形态和实践成果的转化。比如说，某些观念已经转化成某种习惯和城市文化常识，成为深圳城市气质的内容，这些内容就可不必重复阐述。因此，这套丛书更注重的是目前行业一线的创新探索，或者过去未被发现、未充分发掘但有价值的创新实践。

其次，专注于前沿探讨。丛书的选题应当来自改革实践最前沿，不是纯粹的学理探讨。作者并不限于从事社科理论研究的专家学者，还包括各行业、各领域的实际工作者。撰文要求以事实为基础，以改革创新成果为主要内容，以平实说理为叙述风格。丛书的视野甚至还包括那些为改革创新做出了重要贡献的一些个人，集中展示和汇集他们对于前沿探索的思想创新和理念创新成果。

第三，着眼于解决问题。这套丛书虽然以实践为基础，但应当注重经验的总结和理论的提炼。入选的书稿要有基本的学术要求和深入的理论思考，而非一般性的工作总结、经验汇编和材料汇集。学术研究需强调问题意识。这套丛书的选择要求针对当前面临的较为急迫的现实问题，着眼于那些来自于经济社会发展第一线的群众关心关注的瓶颈问题的有效解决。

事实上，古今中外有不少来源于实践的著作，为后世提供着持久的思想能量。撰著《旧时代与大革命》的法国思想家托克维尔，正是基于其深入考察美国的民主制度的实践之后，写成名著《论美国的民主》，这可视为从实践到学术的一个范例。托克维尔不是美国民主制度设计的参与者，而是旁观者，但就是这样一位旁观者，为西方政治思想留下了一份经典文献。马克思的《法兰西内战》，也是一部来源于革命实践的作品，它基于巴黎公社革命的经验，既是那个时代的见证，也是马克思主义的重要文献。这些经典著作都是我们总结和提升实践经验的可资参照的榜样。

那些关注实践的大时代的大著作，至少可以给我们这样的启示：哪怕面对的是具体的问题，也不妨拥有大视野，从具体而微的实践探索中展现宏阔远大的社会背景，并形成进一步推进实践发展的真知灼见。《深圳改革创新丛书》虽然主要还是探讨深圳的政治、经济、社会、文化、生态文明建设和党的建设各个方面的实际问题，但其所体现的创新性、先进性与理论性，也能够充分反映深圳的主流价值观和城市文化精神，从而促进形成一种创新的时代气质。

王京生

写于 2016 年 3 月

改于 2021 年 12 月

总 序 二

中国式现代化道路的深圳探索

党的十八大以来，中国特色社会主义进入新时代。面对世界经济复苏乏力、局部冲突和动荡频发、新冠肺炎病毒世纪疫情肆虐、全球性问题加剧、我国经济发展进入新常态等一系列深刻变化，全国人民在中国共产党的坚强领导下，团结一心，迎难而上，踔厉奋发，取得了改革开放和社会主义现代化建设的历史性新成就。作为改革开放的先锋城市，深圳也迎来了建设粤港澳大湾区和中国特色社会主义先行示范区“双区驱动”的重大历史机遇，踏上了中国特色社会主义伟大实践的新征程。

面对新机遇和新挑战，深圳明确画出奋进的路线图——到2025年，建成现代化国际化创新型城市；到2035年，建成具有全球影响力的创新创业创意之都，成为我国建设社会主义现代化强国的城市范例；到21世纪中叶，成为竞争力、创新力、影响力卓著的全球标杆城市——吹响了新时代的冲锋号。

改革创新，是深圳的城市标识，是深圳的生命动力，是深圳迎接挑战、突破困局、实现飞跃的基本途径；而先行示范，是深圳在新发展阶段贯彻新发展理念、构建新发展格局的新使命、新任务，是深圳在中国式现代化道路上不懈探索的宏伟目标和强大动力。

在党的二十大胜利召开这个重要历史节点，在我国进入全面建设社会主义现代化国家新征程的关键时刻，深圳社科理论界围绕贯彻落实习近平新时代中国特色社会主义思想，植根于深圳经济特区的伟大实践，致力于在“全球视野、国家战略、广东大局、深圳担当”四维空间中找准工作定位，着力打造新时代研究阐释和学习宣传习近平新时代中国特色社会主义思想的典范、打造新时代国际传播典范、打造新时代“两个文明”全面协调发展典范、打造新时代文化高质量发展典范、打造新时代意识形态安全典范。为此，中共深圳市委宣传部与深圳市社会科学联合会（社会科学院）联合编纂《深圳这十年》，作为《深圳改革创新丛书》的特辑出版，这是深圳社科理论界努力以学术回答中国之问、世界之问、人民之问、时代之问，着力传播好中国理论，讲好中国故事，讲好深圳故事，为不断开辟马克思主义中国化时代化新境界做出的新的理论尝试。

伴随着新时代改革开放事业的深入推进，伴随着深圳经济特区学术建设的渐进发展，《深圳改革创新丛书》也走到了第十个年头，此前已经出版了九个专辑，在国内引起了一定的关注，被誉为迈出了“深圳学派”从理想走向现实的坚实一步。这套《深圳这十年》特辑由十本综合性、理论性著作构成，聚焦十年来深圳在中国式现代化道路上的探索和实践。《新时代深圳先行示范区综合改革探索》系统总结十年来深圳经济、文化、环境、法治、民生、党建等领域改革模式和治理思路，探寻先行示范区的中国式现代化深圳路径；《新时代深圳经济高质量发展研究》论述深圳始终坚持中国特色社会主义经济制度推动经济高质量发展的历程；《新时代数字经济高质量发展与深圳经验》构建深圳数字经济高质量发展的衡量指标体系并进行实证案例分析；《新时代深圳全过程创新生态链构建理念与实践》论证全过程创新生态链的构建如何赋能深圳新时代高质量发展；《新时代深圳法治先行示范城市建设的理念与实践》论述习近平法治思想在深圳法治先行示范城市建设过程中的具体实践；《新时代环境治理现代化的理论建构与深圳经验》从深圳环境治理的案例出发探索科技赋能下可复制推广的环境治理新模式和新路径；《新时代生态文明思想的深圳实践》研究新时代生态文明思想指导下实现生态与增长协同发展的深圳模式与路径；《新时代深圳民生幸福标杆城市建设研究》提出深圳民生幸福政策体系的分析框架，论述深圳“以人民幸福为中心”的理论构建与政策实践；《新时代深圳城市文明建设的理念与实践》阐述深圳“以文运城”的成效与经验，以期为未来建设全球标杆城市充分发挥文明伟力；《飞地经济实践论——新时代深汕特别合作区发展模式研究》以深汕合作区为研究样本在国内首次系统研究飞地经济发展。该特辑涵盖众多领域，鲜明地突出了时代特点和深圳特色，丰富了中国式现代化道路的理论建构和历史经验。

《深圳这十年》从社会科学研究者的视角观察社会、关注实践，既体现了把城市发展主动融入国家发展大局的大视野、大格局，也体现了把学问做在祖国大地上、实现继承与创新相结合的扎实努力。“十年磨一剑，霜刃未曾试”，这些成果，既是对深圳过去十年的总结与传承，更是对今天的推动和对明天的引领，希望这些成果为未来更深入的理论思考和实践探索，提供新的思想启示，开辟更广阔的理论视野和学术天地。

栉风沐雨砥砺行，春华秋实满庭芳，谨以此丛书，献给伟大的新时代！

2022 年 10 月

目　录

前言　为建设全球标杆城市提供巨大文明能量

改革开放以来，深圳在经济与文化建设两个方面都取得了长足的进步，实现了物质文明与精神文明的协调发展，自 2005 年以来已连续六年荣膺“全国文明城市”称号。2019 年《中共中央　国务院关于支持深圳建设中国特色社会主义先行示范区的意见》中，“城市文明典范”被确定为深圳未来的五大战略定位之一。“践行社会主义核心价值观，构建高水平的公共文化服务体系和现代文化产业体系，成为新时代举旗帜、聚民心、育新人、兴文化、展形象的引领者[①]”，表明国家对深圳的殷切期望，也为深圳未来文化建设的目标和方向提供了战略指引。

城市文明是传统社会向现代社会转型的重要标志。城市文明也是具有本质性和历史性双重规定的抽象名词，它的本质性特征决定了它具有普遍的一般属性，它的历史性特征决定了它具有流变与更迭的性质[②]。作为经济特区的深圳，始终肩负着开辟中国特色社会主义道路的历史使命，其文化探索承接着中华民族文化选择的探索，为文化强国战略的城市实践路径探索方向。新发展阶段的深圳文化建设，需要承担起“示范”“标杆”“典范”的战略使命，以“超越”和“引领”的长远目光突破文化空间与文化时间的限制，坚持世界眼光与历史眼光相结合，创造文化强国建设城市发展的

---

① 《中共中央　国务院关于支持深圳建设中国特色社会主义先行示范区的意见》，中国政府网，2019 年 8 月 18 日，www. gov. cn/zhengce/2019 - 08/18/content_5422183. htm。

② 王焱麒：《从西方文明到全球文明：城市文明的中国转向》，《社会科学战线》2022 年第 5 期。

“深圳范式”①。

一　文化强国：从理念到实践

文化是扎根在中华民族身体中的根脉，一个失去文化的民族就如一推就倒的树木，毫无生命力可言。民族要复兴文化必繁荣，时代要进步文化必开放。建设社会主义现代化强国离不开文化强国这一变量的支撑，而文化强国这一目标的达成也会有助于提升中华民族的文化自信，从而更好地维护国家文化安全。文化要发展，离不开文化自信的底气，也离不开文化创新的干劲，任何国家和民族的长足发展都伴随着文化自信和文化创新的滋养和生长。在文化的动态发展中，文化自信是文化创新的精神动力之源，没有文化自信的文化创新缺乏根基，不能立足；文化创新是文化自信的强盛坚定之因，没有文化创新的文化自信外强中干，不能持久。而文化自强是文化创新、文化自信以及在此信念影响下文化实践的必然结果。

（一）坚定文化自信

文化自信大体上有两种层面的定义：第一种认为“文化自信，是一个国家、一个民族、一个政党对自身文化价值的充分肯定，对自身文化生命力的坚定信念”；第二种认为“文化自信是个人对所属国家和民族文化的积极态度和充分肯定，标志着对所属国家和民族文化的价值取向认同和身份认同”。可以看出，无论是从国家民族的角度还是从个体的角度，文化自信都反映出主体对于客体的肯定和认同，主体包含国家、民族、政党以及国民个人和海外华人，客体则体现出共同的价值取向和思想传承。

对于中国这样一个具有深厚历史文化底蕴、正在崛起的社会主义大国来说，建设文化强国必须坚定文化自信，定位好民族文化在世界文化中位置，以动态的战略眼光在民族文化和世界文化中建立起沟通互促的桥梁。习近平总书记在讲话中多次强调，“坚定文化自信，是事关国运兴衰、事关文化安全、事关民族精神独立性的大问题”；“文化自信，是更基础、更广泛、更深厚的自信，是更基

① 李凤亮、刘晓菲：《全球文化创新资源集聚与深圳城市文明典范构建》，《特区实践与理论》2021 年第 5 期。

本、更深沉、更持久的力量”。①

马克思主义启示我们，精神文化是实践活动的产物，活动过程中人的思维方式、交往方式逐渐内化为人的价值取向、文化素养、精神境界，将自身塑造为具有特定精神禀赋的文化存在物，并与文化他者相区分，至此才可判定文化自我的生成②。坚定文化自信要以加强文化自觉为着力点，一方面，要认同自身文化。认同是自信的前提，没有文化认同，就没有文化自信；另一方面，要包容外来文化。开放包容的文化心态、海纳百川的文化胸怀，最能反映一个国家文化自信的程度。

（二）推动文化创新

如果将中华文化比作一棵参天大树，那文化创新就如同滋养大树的土壤，文化自信就是大树的根茎。根茎的健康状况取决于土壤的肥沃程度，只有土壤肥沃了，根茎才能有所依托，扎根深入，从而向内生长、坚固而持久。与时俱进、创新不只是任何一种先进文化保持自身生命力和竞争力的不二法门。今天，面对日益激烈的综合国力竞争，我们要实现建成中国特色社会主义文化强国的目标，必须根植中华优秀传统文化沃土，树立宏大历史视野，把握世界发展大势，聆听时代声音，不断推进文化创新，在时代前进的洪流中续写中华文化的宏伟乐章。

一是要将创造性转化和创新性发展作为推动中华优秀传统文化现代化的两大底层逻辑。“不忘历史才能开辟未来，善于继承才能善于创新。”③ 要以更加自觉的心态、更加主动的状态投入到中华优秀传统文化的现代化协调、社会化适应上来，更好地推动创造性转化、创新性发展。创造性转化，就是赋予那些依然具有时代意义和生命力的文化以新的形式和内涵，借助现代化的传播载体和传播渠道，将焕发着生机活力的文化入脑入心。创新性发展，就是要按照

① 习近平：《在中国文联十大、中国作协九大开幕式上的讲话》，人民出版社2016年版，第5页。

② 冯诗琪、郭凤志：《提升中国特色社会主义文化自信的实践智慧研究》，《重庆社会科学》2021年第11期。

③ 习近平：《在纪念孔子诞辰2565周年国际学术研讨会暨国际儒学联合会第五届会员大会开幕会上的讲话》，人民出版社2014年版，第11页。

时代的新进步、新进展，对中华优秀传统文化的内涵加以补充、拓展、完善，增强其影响力和感召力。[①]

二是要营造有利于文化创新的环境。坚持百花齐放、百家争鸣的方针，支持和鼓励多元文化平等地交流交融交锋。这个环境还应该是正向激励的。习近平总书记指出："我们已经具备了自主创新的物质技术基础，当务之急是要加快改革步伐、健全激励机制、完善政策环境，从物质和精神两个方面激发科技创新的积极性和主动性。"[②] 推动文化创新，必须不断深化文化体制机制改革，持续激发文化生产主体的积极性和创造性。

（三）实现文化自强

文化自强的建立离不开文化自信和文化创新的助推。习近平总书记明确指出："要坚持中国特色社会主义文化发展道路，激发全民族文化创新创造活力，建设社会主义文化强国[③]。"建设社会主义文化强国一直都是我们党团结带领人民长期奋斗追求的重要目标，也是实现中华民族伟大复兴的基础支撑。在国际竞争中，实力的较量既包括以经济、军事为核心的硬实力，也包括以文化、制度为核心的软实力。国际经验表明，在国际大战略当中，政治、经济、文化、军事战略从来都是融合在一起并相互支撑的，没有孤立的国际政治经济战略，也没有孤立的国际文化战略。近代以来，广大发展中国家普遍受制于西方国家设计的战后全球治理体系结构。进入21世纪特别是第二个、第三个10年以后，随着西方国家整体实力和提供公共文化产品能力的下降，全球文化治理领域正面临着重新洗牌的局面。

在这样的背景下，实现文化自强一是要在继续提高国家政治、经济、军事实力的基础上，充分利用"世界向东看"的时代大势、"一带一路"倡议的深入实施、不断走出去的中国资本，将政治话

---

① 傅凯华：《推动中华优秀传统文化创造性转化创新性发展》，《光明日报》2021年11月25日。

② 习近平：《习近平关于科技创新论述摘编》，中央文献出版社2016年版，第58页。

③ 习近平：《决胜全面建成小康社会　夺取新时代中国特色社会主义伟大胜利——在中国共产党第十九次全国代表大会上的报告》，人民出版社2017年版，第25页。

语权转化为文化话语权、将经济影响力转化为文化影响力。二是要主动作为，做好全人类共同价值的宣传工作，共同构建人类命运共同体，让和平、发展、公平、正义、民主、自由的价值理念切实地转化为现实行动，同时，也要宣传好“多彩、平等、包容”的文明观，积极推动国际文化新秩序的构建，逐步形成带有中国印记的文化治理理念和文化治理规则，提升文化治理影响力和话语权。

二　城市文明：城市发展的高级形态

城市文明是国家文明的有机组成，文化强国必然要求构建高度发展的城市文明，打造一个国家的城市文明典范。城市展示着人类社会发展所达到的一种和谐与文明共存的状态。城市不仅要有经济的发达，更要有文明的繁荣。城市文明以其内在的浸润力和外在的辐射力成为城市精神的重要呈现，成为城市竞争力和可持续发展的关键所在。知识经济时代，国家之间的竞争越来越体现为文化软实力的竞争。城市作为国家发展的载体，其文化软实力的提升事关国家文化软实力建设，事关城市的可持续发展，事关现阶段中国社会主要矛盾的破解。

（一）城市文明的“根”

城市是人的实践活动的结果，城市极大地激发着人的想象力和创造欲望，是人不断实现人的本质、不断创造历史的有力证明。人的本质决定人一旦满足了基本生存需要，就会追求比生存更高的目的，城市就产生于人对这一目的实现过程之中[①]。

在世界相互隔绝的状态被打破以前，东西方城市有着不同的文化传统与发展路径。城邦作为一种新型城市聚落形态，大约出现在公元前 8 世纪到公元前 6 世纪这一时期。事实上，创建城邦的重要动因是通过采取“联合统一”的方式，把早期乡村组织进行集中，汇聚到一个设防的城镇中，从而建立起一个强大的政治体。另外，由于商业贸易以及增强防御和进攻力量的需要，使之在竞争中能够获得生存权和政治权力，一种具有内在趋向的公民团体出现了，并

① 王焱麒：《从西方文明到全球文明：城市文明的中国转向》，《社会科学战线》2022 年第 5 期。

形成与政治体相互制衡的力量，自由和稳定成为中世纪欧洲城市发展的重要推动力。而中国古代的传统政治结构下，城市主要作为加强中央集权、提高行政效率、维持统治秩序的工具而出现。不同层级的城市以及由中央统一派驻到城市的官员形成了一张庞大严密的行政网络，以便于中央的权力能够伸展到广袤中华大地的各个角落。不同的是，起始于小亚细亚西岸中部及爱琴海东部诸岛的欧洲文明，由于地理分割的原因形成了多个相对独立的城邦，从而无法形成强大的中央集权。这些被分散的政治实体因而有了较为独立和自主的发展空间，这些分散的政治体有时会为了获取更大的利益而建立政治共同体，虽然共同体有着一定的军事力量和经济实力，但其内部由于不同力量相互博弈，因而连接并不紧密。总之，在不同的历史演进与发展路径下，西方城市的起源是经济主导型，城市是经济发展的结果；中国城市的起源是政治主导型，城市是中央高效管理地方、维持秩序的行政工具。

随着资本主义萌芽的出现，随之而来的是城市之间的相互竞争。实力占据优势的城市成为商业交换的聚集地，在繁荣的商业贸易过程中，资本主义萌芽逐渐发展到以城市为中心的资本主义经济阶段。资本主义经济发展过程中，最早形成城市文明的城市，也都是那些体现自由个性、理性化秩序最发达的城市。大量人口涌入城市，高密度人群聚集到了城市，从而形成了一个共同的新空间——公共领域，公共领域就像是城市社会的容器，人们的思想、观念、生活上的变化都在这一容器中得以呈现和扩散。事实上，城市的文明化就是理性化过程，城市需要在理性化秩序的主导下形成一个精密物质组织以实现大规模的社会合作。但资本主义促成的城市文明隐含着一个不可调和的悖论，即资本主义与城市的悖论：资本主义强调个人权利和私有财产，而城市强调社会合作和公共空间。资本主义城市越发展，经济与社会、集体与个人，金钱与道德、少数资本家与广大无产阶级的矛盾就越发突出。

自坚船利炮强行叩开国门，中国被动卷入现代化历程以来，中国现代城市文明经历了以西方城市文明为导向、盲目拒斥西方文化、走出中国道路的发展趋势。从受制于人到主动探索，中国现代城市文明既认识到西方文明的局限性，又在兼收并蓄、博采众长中提出了“中国方案”，丰富了人类文明形态。

（二）城市文明的“域”

中国特色社会主义“五大文明”是中国特色社会主义事业的重要组成和最新成果，它解构了西方中心主义话语体系，超越了资本主义文明形态，创造了中国式现代化新道路，能够从根本上破解人与自然、人与人、人与自身的矛盾，成为人类城市文明的新形态。

中国特色社会主义物质文明立足于全体人民共享经济发展的成果，为此必须不断提高社会生产力，在做大蛋糕的基础上还要分好蛋糕，促进人与人物质方面的平等，以更从容的姿态迈向共同富裕。中国特色社会主义政治文明保护每一位民众的权利，同时强调义务的履行，实现在党的领导下彰显人民当家做主宗旨的践行和依法治国原则的保障，强调人与人之间政治方面的平等。中国特色社会主义精神文明集中表现在科学文化和思想道德两方面，在科学文化方面以文化之力推动崇德向善观念的养成，相信科学、相信科技，让文明的清风吹到华夏每一个角落；在思想道德方面以人的全面发展为目标，通过民众思想道德素质、科学文化素质、身心健康素质的全方位提高促进人与自身矛盾的解决。中国特色社会主义社会文明强调人与人的友好交往，对民众在社会中的生活、观念、行为和人际关系提出具体要求。中国特色社会主义生态文明以人与自然和谐共生为根本宗旨，经济建设、政治建设、文化建设、社会建设的各个方面和全过程都有生态文明的影子，人与自然理念的贯彻是充分融入到“五位一体”新发展格局当中的。

（三）城市文明的“度”

人类社会的发展是一个不断文明化的进程，也是不断提高社会文明程度、促进社会文明进步的进程。从古至今，人类社会的现代化水平与社会文明发展程度往往呈现出某种正相关关系。文明具有层次性，文明程度在城市发展的过程中循序渐进。

文明的基本维度是“人”的维度，以“人”为中心。文明为人所创造和享用，那么凡是有利于“人”的生存发展，帮助“人”实现美好生活理想的，就是进步的，凡是不利于“人”的生存发展，阻碍人们向美好生活迈进的，就是愚昧的。城市的核心是人，以人为本是城市文明永恒的底色，文明城市建设也会让人民有获得感。

文明的中间维度是保障人更好生存和发展的社会环境和制度环境。人类获得物质层面的“满足感”，即通过文明城市创建，健全社会保障体系，让人民享有更多更好的公共服务，为全体社会成员提供更多的就业岗位和创业平台，借此提升人民的物质生活水平。习近平总书记指出，文明是现代化国家的显著标志。① 社会文明程度的提升是建设社会主义文化强国的重要任务，必须努力摒除落后愚昧的思想观念和行为规范，发扬适应新时代要求的文明新风尚、新面貌。

文明的最高维度体现在人类精神层面的“满足感”，即通过文明城市创建，完善社会制度，弘扬社会主义核心价值，让生活在城市里的每个人有梦想、有追求，同时活得更有尊严、更体面，享受公平公正的同等权利。深圳在创建、巩固、提升城市文明的过程中，全市自上而下推进“共建共治共享”，激发全民参与热情，撬动社会各方力量，推动了市民文明素质和社会程度共同提升，实现更高层次、更高水平的文明创建。

城市文明是城市发展的重要支撑点，一个城市的文明程度影响着这个城市的发展高度。深圳经济特区成立40多年来，从一个小渔村变成物质文明、精神文明、政治文明、社会文明、生态文明协调发展的大都市，文明，已经深深烙印进深圳的城市品格之中，为深圳进一步发展为全球标杆城市打下了坚实的基础。六次荣膺“全国文明城市”称号见证了深圳的深厚底蕴，也让“文明”成为深圳新的核心竞争力。

（四）城市文明竞争力

文明是一种社会积淀、一种治理和谐，是一种城市风骨、一种生活品质，文明日益成为城市发展的核心竞争力之一。城市文明竞争力用“综合实力”来表征，其中包含“硬实力”和“软实力”。硬实力就是一个城市的基础设施建设和经济实力。软实力就是城市

① 习近平：《论把握新发展阶段、贯彻新发展理念、构建新发展格局》，中央文献出版社2021年版，第402页。

的制度及精神价值，其核心是精神的感召力或吸引力。城市文明发展过程中的城市经济、政治、文化等各方面建设的提升、城市党建引领能力的构建、市民文明素质的培育，不仅是一座城市“硬实力”的体现，也是一座城市“软实力”的象征。

城市文明竞争力，不仅体现在建设更高水平文明城市，追求一种荣誉，而是将城市文明体现在方方面面。首先，在“硬实力”方面，基础设施建设是文明城市的支撑，不只是创建全国文明城市的要求，还是一座城市生活的配套需要，也是一座城市建筑的主体。要建设好符合城市文明的基础设施，除了高水准的规划，还需要扎扎实实的建设与管理。要实现道路畅通、环境优美、生活便利、公共资源丰富，提高市民的幸福感和满意度。除了基础设施建设外，经济实力也是“硬实力”发展的重要一环，成为城市文明的重要保障。

其次，在“软实力”方面，城市文明的竞争力主要体现在城市的公共意识上，包含城市管理的制度水平以及市民的文明素质，前者侧重于法律法规建设，后者侧重于公共道德建设。城市的吸引力和“软实力”呈正相关，吸引的人越多，“软实力”水平越高，城市文明竞争力越明显。在创建文明城市的过程中，有许多构成城市“软实力”的要素，诸如文明交通意识、文明节约用餐、垃圾分类、礼貌待人等。

当前全国文明城市是目前国内城市综合类评比中的最高荣誉，是衡量一座城市整体发展水平和文明程度的综合性标志，是含金量很高的城市品牌。通过创建全国文明城市，有助于大大提高城市文明水平，提升城市的“软实力”。文明是发展的前提，一座城市的文明水平直接关系到城市的“软实力”，直接影响到城市的竞争力。只有不断提高文明水平，拥有强大的“软实力”，才能进一步挖掘发展潜力，拥有强劲的发展动力。

文化“软实力”是城市可持续发展的基础。一座城市的精神面貌如何，在一定程度上受生活在这座城市中的人的影响。城市通过产业发展创造就业岗位，吸引人才流入，人才则为城市带来多元的文化和交往方式，从而塑造了这座城市独特的文化环境和生存空间，这也是城市文化“软实力”的集中体现。事实上，城市文化“软实力”能更深层次激发人才的积极性、主动性和创造力，发掘人的无限潜力，让城市更美好，也让人才能更好地扎根到城市。40多年来，深圳始终坚持两条腿走路，在物质文明和精神文明上“两手抓、两手都要硬”。经济发展上的深圳速度也带动了文化发展上的深圳决心，各项文化事业和文化产业从萌芽到向上生长，无不彰显着深圳敢于拼搏、敢于创新的精神面貌。在深圳抓紧建设中国特色社会主义先行示范区之际，要进一步激活城市发展的内生动力，以创新驱动城市可持续发展，软硬兼施促进各要素相互补充、互为表里，优化组合，在系统思维的指引下全面促进深圳城市文明由量变向质变的飞跃。

三　以文运城：新时代城市发展理念升级与战略转型

新时代的城市发展、新时代的城市建设，应立足于新时代、新阶段，以系统的理念和战略来破解城市发展和城市建设的问题。研究新时代城市文明典范理论要从人民对美好生活的向往入手，聚焦深圳城市发展问题，运用新时代深圳城市发展理念指导深圳发展实践，关注城市功能提供深圳城市发展战略转型方案，以文运城之道是新时代背景下引领深圳城市建设和城市发展的必要途径。

（一）聚焦城市问题

深圳要想打造成为全国城市文明典范，需要直面城市发展中所面临的各种社会、经济、民生问题，坚持问题导向，深化文明城市建设，推动城市文明常态化。

在交通领域，深圳综合交通体系在多方面仍存在不足。如枢纽与通道能级难以支撑国家战略落地，区域交通体系难以支撑深圳发挥粤港澳大湾区核心引擎功能，公共交通服务水平和城市道路运行效率亟待提升，交通减碳成为深圳碳达峰工作的重点和难点。此外在交通民生方面，交通拥堵、停车难、电动车充电安全隐患等问题仍然存在。

在医疗领域，从医疗综合基础条件看，深圳还存在较大缺口，相对薄弱的医疗基础条件难以支撑超大城市的民生负荷，难以有效支撑庞大的人口对医疗卫生保健的巨量需求。医疗资源落后于北京、上海、广州甚至部分省会城市，人均医疗资源低于全国平均水平，三甲医院数量也不及广州的一半，导致市民对深圳的医疗水平难抱信心。此外，医疗条件的改善步伐也并不理想，因管辖权问题导致的医疗科技研发和分配不到位等成为重要的制约。

在住房问题方面，深圳存在的明显困局就是房价高企，房价高企的原因有很多，但最主要原因是供需关系不平衡，多年来住宅用地和人均物业供给量远远不能满足市民居住的现实需求，供不应求的局面还引发了大量投资乃至投机力量介入楼市，进一步助长了房价上扬。深圳城镇住房供需不平衡的更深层原因是内外双重性的“人地错配”，“人地错配”的政策取向导致深圳住房问题的供需失衡，而供需失衡下，叠加其他多种因素发酵，导致房价循环上涨，普通市民买不起大房子，只能住小房子，更多人连小房子也买不起，只能租房住。严重妨碍了深圳的高质量宜居格局形成。

在产业集聚方面，深圳在中美贸易摩擦、新冠疫情影响和新一轮技术封锁下面临更大挑战。基础研究能力较弱、重点行业“缺芯少核”等短板突出、产业结构仍需优化、制造业中高端供给不足等问题仍然存在。

随着超大城市经过多年的增量扩张，将会逐渐呈现无法突破的资源困境。早在 2005 年深圳发展就已面临土地、资源、水、环境“四个难以为继”，如今情况更加严峻。深圳的土地开发强度在 2016 年已经远超国际 30% 的警戒线，达到了 50%，不仅高出北京、上海和广州，还高出土地资源利用率居高不下的香港。

（二）关注城市功能

城市文明的进程需要通过调整城市结构和优化城市功能来不断向前迈进。城市功能是作为一个国家或地区的单元在其中所发挥的作用，亦称“城市职能”，生态、社会、经济、服务、创新等综合功能是一个综合性的大中城市所必备的素质，城市结构由经济结构、社会结构、空间结构等各要素组成，这些要素的相互作用促成城市结构的形成。城市功能的发挥一方面依附于城市结构；另一方面也推动着城市结构的演变。

在《深圳市城市总体规划（1996—2010）》中，深圳基本确定了自身的城市职能，即成为具有全国意义的综合性经济特区、区域综合交通枢纽、以集装箱运输为主的港口城市，以及与香港功能互补的区域中心城市、以高新技术为先导的区域制造业生产基地、具有亚热带滨海特色的现代历史文化名城等。现如今，随着深圳的繁荣发展，深圳的城市功能也开始随之变化。在深圳市人民政府发布的《深圳市可持续发展规划（2017—2030年）》中，也已经最新拟定了深圳的城市功能。

在城市生态功能方面，深圳要建成宜居宜业、绿色低碳生活环境。通过树立和践行“绿水青山就是金山银山”的理念，实行最严格的生态环境保护制度，持续改善和提升生态环境质量，形成绿色发展方式和生活方式，打造生态环境最优的绿色低碳之城，最终实现绿色低碳循环发展经济体系、提升城市环境质量、完善宜居多样的城市生态安全系统、加强城市景观设计和管理、形成一流的湾区海洋环境、创新生态环境保护治理机制。

在城市社会功能方面，深圳以普惠共享推动社会高质量发展。在加大民生投入、促进社会事业和经济增长的基础上，注重将发展成果惠及全体人民，推动基本公共服务均等化，让人民切实感受到机会的公平和服务的共享。同时，在区域发展平衡上、在民生改善力度上持续发力，推动社会治理效能的提升。在城市经济功能方面，深圳要形成开放包容、合作共享的新经济氛围。要有全球视野的战略眼光，在国际化开放合作的舞台上实现更高水平的对外开放和内外联动，把握历史机遇、赢得竞争主动，积极主动参与到全球可持续发展的进程中，推动和实施“一带一路”倡议，让粤港澳大湾区成为全球重要经济枢纽，为世界经济贡献中国力量。在城市服务功能方面，深圳以高科技促进民生领域的智慧化转型。为提升城市服务效能，要以人民需求为导向，推动大数据、云计算、物联网等技术的全方位利用，为建设万物感知、万物互联、万物智能的智慧便捷之城提供技术支持，从而最终实现建设智慧高效的交通服务体系、便捷多样的公共服务信息系统的目标，从而促进政府数据开放和共享应用，智慧城市运营管理平台的建设以及新型基础设施的持续完善。在城市创新功能方面，深圳要成为具有国际影响力、创新活力的创新主体。从体制机制、科技、产业等方面构建多元协同的综合创新生态体系，打造以基础研究为根本、技术开发为先导、金融支持为渠道、成果转化为目的的创新全链条，推动深圳形成真正具有活力的全球创新之城。此外，还要不断强化体制机制创新优势、持续提升科技创新基础能力，促进产业创新发展质量的提高和双创文化的持续发挥，促进优秀人才聚集，形成创新金融服务体系。

（三）以文运城之道

深圳城市文明的发展，是先进文化和经济发展相互促进的结果。深圳40多年的栉风沐雨、砥砺前进，不仅让经济实现腾飞，也让文化得到发展和繁荣，从而塑造了深圳独特的文明环境和发展氛围。深圳经济特区自建设之日起，就在不断建设中逐渐形成了开放多元、兼容并蓄的城市文化和敢闯敢试、敢为人先、埋头苦干的特区精神，辐射带动着粤港澳大湾区的人文精神，显示了社会主义核心价值观的强大生命力。

如今，“敢闯敢试、开放包容、务实尚法、追求卓越”是“新时代深圳精神”的凝练概括，这个由深圳人共同塑造的精神标识，不仅增强了城市的凝聚力和影响力，也承载着新时代城市建设的崭新内涵，引领着深圳的精神文明建设不断迈入更高阶段。深圳是一座深蕴“以文运城”之道的城市，打造城市文明典范，也必将让文明成为深圳最闻名的城市品牌。

城市文明典范的创建，要彰显深圳这座年轻城市的新气象，作为由党和人民一手缔造的崭新的社会主义城市，深圳在经济、政治、文化、社会、生态文明建设中的新作为新成就要宣传好弘扬好，在协调互促中稳步推动深圳的发展。习近平总书记强调，只有物质文明建设和精神文明建设都搞好，国家物质力量和精神力量都增强，全国各族人民物质生活和精神生活都改善，中国特色社会主义事业才能顺利推向前进。[①] 在人民对城市发展质量和精神文明建

① 中共中央宣传部：《习近平总书记系列重要讲话读本》，学习出版社、人民出版社2014年版，第105页。

设质量要求不断提高的新形势下，深圳要借助建设城市文明典范的契机，积极回应人民群众的期待，健全文明创建协调联动机制与长效管理制度，完善群众参与机制，坚持“人民城市人民建设，建好城市为人民”，在文明交通、文明就餐、绿色出行、垃圾分类的文明倡导行动中形成共建共治共享的文明典范城市治理格局。

城市文明典范的创建是全面提高市民文明素质和社会文明程度的有效手段。习近平总书记强调，市民文明素质决定城市文明程度，市民文明素质高一分，城市的形象就美十分。深圳市政府出台的《深圳市民文明素养提升行动纲要（2021—2025年）》（以下简称《纲要》）深化了“修心”“养德”“守法”“尚智”“崇文”“健体”六大行动，并将其分解为61个工作指标和23项重点项目。《纲要》的实施，着力从六大方面培育市民文明素养，为文明城市建设、文明市民培育制定了“路线图”和“施工表”。

城市文明典范的创建，对于提升群众自豪感，促进社会和谐稳定，推动城市现代化进程具有重大历史意义和现实意义。深圳应高度重视，将精神文明建设贯穿城市各项事业发展全过程，坚持培育和践行社会主义核心价值观，提升市民文明素养和城市文明程度。

第一章　传播“思想源”：深入研究阐释学习宣传新思想

党的十八大以来，习近平总书记曾四次视察深圳，作出一系列重要指示，为深圳把方向、谋大局、定政策。

2012 年 12 月 8 日，习近平总书记在党的十八大后首次离京视察就来到深圳。在改革开放的前沿城市，习近平总书记登莲花山，瞻仰邓小平铜像，发出“我们将坚定不移推进改革开放，奋力推进改革开放和现代化建设取得新进展、实现新突破、迈上新台阶”[①]的动员令。

2018 年 10 月 25 日，恰逢改革开放 40 周年，习近平总书记再次来到深圳，提出广东干部群众不忘改革初心，继续全面深化改革、全面扩大开放，努力创造出令世界刮目相看的新的更大奇迹。在前海石前，习近平总书记强调，“实践证明，改革开放道路是正确的，必须一以贯之、锲而不舍、再接再厉。深圳要扎实推进前海建设，拿出更多务实创新的改革举措，探索更多可复制可推广的经验，深化深港合作，相互借助、相得益彰，在共建‘一带一路’、推进粤港澳大湾区建设、高水平参与国际合作方面发挥更大作用”。[②]

2020 年 10 月，在庆祝深圳经济特区建立 40 周年之际，习近平总书记又一次来到深圳，出席深圳经济特区建立 40 周年庆祝大会并作出改革开放再出发的宣言。习近平总书记强调：“以一往无前的

---

① 《习近平在广东考察时强调　增强改革的系统性整体性协同性做到改革不停顿开放不止步》，《人民日报》2012 年 12 月 12 日。

② 《习近平在广东考察时强调　高举新时代改革开放旗帜把改革开放不断推向深入》，《人民日报》2018 年 10 月 26 日。

奋斗姿态、风雨无阻的精神状态，改革不停顿，开放不止步，在更高起点上推进改革开放，推动经济特区工作开创新局面，为全面建设社会主义现代化国家、实现第二个百年奋斗目标作出新的更大的贡献。”① 在庆祝大会上，习近平总书记指出，深圳等经济特区的成功实践充分证明，党中央关于兴办经济特区的战略决策是完全正确的。经济特区不仅要继续办下去，而且要办得更好、办得水平更高。②

习近平总书记再次来到莲花山公园，向邓小平铜像敬献花篮，表达对邓小平同志的崇高敬意和深切缅怀，指出“在新起点上，经济特区广大干部群众要坚定不移贯彻落实党中央决策部署，永葆‘闯’的精神、‘创’的劲头、‘干’的作风，努力续写更多‘春天的故事’，努力创造让世界刮目相看的新的更大奇迹！”③

2022 年 7 月 1 日，习近平总书记抵达香港出席庆祝香港回归祖国二十五周年大会暨香港特别行政区第六届政府就职典礼并发表重要讲话。习近平总书记指出：“香港地位特殊，条件优良，发展空间十分广阔。中央全力支持香港抓住国家发展带来的历史机遇，主动对接‘十四五’规划、粤港澳大湾区建设和‘一带一路’高质量发展等国家战略。中央全力支持香港同世界各地展开更广泛、更紧密的交流合作，吸引满怀梦想的创业者来此施展抱负。中央全力支持香港积极稳妥推进改革，破除利益固化藩篱，充分释放香港社会蕴藏的巨大创造力和发展活力。”④ 此次出席活动期间，习近平总书记在深圳接见广东省委有关负责同志，并发表重要谈话。深圳经济特区的改革发展事业之所以能够取得巨大成就，是党中央长期坚强领导、悉心指导的结果。深圳不断掀起研究阐释学习宣传习近平新时代中国特色

---

① 《深圳经济特区建立 40 周年庆祝大会隆重举行》，《人民日报》2020 年 10 月 15 日。

② 《深圳经济特区建立 40 周年庆祝大会隆重举行》，《人民日报》2020 年 10 月 15 日。

③ 《深圳经济特区建立 40 周年庆祝大会隆重举行》，《人民日报》2020 年 10 月 15 日。

④ 习近平：《在庆祝香港回归祖国二十五周年大会暨香港特别行政区第六届政府就职典礼上的讲话》，《人民日报》2022 年 7 月 2 日。

社会主义思想的热潮，奋力推动新思想在深圳落地生根，结出硕果，生出新花。

第一节　深圳研究阐释学习宣传新思想的时代背景

时代是思想之母，实践是思想之基。纵观马克思主义和社会主义运动史，不难发现，任何一种思想的产生都有其特定的历史条件，习近平新时代中国特色社会主义思想是顺应时代要求应运而生的，是在应对错综复杂的国内外局势的深刻变化中呼之而出的。

一　百年未有之大变局

当今世界正处于百年未有之大变局，是党的十八大以来习近平总书记科学研判世界形势发展变化进而作出的战略判断。2018 年 6 月，习近平总书记在中央外事工作会议上作出了一个重大论断，指出“当前，中国处于近代以来最好的发展时期，世界处于百年未有之大变局，两者同步交织、相互激荡”①。习近平新时代中国特色社会主义思想的创立与不断发展，与世界百年未有之大变局及其加速演进有十分紧密的联系。

首先，“百年未有之变局”是对国际格局发生巨大变迁的重大判断，主要是世界经济格局的变化、全球发展重心的转移以及全球性问题层出不穷。

近年来，世界经济格局发生巨大变化。自工业革命以来，西方一直领先于世界其他地区，但在百年未有之大变局的局势下，却出现了第一次全面颓势。在第一次世界大战之前，国际领导力主要存在于西欧。但两次世界大战之后，世界经济重心开始从欧洲转向北美。如今随着亚洲的崛起，世界权力中心正在从北美转向亚洲。

进入 21 世纪，发达国家、新兴市场国家和发展中国家在国际分工体系中的地位和角色发生了重大转变，发达国家的经济增长日益

---

① 《习近平在中央外事工作会议上强调坚持以新时代中国特色社会主义外交思想为指导　努力开创中国特色大国外交新局面》，《人民日报》2018 年 6 月 24 日。

乏力，新兴市场国家和发展中国家在世界经济中占据了越来越多的比重和份额见下图。

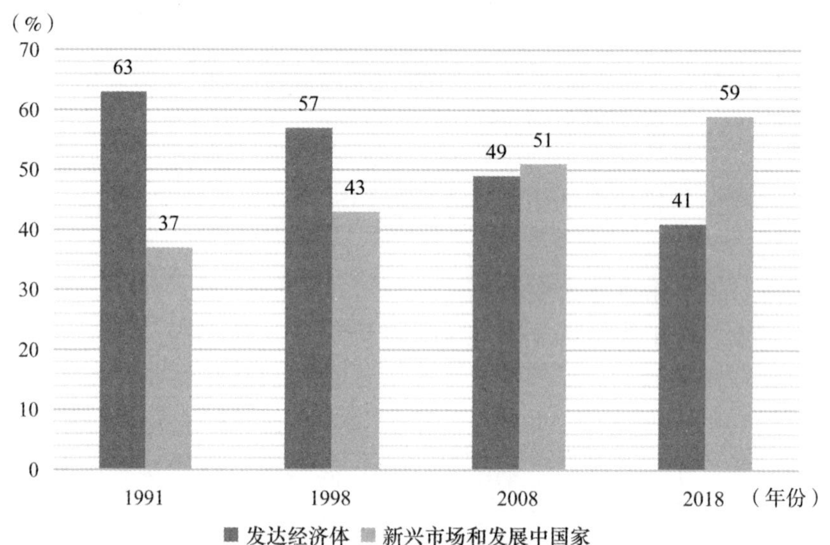

发达经济体、新兴市场和发展中国家在世界经济中的比重变化趋势

资料来源：国际货币基金组织：《世界经济展望》（*World Econmic Outlook*），2019 年 4 月。

亚洲国家在科技创新研发、工业制造和电子商务等方面不断加大投入，各国基础设施逐步完善，交通不断便捷。在新的科技革命时代，工业文明越来越体现出向信息文明转化的特点，而亚洲尤其是中国在信息文明发展的层面占领了制高点。这种趋势改变了世界的整体格局，出现了新时代世界格局和地缘政治的新特质。党的十八大以来，中国采取了一系列具有前瞻性的措施，这表明我们已经敏锐地意识到世界发展变局和态势，以及如何占领战略制高点来取得更大优势。

相比之下，西方社会各种焦虑的声音此起彼伏。欧洲社会的人口老龄化状况日益严重，社会结构极为不合理。穆斯林和中东大量难民的涌入，增加了欧洲经济发展的难度。欧洲曾经一度引领人类的工业化进程，如今也显示出日薄西山之气。美国的发展也处于低谷，1776 年美国发表了《独立宣言》，“盎格鲁 - 撒克逊”文明在人类史上曾经长期令人侧目，但在当代美国也出现了颓势。白人人口比例下降到一半以下，在面临人口比例危机的情况下，白人至上主义等各种极端思潮甚嚣尘上。其他西方国家面对非西方国家的不断崛起，也出现了种种危机心态和遏制情绪。

近年来，全球性问题层出不穷，非传统安全让人类面临共同挑战。随着政治多极化、经济全球化、社会信息化、文化多元化的逐步发展，全球面貌发生了极大改变，原有治理体系和国际秩序也在加速蜕变。世界发展面临着极其不稳定的状况，经济发展动力不足，贫富差距日益扩大。

2008 年西方国家出现了国际金融危机，成为全球化进程的转折点。这次危机凸显了西方国家内部的最主要的矛盾：资本家在享受着红利的同时，逐步把企业和资本转移到发展中国家来获取更高的利润，不断加剧本国产业空心化，贫富差距扩大，引发社会矛盾，进而导致民粹主义盛行。美国人选出了政治素人特朗普担任总统。特朗普上台之后，以单边主义替代多边主义，采取美国优先的策略，挑起中美之间的贸易博弈，严重干扰全球产业链。加上新冠疫情等多重因素的影响，世界经济面临严峻挑战。当前新冠疫情肆虐，成为第一次世界大战以来影响最大、范围最广的全球性公共卫生事件。随着社会生产力的发展，人类科学技术水平不断提高，各国医疗水平也稳步增长。但由于新冠疫情发展迅速，快速波及全球，其不可控性远远超出了人们的想象力，考验国际社会的应对能力。为了快速战胜新冠疫情，防止其不断蔓延，各国采取不同程度的管控措施，生产生活受到了极大影响。

其次，“百年未有之大变局”也是对国内治理出现综合难度的重大判断。近年来，中央和地方政府不断提升治理水平和治理能力，但快速发展的技术条件、不断变化的社会结构、日益复杂的利益调整，也让中国社会治理面临诸多挑战。互联网的不断发展打开了新治理模式的潘多拉魔盒。在传统社会中，民众社会地位的高低、财富的多寡成为判断社会结构的重要标准，而在现代社会，人们拥有数字、掌握信息的能力和程度变化决定着整个社会结构的变迁。如何在信息化时代保持公平正义，实现更合理的治理，保证高质量的发展，需要高屋建瓴的哲学理念。

中国尽管发展速度举世瞩目，但发展不平衡不充分问题仍然突出。冷战结束以后，西方面临着一轮又一轮的经济危机和金融危机。中国加入 WTO 之后，也与世界逐步融为一体，因此也不免受到西方经济危机和金融危机的影响。如何应对西方经济和金融危机带来的挑战，考验中国在未来全球治理当中的能力。

二 伟大时代需要伟大思想

在百年未有之大变局加速演进的背景下，以习近平同志为核心的党中央，为解决全球治理、国际安全、世界经济等一系列重大问题提供了新方向、新方案、新选择。

2017 年 10 月 18 日，习近平总书记在党的十九大报告中指出，“经过长期努力，中国特色社会主义进入了新时代，这是我国发展新的历史方位”；“中国特色社会主义进入新时代，在中华人民共和国发展史上、中华民族发展史上具有重大意义，在世界社会主义发展史上、人类社会发展史上也具有重大意义”①。

2017 年 10 月 24 日，由中国共产党第十九次全国代表大会修改并通过的《中国共产党章程》指出：“十八大以来，以习近平同志为主要代表的中国共产党人，顺应时代发展，从理论和实践结合上系统回答了新时代坚持和发展什么样的中国特色社会主义、怎样坚持和发展中国特色社会主义这个重大时代课题，创立了习近平新时代中国特色社会主义思想。习近平新时代中国特色社会主义思想是对马克思列宁主义、毛泽东思想、邓小平理论、‘三个代表’重要思想、科学发展观的继承和发展，是马克思主义中国化最新成果，是党和人民实践经验和集体智慧的结晶，是中国特色社会主义理论体系的重要组成部分，是全党全国人民为实现中华民族伟大复兴而

① 《党的十九大报告辅导读本》，人民出版社 2017 年版，第 11—12 页。

奋斗的行动指南，必须长期坚持并不断发展。在习近平新时代中国特色社会主义思想指导下，中国共产党领导全国各族人民，统揽伟大斗争、伟大工程、伟大事业、伟大梦想，推动中国特色社会主义进入了新时代。”①

习近平新时代中国特色社会主义思想作为党的十八大以来实践经验的集中总结，是建党100余年、中华人民共和国成立70多年以及改革开放40多年来历史经验的深刻凝练。

三　新思想构建新城市文明

新思想对未来中华文明和未来人类文明的构建也起到引领作用。未来的人类命运，依托于人类文明的不断进步，每个国家与民族的延续，必须以文化繁荣为前提，中华民族伟大复兴也需要以中华文化的发展作为前提和条件。在新时代，以习近平同志为核心的党中央，不断回答如下文化发展课题：如何发挥中国优秀传统文化的优势，结合新的时代特征弘扬中华优秀传统文化，为中华民族伟大复兴提供精神动力和智力支持，讲好中国故事，构筑好中国精神、中国价值和中国力量。

中华文明作为世界上最古老的文明之一，在历史上经历了无数艰难曲折之后，仍然延绵不断，是世界文明史上的奇迹。中华优秀传统文化作为中华民族的基因，根植于中国人内心，深刻影响当代中国人的思想方式和行为方式。中华优秀传统文化对于形成和维护中国团结统一的政治局面，对于形成和巩固中国多民族和合统一的大家庭，对于形成和丰富中华民族精神，对于推动中国社会发展和进步，发挥了十分重要的作用。近代以来，中国遭受文明危机，但中国人能够凭借深厚的中华文化优势、中华民族的精神基因和中华民族的魂和根，能够从上千年的文明积累当中汲取营养和智慧，不断挖掘中国传统文化的内涵，发挥其优势的同时又激发传统文化的生机和活力，从而走出民族危机，在新时代逐步实现民族复兴。2014年5月30日，习近平总书记在北京市海淀区民族小学主持召

① 《中国共产党党章》，人民出版社2017年版，第3页。

开座谈会时指出："为什么中华民族能够在几千年的历史长河中顽强生存和不断发展呢？很重要的一个原因，是我们民族有一脉相承的精神追求、精神特质、精神脉络。今天我们使用的汉字同甲骨文没有根本区别，老子、孔子、孟子、庄子等先哲归纳的一些观念也一直延续到现在。这种绵延几千年的文明，在世界各民族中是不多见的。"①

凭借优秀传统文化影响，在党的坚强领导下，当代中国人民已经形成了正确的历史观、民族观、国家观和文化观，形成了中国人民强有力的对于民族国家的认同感、尊严感和使命感。习近平总书记指出："博大精深的中华优秀传统文化是我们在世界文化激荡中站稳脚跟的根基。"② 在党的领导下，面对百年未有之变局和复杂疫情相互交织，面对世界局势的不断动荡、变革，中国人民能够坚守自己的文化自信。习近平总书记强调："在中外文化沟通交流中，我们要保持对自身文化的自信、耐力、定力。"③ 根植中华文化沃土，将马克思主义基本原理同中国具体实际相结合、同中华优秀传统文化相结合，不断推动马克思主义中国化、时代化，推动中华优秀传统文化创造性转化、创新性发展，这是中国共产党之所以能够带领中国人民走出中国式现代化道路的重要原因。

在当代，在西方的发展面临动荡与危机、中国也经历着深刻的社会变革的背景下，中国共产党和中国人民有着强大的动力和广阔的空间，实现中华优秀传统文化的创造性转化和创新性发展。中华优秀传统文化对于我们解决当代中国和世界面临的种种难题，对于中国共产党治国理政，对于社会主义道德建设和思想文化建设，都可以提供重要资源和积极有益的启示与借鉴。

总之，在中国特色社会主义伟大实践过程中，中华优秀传统文化经过中国共产党人和中国人民的创造性转化，对于人类文明的贡

---

① 全国干部培训教材编审指导委员会编：《社会主义文化强国建设》，人民出版社 2015 年 2 月第 1 版，第 34 页。

② 《习近平在中共中央政治局第十三次集体学习时强调把培育和弘扬社会主义核心价值观作为凝魂聚气强基固本的基础工程》，《人民日报》2014 年 2 月 26 日。

③ 《习近平同德国汉学家、孔子学院教师代表和学习汉语的学生代表座谈强调掌握一种语言就是掌握了通往一国文化的钥匙》，《人民日报》2014 年 3 月 30 日。

献必将充分彰显。

城市文明是人类文明和当代文明建构的重要内容。党的十八大以来，习近平总书记高度重视中国城市发展，多次发表重要讲话。2015 年 2 月、2016 年 12 月、2017 年 11 月、2020 年 11 月，习近平总书记先后多次接见全国文明城市工作先进代表，为文明城市创建工作指明了方向、提供了遵循。随着新时代中国特色社会主义事业的不断推进，城市文明创建活动在全国蓬勃展开。

城市文明建构的主旨是以人民为中心。2019 年 8 月 19 日至 22 日，习近平总书记在甘肃考察时指出：“城市是人民的，城市建设要贯彻以人民为中心的发展思想，让人民群众生活更幸福。金杯银杯不如群众口碑，群众说好才是真的好。”① 2019 年 11 月 2 日至 3 日，习近平总书记在上海考察时强调：“无论是城市规划还是城市建设，无论是新城区建设还是老城区改造，都要坚持以人民为中心，聚焦人民群众的需求，合理安排生产、生活、生态空间，走内涵式、集约型、绿色化的高质量发展路子，努力创造宜业、宜居、宜乐、宜游的良好环境，让人民有更多获得感，为人民创造更加幸福的美好生活。”②

城市文明建构的路径是现代城市的科学化、精细化和智能化治理。2018 年 11 月 6 日至 7 日，习近平总书记在上海考察时指出：“城市治理是国家治理体系和治理能力现代化的重要内容。一流城市要有一流治理，要注重在科学化、精细化、智能化上下功夫。既要善于运用现代科技手段实现智能化，又要通过绣花般的细心、耐心、巧心提高精细化水平，绣出城市的品质品牌。”③ 2020 年 3 月 29 日至 4 月 1 日，习近平总书记在浙江考察时强调：“推进国家治理体系和治理能力现代化，必须抓好城市治理体系和治理能力现代化。运用大数据、云计算、区块链、人工智能等前沿技术推动城市

---

①《习近平在甘肃考察时强调坚定信心开拓创新真抓实干团结一心开创富民兴陇新局面》，《人民日报》2019 年 8 月 23 日。

②《习近平在上海考察时强调深入学习贯彻党的十九届四中全会精神提高社会主义现代化国际大都市治理能力和水平》，《人民日报》2019 年 11 月 4 日。

③《习近平在上海考察时强调坚定改革开放再出发信心和决心加快提升城市能级和核心竞争力》，《人民日报》2018 年 11 月 8 日。

管理手段、管理模式、管理理念创新，从数字化到智能化再到智慧化，让城市更聪明一些、更智慧一些，是推动城市治理体系和治理能力现代化的必由之路，前景广阔。”①

建构城市文明内涵、品质和特色的重要思路是延续城市历史文脉。2019 年 11 月 2 日至 3 日，习近平总书记在上海考察时强调：“城市历史文化遗存是前人智慧的积淀，是城市内涵、品质、特色的重要标志。要妥善处理好保护和发展的关系，注重延续城市历史文脉，像对待‘老人’一样尊重和善待城市中的老建筑，保留城市历史文化记忆，让人们记得住历史、记得住乡愁，坚定文化自信，增强家国情怀。”②

城市文明可持续建构的前提和保障是统筹好生产、生活和生态布局。2021 年 3 月 22 日至 25 日，习近平总书记在福建考察时强调：“建设好管理好一座城市，要把菜篮子、人居环境、城市空间等工作放到重要位置切实抓好。福州是有福之州，生态条件得天独厚，希望继续把这座海滨城市、山水城市建设得更加美好，更好造福人民群众。”③。

第二节　党的十八大以来深圳研究阐释学习宣传新思想的探索

党的十八大以来，深圳不断探索研究阐释、学习宣传习近平新时代中国特色社会主义思想的路径，不断开拓创新，通过自身实践落实新思想要求，彰显新思想实践伟力。深圳不断提高政治站位，持续学习和宣传党在新时代的创新理论。深圳的发展史是一部探索史、实践史，在学习新思想方面，也不断体现“先行示范区”的特

① 《习近平在浙江考察时强调统筹推进疫情防控和经济社会发展工作奋力实现今年经济社会发展目标任务》，《人民日报》2020 年 4 月 2 日。

② 《习近平在上海考察时强调深入学习贯彻党的十九届四中全会精神提高社会主义现代化国际大都市治理能力和水平》，《人民日报》2019 年 11 月 4 日。

③ 《习近平在福建考察时强调在服务和融入新发展格局上展现更大作为奋力谱写全面建设社会主义现代化国家福建篇章》，《人民日报》2021 年 3 月 26 日。

色，通过不断创新理论宣传和宣讲方式，提升新思想在广大干部群众中的宣传效果，学懂悟透，入脑入心。

一　全方位宣传

深圳特区的改革发展史是中国波澜壮阔改革开放史的缩影，集中体现了中国特色社会主义理论体系的形成与发展过程。深圳奇迹彰显了中国特色社会主义制度的优越性，也是科学社会主义在新的时代焕发出蓬勃生机的体现。在新的时代，深圳必须坚持以习近平新时代中国特色社会主义思想为指导，增强“四个意识”，坚定“四个自信”，做到“两个维护”，不断提高政治判断力、政治领悟力和政治执行力，将习近平总书记所勾勒的宏伟蓝图变成改革发展的实践，充分彰显习近平新时代中国特色社会主义思想的真理力量、思想力量和实践力量。

深圳在理论宣传方面秉持“全球视野、国家战略、广东大局、深圳特色”，不断为实现社会主义现代化典范城市提供精神动力。党的十八大以来，深圳奋力实现习近平总书记赋予广东和深圳的任务，在宣传文化战线上提高政治站位，通过落实指示和理论精神创建社会主义现代化强国的城市典范，为率先实现社会主义现代化建设提供精神动力和思想保障。深圳长期在学习和宣传方面下工夫，坚持学在前、做在先，在贯彻执行层面长期走在前列。通过网络宣传、社会宣传、文艺宣传等多种宣传方式，深圳不断增强党的政治领导力、思想引领力和社会号召力，把党的精神贯彻到全社会、贯彻到干部和群众工作的方方面面，打造文明典范城市，推进深圳文化高质量发展。

深圳围绕中央和省委相关文件精神，不断加大理论宣传工作。2020 年面对理论宣讲的新形势新要求，深圳各区成立了区级的讲师团，通过“互联网 +”理论宣讲的形式，在全市开展理论宣传。深圳根据中央《关于加强和改进新时代党委讲师团工作的意见》和省委《关于加强和改进新时代党委讲师团工作的若干措施》精神，制定出台深圳市《关于加强和改进新时代党委讲师团工作的实施意见》。

通过构建全方位立体式的宣传工作体系，深圳让理论宣传工作飞入寻常百姓家。各宣讲团走进各个区各个单位，通过多种形式多种路径来宣传党的十九届六中全会和习近平总书记重要讲话的指示精神，让党的理论在干部群众当中落地生根。在学习和宣讲工作中不断创新形式，推动理论宣讲向纵深发展。各讲师团奔赴各个街道、社区、学校、企业、医院等一线，开展多种形式的宣传活动。一些讲师团通过线下和线上混合直播的方式，实现了基层理论宣传的全覆盖。

深圳按照中共广东省委宣传部的要求，组建了《习近平谈治国理政》、习近平总书记重要讲话重要指示精神、党的十八大、党的十九大及历次全会市委讲师团，由相关职能部门、高校、社科院等的领导干部和专家教授组成，宣传习近平新时代中国特色社会主义思想，引导和统一广大干部群众的思想，凝聚民心。深圳还首次组建百姓宣讲团，通过接地气、聚人气的百姓故事、身边故事，讲党史、悟思想、践初心，大力唱响时代主旋律。

为了加强基层的理论学习工作，深圳市讲师团还专门举办培训班培训党务干部，并且将全市入党积极分子纳入宣讲对象当中，拓展扩大社会覆盖面，利用互联网探索新的宣讲模式。宣讲团将互联网作为舆论宣传的重要阵地，展开新思想的网络宣传工作。讲师团还推出市讲团微信公众号“深讲团”，不断提升社会影响力，打造深圳市理论宣传信息的门户。2022 年 11 月，党的十九届六中全会召开后，深圳在平安金融中心、京基 100 大厦等多个地标建筑墙体滚动播出党的十九届六中全会精神相关标语，取得很好的宣传效果。

深圳哲学社会科学界长期致力于对习近平新时代中国特色社会主义思想的宣传。党的十八大以来，在中共深圳市委的领导下，深圳哲学社会科学界群体意识越发自觉。深圳哲学社会科学界按照全市宣传思想文化工作会议的部署，深入学习研究阐释习近平新时代中国特色社会主义思想，深入研究新发展阶段中国所面临的重大理论和现实问题，充分挖掘深圳这座“富矿”，努力打造新时代研究阐释和学习宣传习近平新时代中国特色社会主义思想的典范。

深圳哲学社会科学界努力为党政做好参谋，同时建设学术高地，努力建设具有深圳特色为国家治理现代化提供智力支持的新型智库，立足于深圳改革发展实践，推进中国特色哲学社会科学学科体系、学术体系、话语体系建设，努力用深圳先行示范的生动实践讲好深圳故事和中国道路。2018 年 9 月 10 日，深圳市人民政府主管、深圳市社会科学院主办的双月刊《深圳社会科学》正式创刊出版。该刊坚持以习近平新时代中国特色社会主义思想为指导，以开放性、时代性、前瞻性、创新性为刊物特色，体现新时代人文社会科学的最新思想和理论，为具有全球视野、中国气派、深圳特色、时代精神的哲学社会科学高端学术成果提供了学术平台。该刊开设习近平新时代中国特色社会主义思想研究专栏，不断推出一系列具有理论分量、思想含量、话语质量的习近平新时代中国特色社会主义思想成果。

深圳哲学社会科学界坚持立足深圳先行示范的生动实践，着力打造具有“全球视野、国家战略、广东大局、深圳特色”的“深圳学派”。深圳市社科院（社科联）持续出版“深圳学派建设丛书”“深圳改革创新丛书”，和“新时代‘深圳这十年’”等著作，集中展示深圳人文社会科学研究成果，支持了深圳社科理论工作者的学术研究。“深圳改革创新丛书”弘扬了改革创新精神，党的十八大以来，全面梳理并总结了新时代深圳改革开放和现代化建设事业。“深圳改革创新丛书”聚焦党的十八大以来深圳经济社会发展的重大理论和实践问题。深圳学派建设体现了深圳学术界的自我觉醒和自我实现，展示了深圳特色、深圳风格、深圳气派，体现了深圳哲学社会科学界学术成果的主体性和原创性，充分体现了深圳哲学社会科学界对于中国特色社会主义哲学社会科学的探索和追求。

深圳哲学社会科学界还不断提高理论研究、学科建设、决策咨询的水平，加强建设社科类新型智库建设，发挥市社科院、党政研究部门、高校、人文社会科学重点研究基地、社科类社会组织等作用，用好《深圳社科智库专报》，不断增强社科理论服务决策、提供参考的资政建言作用。深圳市民文化大讲堂是由中共深圳市委宣传部、深圳市社会科学联合会主办的大型公益性文化活动。大讲堂邀请各领域名家学者，满足市民文化需求。深圳市人文社会科学重点研究基地面向学科前沿和社会经济发展中的重大理论与实践问题，既是高水平学术研究平台，也是聚集和培养高水平人才的学术高地和开展高水平学术交流的重要窗口，又是学习研究阐释习近平新时代中国特色社会主义思想的社科阵地。

深圳互联网企业凭借其网络平台优势，在积极宣传党的理论方面不断探索。2020 年深圳市互联网行业协会、中共腾讯公司委员会和深圳市讲师团举办的《习近平谈治国理政》第三卷走进网络活动，掀起了深圳各行业学习新思想的热潮。类似的大型网络宣讲会在推动党的事业最新理论成果进机关、进企业、进校园、进社区方面做出了突出贡献。深圳广大干部群众通过微信公众号等网络自媒体学习习近平时代中国特色社会主义思想，并在实际工作中学以致用，促进知行合一，将学习的成果转化为促进企业发展的精神动力。互联网企业对新思想的推广，为深圳“双区”建设贡献了“硬核”思想动力。

二　全场景践行

实践是思想的真理，伟大的思想需要通过伟大的实践体现。深圳作为新时代中国特色社会主义典范城市，其取得的新成就体现了习近平新时代中国特色社会主义思想的真理性和其“改变世界”的思想力量，彰显了其理论魅力。《中共中央　国务院关于支持深圳建设中国特色社会主义先行示范区的意见》中提出的各项重点任务不断落实并在全国推广，使得深圳的先行示范作用进一步彰显。党的十八大以来，“四新”思想犹如社会发展茫茫沧海中的灯塔，指引着深圳不断在新时代改革开放中作出创造性的探索与实践。党在重要历史时期和发展的关键点，总是适时地为深圳指明方向，也对深圳委以重任。深圳之所以能够在粤港澳大湾区建设和先行示范区建设过程中跑出加速度，“大前海”之所以能够扬帆起飞、实现扩区，广大干部群众之所以面对新冠疫情交出过硬答卷，高新技术企业之所以能够抵御西方制裁和打压，勇于接受挑战、奋力拼搏，从根本来看，都是由于党中央的坚强领导。在党的领航下，深圳才能够不断践行党交给深圳的任务，一路风雨，一路高歌，乘风破浪。

（一）示范践行坚持党中央权威和集中统一领导

深圳是践行坚持党中央权威和集中统一领导的示范城市。深圳经济改革开放发展事业之所以取得巨大成就，主要在于党中央的坚强领导。党的坚强领导是深圳乘风破浪的“红色引擎”，是经济特区事业不断走向胜利的根本保证。在党的全面领导下，深圳创造了世界性奇迹，也取得了世界性的成就。因此，深圳的发展根本在于坚持党的领导。1979 年 4 月，邓小平同志倡导创办深圳经济特区，明确中央给政策，让深圳“杀出一条血路来”。1980 年 5 月 16 日，深圳经济特区建立。党的十八大以来，深圳坚持做到“两个维护”，确保意志统一、行动统一不断前进；坚持以习近平新时代中国特色社会主义思想来武装自己的头脑、教育市民、指导实践，增强“四个意识”、坚定“四个自信”，坚持党的全面领导，牢记打铁必须自身硬的道理，不断推进党的建设伟大精神。2018 年 12 月 26 日，习近平总书记对深圳工作作出重要批示，赋予深圳建设中国特色社会主义先行示范区的发展方向和新的目标定位。深圳经济特区成立 40 多年来，党中央引领深圳改革开放不断取得新的成就。

深圳经济特区自成立以来就强调加强党的建设，党的建设成为深圳不断开拓进取的坚强后盾和堡垒。在不同时期，深圳历届市委市政府都高度重视党的自身建设，为改革开放和经济社会发展事业提供强有力的政治保障。在新形势下，深圳提出全面加强和改进党的建设，提高党的领导水平和执政水平，努力提高拒腐防变能力，把党的政治优势和组织优势转化为科学发展，促进社会和谐的强大动力。

解放思想、不断开拓进取是深圳经济特区的特点，也是深圳经济特区经验的立足点。在深圳经济特区成立 40 多年来，它始终用开拓进取、敢闯敢试的精神推进党的建设，用创新的方法来解决党的建设的难题。近年来深圳发展高新产业，在新的行业当中加强党的建设，成立企业党委统筹各方面的工作，在新兴产业当中发挥党组织和党员的作用。在信息化时代，深圳率先探索智慧党建，运用“互联网 +”提升党的基层组织建设水平，实现了城市基层党建工作的精细化、人性化、长效化。

深圳用自我革新的方式推进党的建设。深圳处于改革开放的前沿，意识形态斗争尖锐，党的建设面临着其他城市所没有的难题。在这样的状况下，深圳经济特区自成立以来，不断加强党的建设，保持党员干部队伍的纯洁性，为特区发展创造良好的政治环境。

（二）推进经济结构调整，彰显制度优势

党的十八大以来，深圳不断推进经济结构调整，加快推进供给侧结构性改革和产业转型升级。通过创新和开放双轮驱动，持续深化改革。“十三五”时期，深圳地区生产总值年均增长率为7.1%，比全国和全省同期增速高一个百分点以上。深圳地均GDP位居全国大中型城市之首，人均GDP也处于内地城市前列，单位GDP能耗水耗居全国大中型城市最低水平。

在经济各方面指标大幅度提升的背后，是深圳产业结构的持续优化和产业核心竞争力的不断增强。“十三五”时期，深圳市战略性新兴产业增加值突破万亿元。先进制造业、现代服务业也取得长足进展，增加值占服务业比重超过70%。目前深圳取得了战略性新兴产业、未来产业、现代服务业和优势产业四方面产业优势，成为中国战略性新兴产业策源地和标杆城市。一批创新企业，不断为经济发展注入活力，促进经济不断向高质量台阶迈进。

创新是引领经济发展的第一动力，深圳在不断激活创新发展的动力源，促进经济向高质量、高效率、高动力变革。在创新发展的同时成果转化体系也日趋完善。2020年深圳获得全国专利授权22.24万件，PCI国际专利申请2.02万件，连续十几年居于全国第一。一批高水平创新机构在深圳加速集结。鹏城实验室、深圳湾实验室、量子科学与工程研究院等在深圳设立，深圳已经成为国家战略科研平台建设体系的重要成员。深圳不断发挥产学研深度融合优势，促进创新链、产业链、教育链、人才链相互协同，不断提升协同创新能力。深圳的创新生态也不断得到优化。2021年，深圳全社会研发投入占地区生产总值的比重达5.46%，国家高新技术企业2.1万家，保持全国领先。深圳率先开展新型知识产权法律保护试点，成立了全国首家知识产权金融全业态联盟，坚持投资引导基金规模达到 100 亿元，规模为全国最大。深圳在全国率先实现 5G 组网全覆盖。

深圳不断推动区域协调发展，全市域高质量一体化发展不断得到推进。深圳拆除 15 个关口打破关内和关外之间的界限，设立龙华、坪山、光明三个行政区。深汕合作区飞地发展模式日见成效。深圳湾超级总部基地等重点区域发展也不断提速。经济发展的速度和质量体现了一个城市的真正实力，深圳在较早取得经济效益的基础上对于高质量发展也不懈追求。党的十八大以来，深圳构建的全过程创新生态链令全国瞩目。深圳不断披荆斩棘，通过升级和创新促进经济高质量发展。在发展经济的同时，文化、社会、生态等各个领域也都取得长足进步。原经济特区内外一体化发展不断推进，逐步解决了区域之间发展不平衡的问题。深圳在党的十八大以来取得的经济发展成就，体现在更高质量、更高效率，更加注重公平正义，更具有可持续性。深圳的营商环境持续得到改善。营商环境是一个城市发展的重要基础，体现了其在区域内的竞争力。深圳的商事主体数量、创业密度在全国大中型城市中连续数年名列前茅。2022 年 5 月，深圳市发展和改革委员会正式发布《深圳市建设营商环境创新试点城市实施方案》（以下简称《实施方案》），提出健全透明规范的市场主体准入退出机制、强化企业各类生产要素供给保障、构建精准主动的企业服务体系等 200 条改革举措。① 深圳还发布改革营商环境 4.0 政策，提出了 26 个领域 22 项改革任务，在全国率先开展商事登记行政确认制度、独立公平竞争审查制度等多项改革试点，为深圳高速度高质量发展保驾护航。深圳还在商事登记科技管理体制、国资国企、财政预算等方面采取了一系列重大改革，充分利用国际国内两个市场、两种资源，展开境内和境外合作资源整合与开发。深圳积极与国际投资贸易等规则相衔接，抓住“一带一路”倡议、粤港澳大湾区等国家重大战略机遇，着力打造前海深港现代服务业合作区和前海蛇口自贸区，持续推进与东南亚

① “深圳营商环境改革步入 5.0 时代：200 条举措助力打造营商环境创新试点城市”，21 经济网，2022 年 5 月 5 日，http：//www.21jingji.com/article/20220505/herald/8fd062e35e4ffb8651723db32d173ddc.html。

的经贸合作建设等一系列工业产业园区项目。

（三）持续深化改革，落实“以人民为中心”

深圳是改革开放的排头兵，是中国特色社会主义当代城市发展的尖兵，将改革开放作为自己的永恒使命。深圳在改革开放过程中，并不是仅仅将目光放在自己的“一亩三分地”，而是放眼全球，对标国际一流。深圳不断踏入改革“深水区”，勇于面对全国乃至全球城市发展和地区发展过程中所面临的问题，为“中国之治”添砖加瓦，也为人类发展先行先试。

“治国有常，而利民为本”，人民始终是习近平总书记念兹在兹的“国之大者”。深圳始终把“人”的全面发展视为根本。在推进改革开放和社会主义现代化建设过程中，深圳始终坚持发展全过程人民民主，通过一系列扎实工作，让人民领会和体验到真正的人民民主。深圳不断梳理民意表达渠道，倾听广大人民声音，让民众有序参与深圳的改革发展创新。

深圳改革和发展最重要的示范作用体现在不断满足人民对美好生活的向往。“来了就是深圳人”成为深圳多年来的名片。2021年，深圳居民人均可支配收入达到7.08万元，率先完成了建成小康社会的目标。在解决了温饱问题之后，实现了高质量的全面小康。党的十八大以来，深圳坚持发展民生，将财政收入的大部分投入到民生领域，目前已建立了15所高校和多所职校，加快高水平医院建设，提高城市的医疗水平。总之，深圳坚决履行人民至上、为人民服务的理念，把改革的成果转化为人民生活水平和幸福感的提升。

（四）强化文化引领，打造城市文明典范

文化建设是深圳践行习近平新时代中国特色社会主义思想的重要体现。深圳在中华优秀传统文化的滋养下，鼓励弘扬民族精神，敢闯敢试，敢为人先，努力拼搏，埋头苦干，做新时代的拓荒牛。

在主持中共中央政治局集体学习时，习近平总书记指出：“深入挖掘和阐发中华优秀传统文化讲仁爱、重民本、守诚信、崇正义、尚和合、求大同的时代价值。”① 深圳努力践行习近平总书记的指示精神，通过实际行动使中华优秀传统文化成为涵养社会主义核心价值观的重要源泉。深圳坚定不移地按照习近平总书记的指示加强精神文明建设，持续开展好党史学习教育，在广大干部群众当中弘扬爱党爱国爱社会主义，用党的理想信念凝聚人，用深圳改革开放以来的奋斗史激励人，不断增强广大干部群众在推进改革开放的自觉性、坚定性，不断践行以人民为中心的发展思想。

深圳经济特区自成立以来，始终坚持强化文化建设，注重文化引领，特别是努力将马克思主义和中华优秀传统文化相结合，为中国特色社会主义文化建设探索新路。党的十八大以来，深圳不断践行习近平新时代中国特色社会主义思想，从传统文化当中寻求智慧，并将其与深圳的创新发展结合起来，不断提升城市软实力，为中国特色社会主义先行示范区提供文化支撑和精神引领。深圳的发展史是一部社会主义道路的开拓史，这得益于深圳始终把对马克思主义的坚定信仰同中华优秀传统文化相结合，坚持做马克思主义的信仰者和传播者，也坚持做中华优秀传统文化的继承者和弘扬者。

深圳善于发掘和发扬优秀传统文化，持续打造“深圳关爱”行动等品牌项目，注册志愿者达 260 万人，组建了千余支专业志愿服务队，服务项目近 120 万个；深圳打造的新一代文旅项目——“二十四史书院”，在龙岗区甘坑古镇北区落成并开放试营业。作为一所围绕“二十四史”这一国家级 IP 规划打造的东方书院，这里将倾力打造“中国主题书院第一品牌”。

党的十八大以来，习近平总书记明确要求深圳“努力创建社会主义现代化强国的城市范例”。深圳牢记习近平总书记的指示，不断推动城市高质量发展，打造硬实力，同时促进文化繁荣、增强城市软实力。深圳不断坚定理想信念，坚持按着习近平新时代中国特色社会主义思想指导城市建设。打造信仰之城，深入学习宣传贯彻习近平新时代中国特色社会主义思想，扎实开展党史学习教育，思想旗帜举得更高更稳；打造首善之城，持续深化“深圳关爱行动”

① 《习近平在中共中央政治局第十三次集体学习时强调把培育和弘扬社会主义核心价值观作为凝魂聚气强基固本的基础工程》，《人民日报》2014 年 2 月 26 日。

志愿服务，“送人玫瑰、手有余香”观念深入人心，涌现出“全国道德模范”张莹莹等一批先进典型，崇德向善蔚然成风；打造魅力之城，持续擦亮“文博会”“读书月”“设计周”“创意十二月”等文化品牌，城市文化品位不断提升；打造幸福之城，扎实开展“城中村综合治理”“集贸市场及周边整治”等十大行动，解决了一大批老百姓烦心事和城市治理难题，市民获得感成色更足。

坚持立根铸魂，坚定全市理想信念。深圳始终坚持用习近平新时代中国特色社会主义思想统领文明典范城市建设，持续强化理想信念教育，大力培育和践行社会主义核心价值观。实施《深圳市民文明素养提升行动纲要（2021—2025年）》，探索建立“市民文明素养测评指标”，培育思想、道德、法治、科学、文化和健康素养全面发展的文明市民。全域建设新时代文明实践中心，夯实基层思想政治工作阵地，让党的创新理论深入人心、结出硕果。

（五）以生态立市，打造“全国最干净城市”

习近平生态文明思想中，“绿水青山就是金山银山”的理念是深圳以生态立市战略实施的指导思想，是新时代建设社会主义生态文明的强大思想武器。“党的十八大以来，以习近平同志为核心的党中央坚持把马克思主义基本原理同中国具体实际相结合、同中华优秀传统文化相结合，系统总结古今中外生态环境发展变迁的经验教训，立足新时代生态文明建设实践，深刻回答了为什么建设生态文明、建设什么样的生态文明、怎样建设生态文明等重大理论和实践问题，提出一系列原创性的新思想、新理念、新举措，创立了习近平生态文明思想，把我们党对生态文明建设规律的认识提升到一个新高度。”[①] 全面认识和准确理解习近平生态文明思想对人类认识和改造自然、把握人与自然和谐相处的客观规律、把握工业文明和科技发展的关系具有重大历史意义。

在习近平生态文明思想的引导下，深圳人牢固树立“绿水青山就是金山银山”的理念，从人民的根本利益出发，解决群众反映的突出问题，长期坚持打环境防治攻坚战和生态文明建设持久战。深

---

① 《中共中央关于党的百年奋斗重大历史成就和历史经验的决议辅导读本》，人民出版社2021年版，第296页。

圳为了打好防治攻坚战，突出精准防治、科学防治和依法防治。下定“巴掌大的黑臭水体都不能有”的决心，消除黑臭水体，改变水环境，努力推进水质量“全面达优”，全市累计投入超过1500亿元，新增污水管网6460公里，用4年时间补齐40年来的历史欠账，水环境得到了历史性、根本性、整体性转变，获得国务院认定的重点流域水环境质量改善明显城市，茅洲河、大鹏湾入选全国美丽河湖、美丽海湾案例；持续改善空气质量，打造“深圳蓝”名片，深圳成为一座可以“深呼吸”的城市；打造“山海连城，公园深圳”，建设“千座公园之城”，努力成为“全国最干净城市”。

2017年1月，深圳在全国率先创立了“环境卫生指数测评”机制，以街道为测评单位，量化考核得分和排名，激发基层治理积极性。这是深圳加快治理体系和治理能力现代化的重要探索，为其他城市提供了示范作用，也是深圳探索城市管理的科学化、智能化和精细化，打造“全国最干净城市”的具体举措。

实践证明，“环境卫生指数测评”是深圳在城市管理科学化、精细化、智能化的创新探索，是深圳加快推动城市治理体系和治理能力现代化“深圳经验”的成功探索，为全国超大型城市治理提供“样本”经验。这一探索，解决了城市干净标准的问题，解决了如何整合不同环保主体形成合力的难题。制定环境卫生指数，成为深圳总体提升环境卫生的重要抓手。

深圳打造最干净城市的一系列切实举措，实现了承载着2000多万人口的超大型城市市容市貌的“蝶变”，市民群众的幸福感和满意度大大增强。

在环卫指数测评的影响下，各区在环境保护观念上变化非常明显。原经济特区外的光明新区，狠抓环境卫生，环卫指数成绩不断提升，原经济特区内的罗湖区、福田区也在排名的影响下加大投入环境卫生管理经费，实施环卫改革。在环卫指数测评的过程中，各街道不断改进工作方法，创新城市管理模式。各区的先进经验能够在各街道加速速推广，使得全市环境卫生管理水平迅速提升。

环境指数成了深圳环境卫生管理的指挥棒，为深圳市各基层环境卫生管理和决策提供了科学的数据支撑，也充分调动了各区、各街道部门的工作积极性，实现了各辖区环境卫生的全面提升。

当前，深圳正处在建设粤港澳大湾区和中国特色社会主义先行示范区“双区驱动”、深圳经济特区和先行示范区“双区叠加”的黄金发展期，这对城市环境和品质提出了更高的要求。深圳通过打造“最干净城市”的努力，为建设城市文明典范添砖加瓦。

三　全领域示范

2019 年 8 月，《中共中央　国务院关于支持深圳建设中国特色社会主义先行示范区的意见》发布（以下简称《意见》）。《意见》提出建设中国特色社会主义先行示范区，揭开了深圳建设先行示范区的历史大幕。要将深圳建设成为高质量发展高地、法治城市示范、城市文明典范、民生幸福标杆、可持续发展先锋的战略定位。2020 年 10 月，习近平总书记在深圳经济特区建立 40 周年庆祝大会上指出，深圳要建设好中国特色社会主义先行示范区，创建社会主义现代化强国的城市范例。同月，深圳出台相关先行示范区综合改革试点实施方案，落实习近平总书记的要求。实际上，党的十八大以后，深圳就在新时代中国特色社会主义建设过程中，开启了全领域示范过程。深圳在推进高质量发展，全面深化改革、综合改革试点、城市治理能力现代化、践行以人民为中心、物质文明和精神文明建设、区域合作发展、加强党的领导和党的建设、生态文明建设等多个层面不断先行示范。

（一）高质量发展示范

40 多年前，党中央在中国的南海之滨，画了一个圈，布下了深圳经济特区的“关键一子”，盘活了中国特色社会主义建设的关键棋局，也创造了世界奇迹。

1978 年 12 月，党和国家面临重大历史抉择，党的十一届三中全会召开，将党和国家的工作转移到经济建设上来。1979 年 4 月，时任中共广东省委第一书记的习仲勋向党中央提议推进改革开放，兴办出口加工区。同年 7 月，党中央、国务院批准试办出口特区。1980 年 8 月 26 日，第五届全国人大常委会第十五次会议批准设置深圳、珠海、汕头、厦门经济特区，深圳经济特区正式诞生。办经济特区，是党和国家推进改革开放和社会主义现代化建设的伟大创举。1984 年，深圳经济特区刚刚起步，邓小平同志亲笔题词：“深圳的发展和经验证明，我们建立经济特区的政策是正确的。”① 1992 年，邓小平先后到武昌、深圳、珠海、上海等地视察，发表了一系列重要讲话。排除社会对于社会主义前途和改革开放产生的怀疑声音。

深圳始终牢记党中央创办经济特区的战略，解放思想、开拓创新、勇于担当、砥砺前行，从一个边陲小镇发展成为一座经济繁荣、社会和谐、环境优美、充满活力的国际创新化城市，目前深圳实际管理人口已经达到 2000 多万人，奇迹般地实现“五大历史性跨越”，光荣地成为“共和国胸前的一枚耀眼的勋章”。

40 多年来，深圳牢牢抓住以经济建设为中心的目标，坚持“发展是硬道理”，奋力解放和发展生产力。深圳从“三来一补”起家，从制造业起步，不断实现产业优化升级。党的十八大以来，深圳坚持新发展理念，不断推动经济高质量发展。1980 年，深圳的地区生产总值为 2.7 亿元，到了 2021 年，达到 3.07 万亿元，年均增速约 20%。目前深圳地均国内生产总值居于国内城市首位，单位国内生产总值耗能在全国大中型城市中最低，经济总量居于亚洲城市第五名。2019 年以来，在中美贸易摩擦和新冠疫情的冲击和影响下，深圳沉着应战，保持发展定力。

（二）改革开放示范

深圳因改革而生，改革是深圳的基因。深圳经济特区之特首先在于能够解放思想，不断推进改革。党的十一届三中全会突破了“两个凡是”的束缚，重新确立了解放思想、实事求是的思想路线。深圳不断通过深化改革、思想解放来践行党的思想路线。深圳勇当改革开放的排头兵和试验田，勇于涉足拍卖国有土地使用权的“禁区”，踏入放开市场价格体制的“雷区”，抵近打破“铁饭碗”的“难区”，闯入国有企业股份制改革的“盲区”。②

---

① 《邓小平同志论改革开放》，人民出版社 1989 年版，第 75 页。

② 张平：《深圳成功实践印证改革开放必由之路》，《深圳特区报》2021 年 12 月 28 日。

当前，中国改革开放已进入深水区。深圳坚持供给侧结构性改革，实行“强区放权”，在商事登记、科技管理体制、国资国企、财政预算管理等方面实施重大改革方案。当前，深圳综合改革试点、全面深化前海合作区改革开放，均为中央赋予深圳的重大改革战略任务。深圳市2022年《政府工作报告》提出，抢抓“双改示范”重大机遇，纵深推进改革开放。报告提出要以深圳综合改革试点牵引全面深化改革，“全面完成首批授权事项，推动出台第二批授权事项清单；认真落实放宽市场准入24条特别措施，有序放宽和优化先进技术、金融投资、医疗健康等领域准入限制”。在全面深化前海合作区改革开放方面，“抓住‘扩区’和‘改革开放’两个重点，推动金融开放、法律事务、服务贸易、人才引进等政策覆盖扩区后全部区域……争取前海合作区新一轮总体发展规划获批，打造全面深化改革创新试验平台和高水平对外开放门户枢纽”①。

深圳处于南海之滨，背靠港澳，从出生起就具备对外开放的基因。开放成为经济特区建立以来天然的优势和特色。深圳经济特区在建立之后就开始不断吸引外资，汇聚全球资源。从引进来到走出去，深圳始终坚持以对外开放促进内部改革。

党的十八大以来，深圳努力践行“一带一路”倡议，积极构建新型对外开放体系，参与国际和国内双循环新发展格局。深圳作为开放的窗口，意味着中国的改革开放步伐不会停止，中国的大门只会越开越大，中国的改革开放将继续去坚持。

（三）法治城市示范

深圳早期之所以快速发展，主要依靠政策优势和毗邻港澳的区位优势以及低成本劳动要素优势。随着改革开放的深入，这种优势已经不再。深圳必须在新时代确定新的发展着力点，营造新的优势，法治就是新的突破口，是打造核心竞争力的必由之举。深圳在全国率先确定“建设一流法治城市”的目标，将法治建设确立为深化改革的着力点。“法治城市示范”也是深圳建设中国特色社会主义法治先行示范区的五大战略定位之一。深圳出台了一系列国内首

---

① 《政府工作报告——2022年4月11日在深圳市第七届人民代表大会第二次会议上》，《深圳特区报》2022年4月21日。

创地方性法律法规，依靠科技和创新优势破解法治难题，构建开放、透明、便利的法治环境。法治已经成为深圳改革和发展的坚强保障。

法治就是竞争力。“法与时转则治，治与世宜则有功。”法治建设既是深圳打造城市核心竞争力的必由之举，又是深圳建设中国特色社会主义法治先行示范城市的使命所系。深圳用好经济特区立法权，出台实施一批全国首创的地方性法规；用科技和创新破解执法难，引来全国点赞；不断推出互联网时代司法新举措，在构建开放、动态、透明、便民的阳光司法机制方面奋力探索。“自觉守法、遇事找法、解决问题靠法”成为深圳人的信条，成为城市名片，成为深圳改革发展的坚强保障。

（四）城市文明典范

深圳在坚持物质文明建设的同时，也在不断加强社会主义精神文明建设，两手抓两手都要硬。早在 2003 年，深圳就提出“文化立市”的发展战略，深圳观念、深圳精神引领时代风气之先，“时间就是金钱、效率就是生命”“空谈误国、实干兴邦”“敢为天下先”等一个个响亮的口号在深圳奇迹创造的过程中被提炼出来。深圳在改革开放和发展实践过程中形成的特区精神，是对中华民族精神、时代精神的丰富和发展。

党的十八大以来，深圳坚持立足习近平新时代中国特色社会主义思想，铸造城市灵魂，坚定立场和信仰。在全市争创首届全国文明典范城市暨第七届全国文明城市推进会上，深圳市委书记孟凡利指出，“培育文化厚度，注重涵养城市的科学精神、人文精神、艺术精神，促进公共文化事业和文化产业高质量发展，加快塑造展现社会主义文化繁荣兴盛的现代城市文明”①。

为了实践习近平总书记关于精神文明建设的重要论述，深圳制定一系列城市文明测评指标，全方位推进文化强市建设，不断增强文化自觉和文化自信。

---

① 《全市争创首届全国文明典范城市暨第七届全国文明城市推进会召开　以深圳先行示范区的担当作为全力争创首届全国文明典范城市》，《深圳特区报》2022 年 7 月 19 日。

在科学精神塑造方面，深圳多年来始终坚持创新驱动发展，弘扬科学精神，尊重人才。不断提升公民科学素养，已经成为一个充满活力，求知欲和进取心的城市。2021 年 8 月 15 日，深圳市科学技术协会印发《深圳市科协科普发展规划（2021—2025 年）》，提出“到 2025 年，深圳将形成全领域行动、全地域覆盖、全媒体传播、全民参与共享的全域科普工作体系，将深圳公民科学素质比例提高到 25% 以上”。① 根据 2020 年公民科学素质调查显示，21.1% 的深圳公民具备科学素质，处于全国城市第三位。深圳市科学技术协会每年组织各类科普活动超上千场次，参与的市民多达百万人次；深圳市各类青少年科技创新大赛、机器人比赛、青少年科技运动会等每年有 10 万名青少年参与其中，一大批有科研潜力的青少年群体得到挖掘。在抗击新冠疫情的过程中，一方面，深圳的防控战法不断创新，做到了科学防疫；另一方面，市民积极配合也彰显了科学、理性已经成为深圳人共有的精神。

在人文精神塑造方面，深圳出台了《深圳市民文明素养提升行动纲要（2021—2025 年）》，培育广大干部群众的思想道德，法治科学文化素质，培育高素养的文明市民。打造信仰之城，扎实开展党史学习教育，高举思想旗帜。在全区域建立新时代文明实践中心，促进思想政治教育工作，让党的理论更加深入人心。坚持文化育人，用文化打造城市品质，不断提升城市公共文化服务水平，加快新时代文化设施。深圳坚持人民立场，打造共享城市典范，坚持一切为了人民，一切利于人民，一切为市民群众排忧解难。拉列群众民生清单，制定重点治理清单，解决市民生活面临的棘手问题。打造关爱之城，打造民生幸福标杆，建立群众参与互动的共享共治平台，为创建文明典范城市打造群众基础。

在艺术精神塑造方面，修缮文物古迹，打造特色文化街区建设。支持深圳文艺工作者把握时代脉搏，创作出一系列体现深圳发展成就的重大文艺作品和精品。深圳通过推动传统文化在都市当中的创造性转化来发展文化产业，创办文化博览会，促进创意数字影视文

① 《深圳首次编制科普发展五年规划》，《深圳特区报》2021 年 8 月 15 日。

化等新业态，增强民众文化福利和文和城市文化涵养。深圳规划建设“新时代十大文化设施”，改造提升“十大特色文化街区”。文化产业从2013年的814亿元增至2021年的22500亿元，年均增速约为15%，居于全国前列。深圳还开展一系列特色品牌文化活动，包括“创意十二月”“读书月”“深圳设计周”等，连续多年入选全国文明城市，“全球全民阅读典范城市”“设计之都”成为深圳走向世界的名片。

（五）纠正“四风”长效机制的“深圳样本”

2013年6月，习近平总书记在党的群众路线教育实践活动工作会议上指出“四风”问题的各种表现，强调“四风问题”违背中国共产党的性质和宗旨，损害干群关系，要求全党进行大排查、大检修、大扫除。

党的十八大以来，一些歪风邪气被遏制住，一些官场陋习被攻克，作风问题得到明显改善。打铁还需自身硬，深圳经济特区地处改革开放和意识形态斗争的“两个前沿”，坚定应对党在新时期所面临的“四种考验”和“四种危险”，打造全面从严治党的“样板”。为了落实习近平总书记重要指示精神，深圳各级机关坚决纠治“四风”，通过制度创新，促进改革和治理，不断扎紧“篱笆”，筑牢纪律防线。深圳市各级纪检监察机关盯紧党政机关、国企干部、公职人员，对违纪违法行为严肃查处，以反腐斗争的不断推进和作风的持续改善取信于民。中共深圳市纪律检查委员会、深圳市监察委员会深入实施《关于集中整治形式主义、官僚主义推进作风建设再深化的行动方案》，加强作风建设，落实中央八项规定。

在大数据时代，深圳不断探索科技赋能解决“四风”问题，建立“四风”监督信息系统，以财政财务开支等数据为基础，利用大数据综合比对，主动筛查公车私用、公款旅游等问题，提升作风监督效能。深圳市福田区整合大数据资源，运用各种智慧手段，开发建设“四风”监督云平台。该平台着力解决“信息孤岛”问题，清楚“监督盲区”，整合了财政、税务、交通、石化等各领域和单位的数据资源，建立多种类型的数据共享机制，实现监督全覆盖的格局。

在扫黑除恶专项斗争中，深圳纪检监察机关着力解决那些涉黑涉恶问题突出、群众反应强烈的区域和领域，以上级督导移交问题为线索，全面摸排“保护伞”。市纪委监委加强协调督导，把扫黑除恶同反腐败和拍“蝇”结合起来，构建纪检监察机关与政法机关协同办案机制，形成合力。

（六）生态文明建设示范

党的十八大以来，深圳用实际行动践行“绿水青山就是金山银山”的绿色发展理念，不断推动习近平生态文明思想在深圳开花结果、落地生根，打造生态示范文明城市。深圳经济促进经济社会发展的同时重视生态文明建设。深圳经济特区成立之初，就强调经济和环境的协调发展，强调城市的宜居和宜业，倡导发展高科技无污染或环境污染小的项目。后来随着城市的不断发展，深圳市发布环保限制项目清单，推动产业绿色发展；在全国率先确定基本生态控制线，率先划定工业用地红线。2019 年，中国共产党深圳市第六届委员会第十一次全体会议把生态文明建设作为全市发展战略路径之一，打造人与自然和谐共生的美丽中国典范。深圳投资 1500 亿元，治理黑臭水体。在全市的共同努力下，深圳污染最为严重的茅洲河得到了有效治理。如今，茅洲河水质改善明显，与治理之前相比发生了翻天覆地的变化。深圳用四年的时间补齐了 40 多年的发展欠的环境账，得到党中央的肯定。深圳已经建成国家级森林城市，PM2.5 均值也达到了国际先进水平。深圳坚持走可持续发展的道路，良好的生态环境是城市实力的表现。

深圳淘汰落后低端产能、推动产业升级，高新技术的发展一方面为经济建设提供了动力；另一方面构筑了深圳的绿色产业体系。深圳将市域面积的近 50% 纳入了控制保护范围，在土地资源开发空间极度紧张的情况下极为不易。深圳不断加大生物多样性保护力度，推进“山海连城”计划。2022 年 5 月 29 日，深圳市生态环境局发布了《深圳市生物多样性白皮书》，展示深圳市生态文明建设和生物多样性保护成效。深圳已经成为西伯利亚到澳大利亚候鸟迁徙的重要中转站，大片红树林每年吸引 10 万多只候鸟在此补充能量。

深圳以改革为动力，以创新为手段，推进生态文明建设，推进环境治理生态环境。深圳建立了一套完整的生态保护体系。2007年，深圳就已经实施了生态十级考核制度。党的十八大以来，深圳的生态文明考核指标拓展到各个区。深圳长期坚持在保护生态环境方面立法先行，先后出台20余部生态环境保护类法规和40余部地方规范标准，形成了深圳特有的生态环境保护法标准体系。一些措施和制度已经被国家环保立法吸收。深圳经济特区建设40多年来，始终把生态文明建设与政治建设、经济建设、社会建设和文化建设协同起来，实现经济社会和生态环境协调可持续发展。深圳在环境治理、环境文明建设公众参与方面获得了大量的实践经验，为全国乃至世界生态文明建设提供了样板。

（七）区域合作与协同发展示范

深圳凭借区位优势，不断深化同港澳的深度合作与全面融合，在推动粤港澳大湾区建设过程中起到核心引擎的作用。深圳毗邻港澳，是具有“一国两制三法域”的粤港澳大湾区的核心城市。如何在不同的法律制度和体系下，实现相互衔接、相互助力，实现大湾区融合发展，是深圳作为大湾区核心引擎的应有担当。大湾区是深圳建构新的制度型开放模式的群组，深圳通过自身的制度创新，努力在群组中做好“群主”，组织好“群聊”，促进大湾区共同“出圈”。

2020年10月14日，习近平总书记在深圳经济特区建立40周年庆祝大会上指出，深圳要丰富“一国两制”事业发展新实践，明确了新时代深圳在“一国两制”上的使命和担当。在新时代，深圳不断利用自身优势，协助港澳，谱写“一国两制”事业的新篇章。深圳与香港在地理上和历史上是同根同源的。在40多年的经济特区建设过程中，深圳善用和坚守一国之本、两制之利，在经济社会文化等各个领域，与香港携手共同书写“双城故事”。党的十八大以来，深圳抓住粤港澳大湾区建设的历史机遇，继续推动内地与港澳在规则和机制方面的对接和衔接，不断推动前海深港现代服务业合作区改革开放，积极建设河套深港科技创新合作区，实现融合和共赢发展。积极推动基础设施建设，互通有无，支持香港和澳门青年在深圳创新创业，出台一系列有利于港澳居民在深圳发展的措施，解决港澳居民在教育医疗住房等方面的市民待遇问题。

近年来，深圳积极推进与港澳在规则制度机制上的对接，积极发展区域之间科学技术合作、人才融通，建立各种平台，实现产业协作发展。深圳所推出的一系列支持港澳青年创新创业措施，让逐梦大湾区的港澳青年能够在深圳的创业梦工厂孵化团队、融资，成功实现在大湾区就业和创业。香港大学、香港中文大学、香港科技大学、香港理工大学、香港城市大学、香港浸会大学等已经在深圳设立校区或研究院，两地高校之间的相互合作和协作日益强化。深圳与香港之间的科创合作新局面已然形成，前海与河套地区均有深港创业合作区，形成大湾区科技创新、创业与就业联动的“双城”格局，也必将形成世界级先进制造业高地。未来深圳将全面准确贯彻“一国两制”方针，坚持“依托香港、服务内地、面向世界”和“中央要求、湾区所向、港澳所需、广东所能”，系统深入地推进深港合作，书写两座城市在新时代下的“双城经济”“双城生态”“双城人文”等更加多姿多彩的双城故事。

第三节　研究阐释学习宣传新思想的未来畅想

在党中央的指引下，也是在“超前”“示范”的发展思路下，深圳立足当下、着眼未来，努力成为中国乃至世界的“未来之城”。深圳的发展越来越受到世界的瞩目，成为人类未来城市发展的典范。未来深圳将凭借自身发展实力和潜力，勇于肩负起党中央赋予的历史使命，成为习近平新时代中国特色社会主义思想的学习典范之城、实践之城、未来呈现之城。

一　新思想学习之城

（一）数字化、智能化理论学习的典范

深圳互联网普及率、互联网企业和高新技术企业数量居于全国前列，在“互联网+”“科技+”创新模式方面走在时代前沿，无

疑是“最互联网的城市”。随着互联网科技的发展，深圳利用自身优势，变革理论学习、党史学习的教育方式。深圳已经开始用 VR（虚拟现实）、AR（增强现实）、MR（混合现实）、人工智能、自动驾驶等技术赋能理论学习教育，令人瞩目。在理论宣讲方面，深圳互联网行业积极推动习近平总书记的重要讲话精神在深圳落地生根。学习理论的网络公开课在读特、读创、深圳 plus、晶报、壹深圳等客户端广为发布，深圳新闻网、深圳发布厅等全市重点新媒体平台通过多种形式向广大干部群众及时传达、解读中央精神。

未来深圳将利用自身科技优势，建设适合于理论学习的科技教育平台，比如“元宇宙”教育平台将为学员提供沉浸式体验党史教学内容，学员之间可以相互交流互动，人工智能形象、3D 空间 NPC 的加入让理论学习变得更加生动活泼。深圳互联网企业也能够通过理论学习汲取更多智慧和力量，对企业严格要求，勇于担当国家发展、民族复兴重任，为祖国发展贡献自身力量。

（二）新思想与新实践结合典范

马克思主义理论是从实践中来、到实践中去，随实践而不断发展的学说。习近平新时代中国特色社会主义思想作为马克思主义中国化最新理论成果，源于实践、指导实践。实践发展永无止境，我们对于真理的认识、进行理论创新就永无止境。在习近平新时代中国特色社会主义思想理论学习过程中，深圳奋力争创践行习近平新时代中国特色社会主义思想最佳示范地。2019 年 8 月，《中共中央国务院关于支持深圳建设中国特色社会主义先行示范区的意见》发布。2020 年 10 月，习近平总书记在深圳经济特区建立 40 周年庆祝大会上对深圳提出建设好中国特色社会主义先行示范区、创建社会主义现代化强国的城市范例的要求，指明经济特区未来航向。

习近平总书记的指示指引着深圳中国特色社会主义先行示范区建设全面推进，深圳制定了路线图和任务书，先行示范区建设全面展开。从“开山第一炮”到南下弄潮的“闯海人”，深圳具有敢闯敢试的拓荒基因。在改革方面，不断推出改革事项清单，下放经济社会管理权限；完善法律法规，绿色金融条例、个人破产条例、数据条例等一批全国首创、引领性法律法规将在深圳诞生。在科学创新方面，深圳将建设综合性国家科学中心，解决科学研究中的一些重大问题，发展瓶颈问题。在招才引智方面，在国家将外国高端人才权限下放的背景下，深圳人才引进效率大幅度跃升。在民生方面，深圳教育、医疗、住房全面发力，一批“深圳经验”将在全国推广。

（三）讲好中国故事、传播好中国声音的国际传播典范

深圳通过不断创造发展奇迹的“春天的故事”，是一个励志奋进的中国故事，也是一个举世瞩目的世界故事。深圳长期作为中国改革开放的桥头堡，从一个边陲小镇发展到今天的国际化大都市，在新时代又担当中国特色社会主义先行示范区建设之任，堪称世界城市发展史上的奇迹。在40多年的迅猛发展过程中，在激扬奋进的城市成长过程中，深圳已经勾勒出了一幅经济繁荣、人民幸福、充满未来感和科技感的“新清明上河图”。深圳的故事也是中华民族复兴故事的典型代表，是一个关乎于如何构建包容开放的文化环境，不断创新、不断开拓进取，锐意进取、团结奋进，体现物质文明和精神文明共同进步的故事。世界通过深圳来看中国，世界通过阅读深圳故事来阅读中国故事，世界通过聆听深圳的发展、繁荣、示范强音，聆听中国好声音。

一部改革开放进化史、一部中国特色社会主义道路的开拓史正在深圳书写。深圳不断强化传播手段和话语方式，通过深圳企业、深圳制造向世界继续传播中国声音，让世界理解中国发展的真谛，理解中国文化的魅力，理解中国共产党和中国人民对人类可持续发展的使命和担当。

二　新思想实践之城

（一）做好湾区核心引擎，引领湾区走向发展新模式

粤港澳大湾区建设是习近平总书记亲自谋划、亲自部署、亲自推动的重大国家战略，深圳在其中担当核心引擎，肩负历史重任。深圳始终是粤港澳大湾区战略的承接者、实施者和推进者，也始终在粤港澳大湾区发展的牵引下实现自身快速发展，始终以自身突破带动粤港澳大湾区升级。2021年9月，中共中央、国务院印发《全

面深化前海深港现代服务业合作区改革开放方案》。根据该方案，前海合作区发展空间面积在原基础上扩大 8 倍，前海合作区总面积由 14.92 平方公里扩展至 120.56 平方公里，前海的扩容，对推进粤港澳大湾区建设、支持深圳建设中国特色社会主义先行示范区具有重要意义，也让深圳肩负了粤港澳大湾区合作和支持香港经济社会发展的更多使命。

（二）做好先行示范，创新发展，敢闯敢试，开辟中国特色社会主义新时代

在习近平新时代中国特色社会主义思想指引下，深圳迈进新时代，踏上新征程，肩负先行示范区的历史重任。深圳从严治党，纠正“四风”，扎紧篱笆。不断筑牢纪律防线不断转变作风加大反腐败力度，努力赢得民众信任；不断提升经济发展质量，注重经济发展的平衡性、协调性，增强可持续发展能力，体现效率和公平；争当改革尖兵，勇于踏入改革深水区，做改革创将改革先锋；坚持人民民主，完善“中国之治”；用好经济特区立法权，用科技和创新办法推动执法司法；讲好“小城故事”，书写“大国叙事”，提升市民文化，弘扬社会主义核心价值体系，增强文化自信；提升社会治理水平，利用大数据和网络提升服务质量，创新社会治理模式，创造社会治理艺术；落实“绿水青山就是金山银山”理念，以习近平生态文明思想为指导，打造全国最干净城市；写好与香港的双城故事，推进香港之间的互联互通。

（三）携手港澳与大湾区诸城，开辟“一国两制”新实践

深圳不断推进“深港双城故事”，对接各自所长，促进与香港在基础设施和机制体制方面的互联互通。深圳不断加强“依托香港、服务内地、面向世界”的顶层设计和功能定位，通过体制机制创新为深港合作注入强劲活力。深圳通过营商环境的持续改善，带动各种资金、资源、创新要素汇聚与深港合作区，不断提升开放合作能级，促进深港合作迈向新的高度。

深港交流优势得天独厚，目前，深圳和香港之间已经开通沙头角口岸、莲塘/香园围口岸、文锦渡口岸、罗湖口岸、皇岗口岸、福田口岸、深圳湾口岸 7 个陆路口岸。深港两城融合进程正在加速，

香港特别行政区前行政长官林郑月娥在2021年发表的施政报告中，提出建设“北部都会区”“双城三圈”的畅想，引发各界热烈讨论。深圳将依托香港在科研、国际高端人才方面的优势，加快扩容后的前海和河套地区建设，带动深港边界产业合作，形成多产业关联的高端产业集群。

三　新思想与未来呈现之城

（一）新文明之都

深圳不断实现与国际新规则新制度的融合与对接。当前，世界处于百年未有之大变局。个别国家利用霸权政策，通过长臂管辖手段，对其他国家的企业进行所谓的制裁。中国在贸易、科技等多个领域受到个别国家的不断发难。在这种情况下，尤其需要了解国际贸易规则，特别是面临进出口竞争的企业。深圳市不论企业还是政府，理性应对贸易摩擦，将贸易摩擦当成“日常状况”，从容应对。深圳市政府和企业的国际规则意识明显增强，为其他城市在面临贸易争端或制裁的情况下，如何采取适当的应对措施提供了宝贵经验。

深圳不断探索未来制度型开放模式创新。“深圳的奇迹”是改革开放的奇迹，通过先行先试、大胆创新为全国提供了一个又一个可复制的成功经验。当前，深圳市承担着服务国家战略、参与全球竞争合作的重大历史使命。在构建以国内大循环为主体、国内国际双循环相互促进的新发展格局下，深圳需要构建高水平的开放模式，助力双循环，实现更高质量发展。在创新和完善商事争议多元化解决机制方面，深圳需要通过制度规则的构建实现制度型创新的新格局。

深圳不断优化营商环境。2018年以来，深圳明确把优化营商环境列为全市“一号改革工程”。连续出台营商环境1.0“搭框架”、2.0“夯基础”、3.0“补短板”、4.0“促提升”系列改革政策，推出700余项改革清单，营商环境持续优化提升。当前，深圳市营商环境改革已经开始步入5.0阶段。未来深圳将继续做好“服务者”的角色，持续优化营商环境，为跨境电商公司、跨国公司在深圳发展提供全球最为优越的条件，提供最为良好的服务。深圳为吸引外资安家落户，持续在政策上给予支持，在广东省十条利用外资政策以及市级相关配套的基础上，深圳还对跨国公司总部企业进行奖励，以吸引更多跨国公司在深圳设立总部。未来这些在深圳安家落户的跨国公司，将为深圳经济高质量发展注入新的活力。深圳之所以能够每平方公里产生15亿元的GDP，平均每天都有70多件发明专利获得授权，均得益于深圳优良的营商环境和完备的产业体系。2022年3月，深圳发布《深圳市商务局推动对外投资合作高质量发展扶持计划实施细则（征求意见稿）》，公开征求意见推动对外投资高质量发展。未来深圳企业在深圳市的支持下，在拓展国际市场和推介深圳优质产品方面，将会走出一条更为快速高效的康庄大道。

深圳注重精神文明构建。习近平总书记对于深圳精神文明建设高度关注，寄予厚望，叮嘱深圳要在两个文明建设上都交出满意的答卷。当前，深圳全力展开对文物保护单位的保护，包括对古建筑、古遗存、古街区、古树以及非物质遗产的重点保护。在此过程中，深圳人的文化自觉、文化自信日益增强。以“新时代十大文化设施”为代表，一批重要的文体设施、特色街区、书吧和城市文化空间正在不断启动，一批国家级、国际化的展会、节庆、论坛等品牌文化活动，正逐渐成为深圳市新的文化名片。

未来深圳将凭借自身科技和创新优势，积极争取第二批改革试点项目，将“大湾区5G院线”建设、电影省级审批权限下放，试点免征文化事业建设费，试点国际文物艺术品交易等改革事项纳入授权项目等一系列措施，激发文化创新活力，打造新精神文明建设示范区。

（二）智慧之都

深圳作为改革开放的“排头兵”，近年来持续探索数字城市建设。2022年7月，深圳市发布《深圳市数字政府和智慧城市“十四五”发展规划》，提出“到2025年，打造国际新型智慧城市标杆和‘数字中国’城市典范，成为全球数字先锋城市；到2035年，数字化转型驱动生产方式、生活方式和治理方式变革成效更加显著，实现数字化到智能化的飞跃，全面支撑城市治理体系和治理能力现代化，成为更具竞争力、创新力、影响力的全球数字先锋城市”。①

未来深圳将在培育新技术、新产业、新业态等新兴产业方面，持续提升产业能级，打造数字经济引擎，将诞生一批具有自主知识产权的数字关键核心技术，人均5G基站数量在全国领先，建成全市域时空信息平台（CIM平台），打造出深圳的“智能操作系统”，为数字政府和智慧城市的实景三维应用提供保障。

（三）新生态之都

2021年12月，深圳市颁布实施了《深圳市生态环境保护“十四五”规划》（以下简称《规划》），作为开启美丽中国典范建设新征程的第一个五年规划，是深圳市重点专项规划之一。《规划》提出，到2035年，深圳将建设成为可持续发展先锋，打造人与自然和谐共生的美丽中国典范，生态环境质量达到国际一流水平。② 深圳将打造全球绿色低碳标杆城市、人与自然和谐共生的典范城市。深圳将以碳达峰、碳中和作为引领绿色发展的目标，在环境治理方面走在全国乃至全世界的前列。

（四）协同示范之都

粤港大湾区建设是国家的重大发展战略。深圳近年来高质量推进大湾区建设，加快改革创新和大湾区其他城市的协调发展。深圳深入对接党中央要求，尽自己之所能，充分释放“双区”驱动、“双区”叠加、“双改”示范效应，满足港澳、大湾区所需，举全市之力推进粤港澳大湾区建设。在携手促进大湾区各城市融合发展方面，深圳的优势不言而喻。深圳凭借其包容的创新与创业环境，不论在政策上还是科技配套、人才资源方面都有着鲜明的优势，与其他城市之间可以形成良好的互动和协作。

深圳不仅联手香港完成党中央所赋予的使命和担当，还将与大湾区其他城市携手并进。与广州在基础设施、科技产业、社会民生

① 《深圳市数字政府和智慧城市“十四五”发展规划发布》，深圳市人民政府，2022年6月22日，http://www.sz.gov.cn/szzsj/gkmlpt/content/9/9903/post_9903633.html#19236。

② 《深圳市生态环境保护“十四五”规划》，深圳政府在线，2021年12月15日，http://www.sz.gov.cn/attachment/0/933/933241/9473356.pdf。

等领域加速联动发展，优势互补，在交通、科技、就业、生活、旅游等方面实现全面联动，实现广深“双城联动、比翼双飞”。未来在科技创新、智能网联汽车产业、智能装备产业、生物医药产业等领域，深圳与广州之间有着广阔的合作和互动维度。未来深圳将携手广州，共同建设广深港澳科技创新走廊，共同创建综合性国家科学中心，共同促进创新平台合作和成果转化，共同对接和聚集全球创新资源。此外，深圳和东莞、惠州、中山、佛山、珠海等大湾区城市之间不断互联互通，在产业发展上优势互补，实现产业链不断升级迭代。未来深圳将在与周边城市融合发展方面，越来越彰显其作为城市协同示范者的角色。

第二章　盛开“文明花”：推进两个文明全面协调发展

城市化是社会现代化的一种趋势，现代化使大量农村人口进入城市，形成巨大的城市，城市人口比农村人口大大增加起来。与传统农村的落后状态不同，城市意味着进步，是人类文明的集中体现。文明是人类在物质和精神方面创造的积极成果，物质文明是人类生存的基础和条件，精神文明是人类生存的意义和价值，人类在创造物质文明的基础上根本是为了精神上实现人的自由和全面发展，因此，物质文明和精神文明协调发展具有生存本体论的意义。

深圳是中国经济最发达的城市之一。说到深圳，人们首先想到的是高楼林立的建筑、四通八达的交通、众多繁华的商场、琳琅满目的商品。诚然，这些是深圳城市文明的基础，是城市文明的“面子”。但深圳的城市文明不仅表现为物质文明，更表现为精神文明，体现在城市治理的整洁美丽、人际交往的文明礼貌、社会秩序的和谐稳定、营商环境的温馨周到、公共服务的均等高质，表现在深圳人“空谈误国，实干兴邦”“时间就是金钱，效率就是生命”的实干奋斗和“来了就是深圳人”的包容和谐，以及“送人玫瑰，手有余香”的温情互助，“以读书为乐”的生活方式，精神文明才是深圳城市文明的“里子”。深圳 40 多年来从一个边陲小镇发展为今天著名的国际化大都市，坚持中国特色社会主义道路，在中国式的现代化社会背景下，城市文明发展经历了一个从摆脱贫困到强调“两个文明”、再到“五位一体”全面发展的过程。这个过程不仅是深圳经济、科技高速发展的过程，同时也是文化、文明不断进步的过程。

第一节　强国富民：深圳两个文明全面协调发展的时代背景

深圳是中国改革开放和中国特色社会主义探索实践的产物。中国设立经济特区，最初面对“逃港潮”，主要是为了摆脱贫困，解决人们的温饱问题。物质温饱问题解决的同时伴随人的精神文化问题，“两个文明”全面协调发展是社会发展进步的题中应有之义。随着经济的发展、社会财富的增加，“两个文明”建设不断深化，人的需要越来越呈现多层次的全面发展趋势，因为“人不是在某一种规定性上再生产自己，而是生产出他的全面性；不是力求停留在某种已经变成的东西上，而是处在变易的绝对运动之中”①。中国特色社会主义建设在遵循人类社会发展规律的基础上，发展目标走过了从摆脱贫困、解决温饱问题起步，由“两个文明”到“五位一体”全面发展的历史过程。

一　摆脱贫困：中国改革开放的出发点

人是历史的存在，历史是人的发展创造，文明进步的过程。人们自己创造自己的历史，但不能随心所欲地创造，而只能在一定的历史条件下创造。始于40多年前的中国改革开放是在解决温饱、走出贫困的时代背景下启动的。“文化大革命”十年内乱，导致中国经济濒临崩溃的边缘，人民生活温饱都成问题，国家建设百业待兴。坚持社会主义道路是我们的原则，但究竟什么是社会主义，怎么建设社会主义，邓小平面对当时中国的问题，深入思考，振聋发聩一针见血地指出，“贫穷不是社会主义”。② 社会主义必须发展生产力，解放生产力，创造比资本主义更高的生产效率。社会主义首先必须摆脱贫穷。党的十一届三中全会明确了全党的工作重点转移到社会主义现代化建设上来、实行改革开放的历史性决策。改革开

① 《马克思恩格斯全集》第46卷（上），人民出版社1979年版，第486页。

② 《邓小平文选》第3卷，人民出版社1993年版，第64页。

放前，深圳还是一个广东省毗邻香港的边陲小镇，隶属宝安县，与全国其他地方一样，人民群众生活困顿，温饱问题都不能很好解决，社会发展面临窘境。当年邓小平在广东视察时发现，群众养3只鸭子就是社会主义，养5只鸭子就是资本主义，这种思想上的僵化严重影响了社会主义的发展。与深圳隔河相望的香港，20世纪80年代跃升为亚洲重要的交通枢纽和贸易中心，成为"亚洲四小龙"之一。香港的繁荣富裕与当时深圳的落后贫困形成强烈反差。临近香港的宝安、东莞等地出现多次大规模的"逃港潮"。改革开放后，解放思想、实事求是，从发展生产，摆脱贫困的基本目的出发，党中央在深圳建立经济特区，大力发展经济，集中精力搞建设，思想一解放，路子走对了，深圳爆发出了惊人的潜力。短短几年时间，深圳充分发挥毗邻香港的优势，以发展外向型经济为目标，大胆利用党中央赋予的一系列特殊政策和灵活措施，大力发展出口型农业，积极引进"三来一补"企业，迅速启动经济特区的工业化进程，很快积累了大量初创资金，实现了经济的高速增长。深圳从一个落后的边陲小镇成为粗具规模的中等城市。社会主义首先要解决人的贫困问题，满足温饱走向富裕。1984年1月，邓小平到深圳实地考察后充分肯定了深圳的发展道路，指出："深圳的发展和经验证明，我们建立经济特区的政策是正确的。"① 同时希望深圳发挥改革开放窗口的作用，不能只是经济建设，要求经济特区不仅要探索出一条具有中国特色的物质文明建设道路，还要探索出一条有中国特色的社会主义精神文明建设的道路，在发展社会主义生产力过程中，建设社会主义先进文化。深圳经济特区要为发展中国特色社会主义探路。

二　两个文明：社会主义现代化的基本原则

人是物质和精神、自然和文化的统一体，文化是人的生命存在方式，文化发展的优秀成果表现为文明，文明意味着发展和进步。文明是人通过有意识有目的的实践活动，改造自然调节社会关系以及

① 《邓小平同志论改革开放》，人民出版社1989年版，第75页。

自我修养所取得的积极成果。人有身体和心灵两个部分，从社会生活来说，人的社会生活可以分为物质生活和精神生活。人类进入文明社会以后，出现了物质文明和精神文明。物质文明是人类物质生活的文明状况，是人类在改造自然的过程中创造的，主要满足人的身体物质方面的需求如吃穿住行等，是人类赖以生存的基础。精神文明是人类智慧和道德的文明状态，是人类改造自然、社会和自我过程中所创造的精神成果，精神文明主要满足人的意义价值、道德审美等精神方面的需求如审美情趣和高尚品格等。物质文明和精神文明的关系犹如车之两轮、鸟之两翼，是社会文明不可缺少的两个部分。物质文明是社会存在和发展的基础，精神文明是社会存在和发展的方向。只有物质文明和精神文明协调发展，才能实现人的全面发展，才是真正的社会进步。中国特色社会主义是高度物质文明与高度精神文明的有机统一，要求物质文明与精神文明协调均衡发展。

“两个文明”协调发展是中国共产党不懈奋斗的目标。我们党始终注重物质文明和精神文明协调发展。早在中华人民共和国成立之前的1940年，毛泽东同志就提出：“我们不但要把一个政治上受压迫、经济上受剥削的中国，变为一个政治上自由和经济上繁荣的中国，而且要把一个被旧文化统治因而愚昧落后的中国，变为一个被新文化统治因而文明先进的中国。”① 中华人民共和国成立后，在社会主义建设时期，毛泽东同志又强调，在现代工业、现代农业基础上要建设现代科学文化的社会主义国家，强调两个文明共同发展。

党的十一届三中全会后，党和国家工作重心转移到经济建设上来，物质文明建设步入快车道，与此同时同步开启推进精神文明建设。1986年9月党的十二届六中全会通过的《中共中央关于社会主义精神文明建设指导方针的决议》明确指出：“社会主义精神文明是社会主义社会的重要特征，是现代化建设的重要目标和重要

① 《毛泽东选集》第2卷，人民出版社1991年版，第663页。

保证。”①

党的十一届三中全会确立了“一个中心，两个基本点”的基本路线，在以经济建设为中心、“发展才是硬道理”的社会环境下，一些人片面理解党的基本路线，以经济增长代替社会发展，一些地方出现“唯GDP论”，认为只要经济上去了，一切问题都可以迎刃而解。随之而来的是一系列影响社会发展的不文明现象，加之具体经济考核指标的价值导向，在干部晋升考核指标、奖惩机制中客观上存在片面看重经济指标，轻视全面素质，重物质轻精神方面的问题。在实际工作中，出现物质文明和精神文明建设“一手硬、一手软”的状况，一些人认为前者是硬任务，后者是软任务，从而重物质文明建设，轻精神文明建设。在一些人的思想领域，关于物质文明和精神文明建设关系的认知也存在一些不足和偏差。这种情况和现象引起党中央的高度重视，正如邓小平同志所指出的，“社会主义精神文明建设，很早就提出来了。中央、地方和军队都做了不少工作，特别是群众中涌现了一大批先进人物，影响很好。不过就全国来看，至今效果还不够理想”②。20世纪80年代末90年代初，中国出现了影响社会稳定的政治动荡。邓小平深有感触地说：“十年最大的失误是教育，这里我主要是讲思想政治教育，不单纯是对学校、青年学生，是泛指对人民的教育。对于艰苦创业，对于中国是个什么样的国家，将要变成一个什么样的国家，这种教育都很少，这是我们很大的失误。……八十年代初建立经济特区时，我与广东同志谈，要两手抓，一手要抓改革开放，一手要抓严厉打击经济犯罪，包括抓思想政治工作。就是两点论。但今天回头来看，出现了明显的不足，一手比较硬，一手比较软。一硬一软不相称，配合得不好。”③

在这种社会背景下，深圳在经济特区建设过程中清醒地认识到虽然经济上取得了明显成就，但绝不能沾沾自喜。如果深圳不重视

---

① 《中共中央关于社会主义精神文明建设指导方针的决议》，人民出版社1986年版，第2页。

② 《邓小平文选》第3卷，人民出版社1993年版，第143—144页。

③ 《邓小平文选》第3卷，人民出版社1993年版，第306页。

抓好社会主义精神文明建设，即使经济发展了，而党员干部队伍腐败、社会风气败坏，那就不是社会主义经济特区，就是辜负党和人民的期望。1992 年邓小平同志再次视察深圳，在谈到广东 20 年赶上亚洲“四小龙”时指出：“不仅经济要上去，社会秩序、社会风气也要搞好，两个文明建设都要超过他们，这才是有中国特色的社会主义。”① 之后，党的十四届六中全会通过的《关于加强社会主义精神文明建设若干重要问题的决议》明确指出：“社会主义精神文明是社会主义社会的重要特征，是现代化建设的重要目标和重要保证。”

党的十八大以来，中国特色社会主义进入新时代，以习近平同志为核心的党中央高度重视物质文明和精神文明协调发展，2013 年 8 月 19 日在全国宣传思想工作会议上，习近平总书记强调指出：“只有物质文明建设和精神文明建设都搞好，国家物质力量和精神力量都增强，全国各族人民物质生活和精神生活都改善，中国特色社会主义事业才能顺利向前推进。”② “要坚持‘两手抓、两手都要硬’，以辩证的、全面的、平衡的观点正确处理物质文明和精神文明的关系。”③ 2014 年 10 月 15 日在文艺工作座谈会上的讲话，习近平总书记指出：“一个民族的复兴需要强大的物质力量，也需要强大的精神力量。没有先进文化的积极引领，没有人民精神世界的极大丰富，没有民族精神力量的不断增强，一个国家、一个民族不可能屹立于世界民族之林。”“当高楼大厦在我国大地上遍地林立时，中华民族精神的大厦也应该巍然耸立。”④ “实现中国梦，是物质文明和精神文明比翼双飞的发展过程。”⑤ 这些重要论述为推动两个文明协调发展、全面建设社会主义现代化国家指明了前进方向，也是深圳经济特区两个文明建设的重要遵循。

---

① 《邓小平文选》第 3 卷，人民出版社 1993 年版，第 378 页。

② 《习近平谈治国理政》第 1 卷，外文出版社 2018 年版，第 153 页。

③ 《习近平谈治国理政》第 2 卷，外文出版社 2017 年版，第 324 页。

④ 习近平：《在文艺工作座谈会上的讲话》，《人民日报》2015 年 10 月 15 日。

⑤ 习近平：《文明交流互鉴是推动人类文明进步和世界和平发展的重要动力》，《求是》2019 年第 9 期。

三　“五位一体”：人类文明发展的多维视野

马克思主义认为，人的活动都是有意识有目的的，人作为物质和精神的统一体，人的一切活动都是围绕满足人的生存、发展和精神等需要而开展的。人的生存发展要面对人与自然、人与社会（人与人）以及人与自我的多重关系，人的这种生存特性决定人的需要也是多层次、多方面的。人来自自然界，通过社会生产劳动的方式实现自身的存在和发展，最终走向文化、文明，实现人的自由和全面发展。历史唯物主义认为，人首先要满足吃喝住穿等基本物质需要，然后才能从事科学、艺术、宗教等活动。

随着经济社会发展和实践深入，我们对中国特色社会主义的认识不断深化，从当年的摆脱贫困追求富裕出发提出“两个文明”到“三位一体”“四位一体”，再到今天的“五位一体”，对人类社会发展规律的认识也不断深化，不断通过实践推动理论创新。改革开放初期，中国坚持以经济建设为中心，强调发展才是硬道理，发展目标很明确，基本目的是解决人的温饱生存，尽快摆脱贫穷。随着经济发展水平的提高，在解决温饱问题后，人们的需求层次不断提高、不断丰富，党的十二届六中全会将“精神文明建设”列入中国社会主义现代化建设总体布局之中，形成“两个文明”布局。党的十六大报告指出：“发展社会主义民主政治，建设社会主义政治文明，是全面建设小康社会的重要目标。”① 将政治文明与物质文明、精神文明一起确立为中国特色社会主义事业的目标，社会发展目标从“两个文明”一起抓，扩展为“三个文明”一起抓。在党的十六届四中全会上，党中央明确将不断提高构建社会主义和谐社会的能力与驾驭社会主义市场经济的能力、发展社会主义民主政治的能力、建设社会主义先进文化的能力并列为中国共产党应具备的四种能力。中国特色社会主义事业的总体布局，由社会主义经济建设、政治建设、文化建设三位一体发展为社会主义经济建设、政治建

① 中共中央文献研究室：《十六大以来重要文献选编》（上），中央文献出版社2005年版，第389页。

设、文化建设、社会建设四位一体。[①] 党的十八大以来，中国特色社会主义进入新时代，中国社会主要矛盾发生了变化，人民日益增长的物质文化的需要同落后的社会生产之间的矛盾，转变为人民日益增长的美好生活需要同不平衡不充分的发展之间的矛盾，从美好生活需要出发，人们对民主法治、公平正义和安全环境等有了更高的要求。党中央对生态文明建设作了详尽的阐述，提出了具体举措，同时将建设社会主义市场经济、社会主义民主政治、社会主义先进文化、社会主义和谐社会和生态文明建设作为论述中国特色社会主义道路的五个基本点，明确提出了“建设中国特色社会主义的总体布局是五位一体”的科学论断。从解决温饱、实现富裕，到“两个文明”再到“五位一体”，不断满足人们对美好生活的需要，中国关于社会主义现代化的建设目标的变化体现出在尊重人的发展规律基础上社会发展的文明走向，深化了对社会主义建设规律和人类社会发展规律的认识。

第二节　精彩演绎：深圳两个文明全面协调发展的理念与成就

深圳的发展成就是在中国共产党领导下中国特色社会主义建设伟大成就的生动写照。“深圳是改革开放后党和人民一手缔造的崭新城市，是中国特色社会主义在一张白纸上的精彩演绎。”[②] 深圳“用40年时间走过了国外一些国际化大都市上百年走完的历程。这是中国人民创造的世界发展史上的一个奇迹”[③]。过去40年，深圳坚持两个文明全面协调发展，两手抓、两手都要硬，在经济、政治、文化、社会和生态建设方面取得了突出成就。40年来，深圳坚

① 胡锦涛：《论构建社会主义和谐社会》，中央文献出版社2013年版，第157页。

② 习近平：《在深圳经济特区建立40周年庆祝大会上的讲话》，人民出版社2020年版，第2页。

③ 习近平：《在深圳经济特区建立40周年庆祝大会上的讲话》，人民出版社2020年版，第2—3页。

持解放思想、与时俱进，率先进行市场取向的经济体制改革，首创1000多项改革举措，奏响了实干兴邦的时代强音，经济发展、物质文明取得了辉煌成就。在保持国民经济持续发展的同时，深圳坚持发展社会主义民主政治，尊重人民主体地位，加强社会主义精神文明建设，积极培育和践行社会主义核心价值观，实现了由经济开发到统筹社会主义物质文明、政治文明、精神文明、社会文明、生态文明发展的历史性跨越。① 深圳城市面貌发生了可喜变化，环境质量显著提高；社会治安形势根本好转，人民群众安居乐业；思想道德建设力度持续加大、职业道德和家庭美德建设不断加强，深圳精神得到了弘扬；科学教育建设速度加快，文化事业空前繁荣，“科教兴国”战略得到全面实施，学校素质教育取得初步成果，思想文化建设取得累累硕果。深圳先后获得“全国文明城市”“国家卫生城”“全国环境综合治理优秀城市”“全国双拥模范城”“国家园林城市”“全球全民阅读典范城市”等荣誉称号，深圳创造了中国特色社会主义“两个文明”协调发展的奇迹。

一 坚持唯物史观，实现经济与文化同步发展

马克思主义唯物史观认为，存在决定意识，物质决定精神，生产力决定生产关系，经济基础决定上层建筑，后者对前者具有反作用。人类社会是一个由生产力、生产关系、经济基础、上层建筑等基本因素构成的具有复杂结构的有机整体。经济是一切社会的基础，社会“都是以生产力的巨大增长和高度发展为前提的”“如果没有这种发展，那就只会有贫穷、极端贫困的普遍化”。② 物质生产活动是人类一切活动的基础和前提，精神文化是人的生命存在方式，文化发展的积极成果表现为文明，文明意味着发展和进步，社会文明是社会发展进步的状态。人类社会就是从自然走向文明的历史过程，在处理人与自然、人与社会、人与人、人与自我等各种关系过程中形成的人类社会文明包括物质文明、精神文明、政治文

① 习近平：《在深圳经济特区建立40周年庆祝大会上的讲话》，人民出版社2020年版，第3页。

② 《马克思恩格斯选集》第1卷，人民出版社1995年版，第86页。

明、社会文明和生态文明等不同类型。其中物质文明是人类赖以生存的基础，精神文明为人的全面发展提供前提和保障。在中国共产党的领导下，以科学理论为指导，深圳紧紧抓住经济建设这个中心，坚持发展才是硬道理，坚持两个文明一起抓，披荆斩棘、埋头苦干，交出一份两个文明建设优秀答卷，令世界刮目相看。

（一）深圳经济发展创造奇迹

物质文明是城市的经济基础和物质保证，其性质和水平决定文明城市的质量、规模、程度和发展速度。物质文明建设的根本是以经济建设为中心，创造更多的物质财富，满足人们的基本物质生活需要。马克思主义理论揭示了人类社会发展的一般规律，提出社会主义是在资本主义基础上一种更为先进的社会文明形态，但现实的社会主义国家，无论是苏联还是中国都不是在马克思主义创始人当年设想的发达资本主义国家实现的，而是在经济相对不发达的国家实现的。经济落后的国家如何建设社会主义，如何体现出比资本主义国家更大的优越性，对社会主义国家来说是一个新课题，没有现成的经验和理论。中华人民共和国成立后在怎样建设社会主义方面进行了积极探索，如通过土地改革实现耕者有其田奠定了工业化的基础，将传统村社的社会资源转化为工业化的资本。但总体来讲，改革开放前中国社会没有足够发达的生产力，长期处于贫困落后状态。面对这种情况，邓小平同志从实际出发，解放思想，实事求是，强调指出：“社会主义的本质，是解放生产力，发展生产力，消灭剥削，消除两极分化，最终达到共同富裕。”① “不坚持社会主义，不改革开放，不发展经济，不改善人民生活，只能是死路一条。”②

深圳是中国改革开放的排头兵、先行地、实验区，作为最早建立的经济特区，40 多年来深圳始终坚持党的基本路线不动摇，紧紧抓住经济建设这个中心不放松，不争论，只要有利于生产力发展，有利于人民生活水平的提高，就大胆地试、大胆地闯，发扬“空谈误国，实干兴邦”的“孺子牛”精神，以“时间就是生命，时间就

① 《邓小平文选》第 3 卷，人民出版社 1993 年版，第 373 页。

② 《邓小平文选》第 3 卷，人民出版社 1993 年版，第 370 页。

是效率”这种时不我待、只争朝夕的拼搏精神，使深圳经济社会得到快速发展。深圳建设创下了共和国历史上经济发展最快、城乡面貌变化最大、人民得到实惠最多的新纪录。深圳人均国内生产总值、人均实现利税、人均创汇和消费水平，均居全国首位，居民生活质量得到极大提高。深圳的 GDP 增长速度创造了举世瞩目的“深圳速度”，1979 年，深圳 GDP 不足 2 亿元，当时香港 GDP 约 1117 亿元，广州 GDP 约 48 亿元，深圳 GDP 不足香港的 0.2%、广州的 4%。40 年后，深圳经济实现了逆袭。2021 年深圳 GDP 总量达 3.07 万亿元，超过香港和广州，位列全国第三位，跻身亚洲 5 强，全球城市第 10 位，已超过 170 个国家和组织。人均 GDP 位居全国一线城市首位。2021 年深圳辖区财政收入破万亿元，居民人均可支配收入 70847 元，8 成人均 GDP 超 1 万美元，人民生活正向“富裕”迈进。[①] 40 年来深圳的发展速度在不断加快，1979 年深圳的 GDP 是 1.96 亿元，突破万亿元，用了 31 年；从万亿元到 2 万亿元，用了 6 年；从 2 万亿元到 3 万亿元，仅用了 5 年。深圳经济特区坚持中国式的现代化，以后发优势，发展速度创造了人类社会发展史上的奇迹，不仅超过了西方发达国家任何一个历史阶段的发展速度，而且超过了亚洲“四小龙”任何一个阶段的发展速度，展现出中国特色社会主义的强大优势和活力。按照规划，深圳未来 5 年要建成现代化国际化创新型城市，基本实现社会主义现代化。经济实力、发展质量将跻身全球城市前列。现代产业体系核心竞争力将大幅提升，新经济发展国际领先，在构建高质量发展的体制机制上走在全国前列，经济总量将超过 4 万亿元，战略性新兴产业增加值要超过 1.5 万亿元。深圳的发展成就充分展现了中国特色社会主义的优越性，它以生动而具体的实践证明，在社会主义制度的条件下同样可以创造经济高速发展，实现现代化。

40 多年来，深圳经济特区经济发展模式经历了一个迭代上升的过程。早期从发展“三来一补”企业起家，走过了“深圳加工—深圳制造—深圳创造—深圳创新”的跨越式经济发展路径，实现了从

---

① 袁义才：《深圳经济特区 40 年发展的阶段性特征与经验》，《特区实践与理论》2020 年第 6 期。

“深圳创造”到“深圳质量”的跃升。党的十八大以来，中国经济发展进入新常态，由高速增长阶段转向高质量发展阶段，进入新发展阶段，贯彻新发展理念，构建新发展格局，深圳以供给侧结构性改革为主线，从培育企业自主创新能力、构建技术创新体系转向建设创新生态系统、创新型城市，推动“创新、创业、创投、创客”四创联动，全面创新打造深圳质量。2013 年以来深圳确定以创新驱动发展为新的战略目标。2014 年，深圳获批首个以城市为基本单元的国家自主创新示范区，开始朝着构建完善的综合生态体系，成为具有世界影响力的国际创新中心迈进。①

深圳的产业结构也经历了不断挑战持续优化过程，工业内部结构正在从资本密集型产业向技术密集型产业转变，以高新技术为主导的资本密集型、技术密集型和知识密集型工业结构已经取代原来的“三来一补”劳动密集型工业结构，形成以先进制造业为主的第二产业与现代服务业为主的第三产业融合发展的格局。产业结构形成“三个为主”的特色：经济增量以战略性新兴产业为主、工业以先进制造业为主、第三产业以现代服务业为主，实现了向梯次型现代产业体系的跃升。战略性新兴产业、未来产业、现代服务业和优势传统产业被称为深圳产业结构中的“四路纵队”。深圳经济社会发展已进入工业化中后期，高新技术、金融服务、现代物流、文化创意四大支柱产业增加值占 GDP 比重逾 6 成，新经济占 GDP 比重约为三分之二，成为经济增长主引擎。② 深圳正在培育若干具有世界级竞争力的战略性新兴产业集群，加快建设具有全球影响力的科技和产业创新高地。2022 年 6 月 6 日深圳出台《关于发展壮大战略性新兴产业集群和培育发展未来产业的意见》，提出了 20 个战略性新兴产业发展重点细分领域和 8 个未来产业重点发展方向，擘画出了深圳产业实现高质量发展的“路线图”，为深圳未来的产业发展规划了方向和路径。20 个战略性新兴产业集群是网络与通信、半导体与集成电路、超高清视频显示、智能终端、智能传感器、软件与

① 袁义才：《深圳经济特区 40 年发展的阶段性特征与经验》，《特区实践与理论》2020 年第 6 期。

② 《深圳经济结构持续优化动能强劲》，《深圳特区报》2020 年 10 月 12 日。

信息服务、数字创意、现代时尚、工业母机、智能机器人、激光与增材制造、精密仪器设备、新能源、安全节能环保、智能网联汽车、新材料、高端医疗器械、生物医药、大健康以及海洋产业集群。8 个未来产业包括合成生物、区块链、细胞与基因、空天技术、脑科学与类脑智能、深地深海、可见光通信与光计算、量子信息。

深圳由边陲小镇发展为国际大都市，城市面貌发生了翻天覆地的变化，城市实际管理人口超过 2000 万人，道路里程超过 7500 公里，100 米以上摩天大楼近 1000 栋，200 米以上的摩天大楼有 158 栋，位于中国城市第一位，城镇化率达到 100%，拥有全球第三大集装箱港和亚洲最大的陆路口岸。深圳交通发达，初步形成涵盖海港、空港、铁路、公路和陆路口岸等多元交通方式的国际性综合交通枢纽，为国内外交通运输发展探索出具有先行先试意义的“深圳模式”“深圳经验”“深圳标准”，综合交通体系成为新中国交通发展的缩影和样板。截至 2021 年 12 月，深圳地铁已有 12 条线路开通运营，在“云计算”“大数据”等技术支持下，地铁 10 号线是全国第一条云计算轨道交通线路。深圳现在有 4 座现代高铁站、一座国际枢纽机场、八大港区，从深圳出发，可以轻松到达世界各地。深圳市场繁荣，消费旺盛，生活便利，近年来新建商业综合体先后开业运营，2021 年新开体量超过 3 万平方米的商业项目达到 22 个，截至 2021 年年底，深圳全市开业购物中心总体量逾 1320 万平方米，已开业购物中心总数量逾 170 个。深圳的快速发展受到广泛关注，英国《经济学人》高度评价深圳是全世界 4000 个经济特区的成功典范。如今走在深圳大街上，看到鳞次栉比的高楼大厦、车水马龙的繁忙交通，摩肩接踵的各色人流，华灯初上，万家灯火，魔幻般的城市景色，令人不能不感叹改革开放以来中国共产党创造的翻天覆地、惊天动地的人间奇迹。

（二）深圳文化建设卓有成效

精神文明是城市的灵魂。对人的生存而言，如果说物质文明像面包食物那样重要，那么精神文明就像空气和水一样重要，没有物质文明人难以生存，没有精神文明人难以像人一样生存。

在精神文明建设上，深圳始终坚持两个文明共同进步，经济社会协调发展。经济高速发展为深圳精神文明建设提供了坚实的物质基础，而卓有成效的精神文明建设又为深圳的经济发展提供了精神动力、智力支持、实现保证和文化条件。深圳作为新兴移民城市，缺乏深厚的文化底蕴，曾经被称为“文化沙漠”，经过多年精神文明建设，深圳深入挖掘历史，使南头古城、大鹏所城、大万世居、甘坑客家小镇等历史古迹旧貌换新颜，同时进行文化创新，产生华侨城旗下世界之窗、民俗文化村、东部华侨城等现代高端文化景点。博物馆、大剧院、音乐厅、儿童活动中心等现代文化场所一应俱全。教育特别是高等教育突飞猛进实现跨越式发展。在发展过程中形成的深圳观念、深圳精神等精神文化品格更是深入人心，形成了深圳特有的精神风貌。

统筹规划，建立精神文明建设的运行机制。在党中央的统一部署下，深圳结合本地实际，于 1985 年制定了《深圳经济特区社会主义精神文明建设大纲》，确定了深圳精神文明建设的总体思路和基本目标。1991 年 9 月 21 日中共深圳市委一届二次全体（扩大）会议通过了《深圳市社会主义精神文明建设“八五”规划》。对全市精神文明建设进行全面部署。1998 年 7 月 30 日，深圳市委市政府颁布了《关于开展创建文明市、文明区活动的决定》（深发〔1998〕16 号、16 号文 1999 年《深圳年鉴》），提出以“经济繁荣、科教领先、文化发达、风尚良好、环境优美”为主要内容的评比标准，坚持以“讲文明、树新风”为主题，创建安全文明小区、文明村镇、文明社区、文明企业、文明区活动。树立行业标兵等一批先进个人典型和先进集体典型。深圳逐渐探索形成了适应社会主义市场经济的、符合深圳实际的精神文明建设的路径。2001 年中共深圳市委下发了《关于贯彻落实〈公民道德建设实施纲要〉的意见》。2004 年颁布了《深圳市社会主义精神文明建设“十五”规划》。近五年，深圳以增创全国城市文明典范为抓手，进一步加大精神文明建设力度，2017 年，深圳出台《道德模范礼遇和帮扶制度（试行）》，树立榜样，在全社会形成一种善举风尚。2019 年通过《深圳经济特区文明行为条例》，2020 年出台《深圳市生活垃圾分类管理条例》，规范垃圾分类成为许多市民的自觉行为。同年《深圳文化创新发展 2020（实施方案）》，坚持问题导向，致力于打基础、谋长远、补短板、强弱项，通过构建五大体系，建设与现代化国际化创新型城市相匹配的文化强市。2021 年发布《深圳市民文明手册》，同年又推出《深圳市公共文明提升三年行动计划（2021—2023 年）》，开展文明实践拓展、文明风尚培育、诚信建设促进、"里子工程"提质、交通文明提升、公共设施建设维护、便民服务升级、"平安深圳"建设、智慧治理推进、法治促文明十项行动。这些规划的制定和实施及活动的开展，有效地推动了深圳精神文明建设。

评选深圳十大观念，提炼概括深圳精神。人贵在有精气神，文化的核心是精神，一个民族，一个国家，要有自己的精神支柱，一个城市也要有精神支柱。深圳经济特区成立以来经济社会发展迅速，作为一种社会现象，背后必然有其独特的思想观念。2010 年 8 月，在经济特区建立 30 周年之际，深圳评选出来最有影响的十大观念："时间就是金钱，效率就是生命""空谈误国，实干兴邦""敢为天下先""改革创新是深圳的根、深圳的魂""让城市因热爱读书而受人尊重""鼓励创新宽容失败""实现市民文化权利""送人玫瑰，手有余香""深圳，与世界没有距离""来了就是深圳人"。这十大观念集中概括了深圳人奋斗、创新、宽容、包容以及追求文明的思想状态。

在十大观念基础上，深圳不断凝练城市精神，提炼概括"深圳精神"。1990 年深圳精神概括为"开拓、创新、团结、奉献"八个字。2002 年，深圳精神为"开拓创新、诚信守法、务实高效、团结奉献"。2019 年 8 月 9 日颁布《中共中央　国务院关于支持深圳建设中国特色社会主义先行示范区的意见》，深圳进一步弘扬"敢闯敢试、敢为人先、埋头苦干的特区精神"，赋予深圳精神新的时代内涵。2020 年深圳发布"新时代深圳精神"是"敢闯敢试、开放包容、务实尚法、追求卓越"，为经济特区砥砺前行提供强劲精神力量。

构建普惠于民的深圳公共文化服务设施。深圳是一个典型的移民城市，原有基础薄弱，缺少基本的文化设施、文化活动，更谈不上文化创造，但一张白纸能画最好最美的图画。随着深圳人口总量不断增长，深圳把加大文化设施建设作为重中之重的工作来抓。在经济特区建设过程中，集中力量先后兴建了具有相当规模的图书馆、博物馆、电视台、体育馆、大剧院、科技馆和新闻文化中心以及关山月美术馆、深圳画院、深圳书城、华夏艺术中心、何香凝美术馆等公共文化场馆，初步形成了深圳文化“硬件”框架。同时在基层，以“一镇一广场（公园）、一图书馆、一文化馆、一影剧院、一书店”建设工程为重点，逐步完善了三级图书馆体系、四级文化站网络以及各类教育、科普、文博、卫生、体育等公共设施。

深圳保障市民的文化权利包括让市民享受一流的文化设施。2012 年出台《关于深入实施文化立市战略建设文化强市的决定》，提出深圳要创建全国公共文化服务体系示范区，争创“世界图书之都”。2015 年基本形成“十分钟文化圈”，建成便捷高效、包基本、促公平的现代公共文化服务体系，公共文化设施实现全面覆盖，互联互通。近年来，深圳新建公共图书馆、图书室 1039 家，市区综合性文化服务中心 663 个，实现市、区、街道、社区四级公共文化设施 100% 全覆盖。为便利市民阅读，还把图书馆、书房、书吧建在公园、湖边、河边和海边，环境优雅，设施一流，全部免费，如南山区的平原轩、听云轩，盐田灯塔图书馆等，市民可以看书、观星、看海、赏花，增强了市民的获得感和幸福感。2018 年 12 月，深圳通过了加快推进重大文化设施建设规划，提出将重点规划建设“新时代十大文化设施”，包括深圳歌剧院、深圳改革开放展览馆、深圳创意设计馆、中国国家博物馆·深圳馆、深圳科学技术馆（新馆）、深圳海洋博物馆、深圳自然博物馆、深圳美术馆新馆、深圳创新创意设计学院、深圳音乐学院。《深圳文化创新发展 2020（实施方案）》中提出近期还要建设深圳当代艺术与城市规划馆、深圳文学艺术中心、中国设计博物馆、深圳美术馆新馆等一批标志性重大文化设施，以及提升完善华侨城文化创意文化园、大芬油画村、观澜版画基地、欢乐海岸文化休闲区、甘坑客家小镇、大鹏所城、大万世居、中英街等，打造十大特色文化街区，形成相互呼应的城市文化群落。深圳制定了一系列扶持推动文化产业发展的政策，文化创意产业成为四大支柱产业之一，涌现出华侨城、腾讯、华强动漫、雅昌等一批文化创意产业领军企业。新型业态不断诞生升级，“文化＋科技”“文化＋金融”“文化＋贸易”“文化＋旅游”等新业态发展迅猛。深圳文博会被誉为“中国文化产业第一展会”。

形成具有影响力的品牌公共文化活动。文化是人独特的意义活动方式，不同的人群有不同的文化。深圳经济特区成立以来，逐渐形成了越来越多影响深远的品牌文化活动，深圳文博会、深圳读书月、创意十二月、市民文化大讲堂、深圳晚八点、城市文化菜单等系列文化活动形成品牌，使深圳市民文化素质得到显著提高，国际化城市形象得到极大提升。连续举办20多届“深圳读书月”，每一届读书月都有不同主题，从“探求科学真理，弘扬人文精神”“建设公民道德，实现文化权利”“接力民族精神，创造文明生活”到“先读为快，行稳致远”“打开一个新视界”，每个年度主题都映射出深圳在城市文化精神上的不懈努力和建设高品位文化城市的追求，体现出深圳人对人文精神的不懈探索。近年来，深圳涌现出不少文化精品力作。深圳原创大型儒家文化合唱交响乐《人文颂》是一部集儒家思想之大成的音乐作品，曾应邀在联合国教科文组织总部演出。该作品用西方交响乐的形式与表现手法，讲述中国故事，传播中华文化，备受好评，成为深圳文化的代表。一批深圳原创文艺精品在社会上产生越来越大的影响，如大型交响套曲《我的祖国》、原创舞蹈《烈火中永生》进入“庆祝中国共产党成立100周年舞台艺术精品创作工程”；交响乐《灯塔》入选文化和旅游部“时代交响——中国交响音乐作品创作扶持计划”。从先行先试到先行示范——庆祝深圳经济特区建立40周年展览，逐梦·先行——庆祝深圳经济特区建立40周年文艺晚会受到广泛好评，央视2021新年音乐会——扬帆远航大湾区大型特别文艺节目在深圳录制，《湾区儿女》《追梦》《太行之脊》等电视剧先后在央视一套黄金时间播出；交响乐《深圳赋》、剧式舞蹈诗《城》等文艺院团新作首演成功。

以法治涵养文明。依法治国，推进国家治理能力和治理体系现代化是党的十八大以来中国社会治理的一个明确指向。与国际惯例相接轨，与国家法律体系相配套，与深圳经济社会发展相适应，深圳初步建立起完整的法规框架。截至 2019 年 7 月，深圳共制定 229 项地方性法规，168 项现行有效法规，其中 130 项经济特区法规。这些法规覆盖了经济社会发展的各个方面，引领推动了改革发展。通过先行先试、灵活变通与立法创新推动深圳体制机制创新，法治建设不断完善。为强化法治精神，深圳 2021 年新修订了《深圳经济特区文明行为条例》，推动文明从“软约束”变成“硬约束”，以“文明出行”为规范，对不文明交通行为包括电动车骑行者不戴头盔、闯红灯、逆行，开车变道不打方向灯行为，开车玩手机行为，行人翻越栏杆、乱穿马路，行人闯红灯行为进行管控。深圳打造良好营商环境，成立全国首家金融法庭、破产法庭等，成为全国首批营商环境创新试点城市、首批法治政府建设示范市。深圳实施公民法治素养提升计划，深入推进社会信用制度建设，法治意识、规范意识逐渐成为市民的自觉文明行为。

深圳文明气象蔚然成风。经济发展体现城市文明的强度，道德自觉则体现城市文明的温度。深圳扎实推进公民道德建设，是一个有温情的城市。40 年来深圳涌现出大量爱心人物、爱心企业和公益机构。关爱行动作为深圳的鲜亮标识，已连续举办 18 届。截至 2021 年年底，关爱行动累计举办爱心活动 3.1 万项，累计参与人数 1000 余万人次。今天的深圳不仅仅具有发达的经济，更有友善、包容的气度，成为许多人心中家的归属、爱的港湾。深圳是中国内地第一个推行无偿献血的城市，第一个为无偿献血立法的城市，第一个实现无偿献血 100% 满足临床用血的城市，连续 13 届被国家授予“无偿献血工作先进城市”。截至 2022 年 7 月 20 日，深圳累计无偿献血 510 万人次，是中国内地捐献造血干细胞人数最多的城市。目前全市累计完成 415 例非亲缘关系外周血造血干细胞的捐献，造血干细胞总入库达 51794 人，27 人获“全国无偿献血金杯奖”，26162 人获“全国无偿献血奉献奖”。2020 年深圳建成了首个 5G 体验捐血站，实现了无纸化智慧献血。① 爱心奉献，互帮互助，热血

① 《深圳无偿献血工作成绩斐然，2021 年世界献血者日全国主会场活动在深举行》，《晶报》2021 年 6 月 15 日。

担当成为深圳时代新风尚。深圳被誉为志愿者之城，“送人玫瑰，手有余香”是城市箴言。截至2021年9月，全市拥有注册志愿者260万人，面对新冠疫情，深圳迅速组织防疫志愿服务队。截至2022年3月，全市共有12.9万余人次参与防疫志愿服务。全市已组建1349支青年突击队，3.7万余人投入疫情防控主战场。[①] 志愿者服务“红马甲”是深圳一道亮丽的风景线。近年来，深圳涌现出了大批事迹感人、影响深远的道德模范。继丛飞、孙影、陈如豪吴清琴夫妇和陆建新之后，2021年深圳张莹莹获得第八届全国道德模范，这是深圳第五位全国道德模范获得者。除了5名全国道德模范获得者，还有5名全国道德模范提名奖获得者、10名广东省道德模范及提名奖获得者、17名“中国好人”、46名“广东好人”，他们的动人事迹与崇高精神为深圳精神文明建设发挥着重要的榜样引领作用，成为深圳打造“城市文明典范”的生动体现。

在交通文明领域中，深圳涌现出了许多温暖人心的文明瞬间，文明出行深入人心，交通文明蔚然成风。无高峰期的拉链式通行，后排乘客系安全带，机动车礼让行人，机动车与行人双向礼让等文明交通行为，深圳都走到了全国的前列。

城市的高质量发展需要文化“软实力”的涵养和支撑。文化繁荣、文明养成使深圳城市文明向高质量迈进。

二　坚持改革创新，打造引领未来的前沿发展

（一）深圳改革创新成就

深圳作为改革的试验田，一开始就肩负着为改革探路的历史使命。深圳“因改革而生，因改革而兴”。“敢为天下先”是深圳人改革创新的精神特征。“改革创新是深圳的根、深圳的魂”，创新是深圳发展的基因，是深圳40多年动力不竭的密码，深圳经济特区坚持“新事新办、特事特办、立场不变、方法创新”。伴随改革开放的进程，经济特区在经济体制、社会管理、产业转型升级等方面进行了一系列创新。40多年来，深圳创造了1000多项改革的“中国第

① 《志愿文化，让这座城市发光》，《深圳特区报》2022年3月22日。

一”。改革开放初期深圳建设者创造了“三天一层楼”的深圳奇迹，以“杀出一条血路”的气概为现代化建设走出成功路径。党的十八大以来，作为“特区中的特区”，前海深港现代服务业合作区成为新时代“制度创新策源地”，取得573项制度创新成果，其中全国首创和率先226项，在全国复制推广58项。以平均“三天一制度”创造了新时代“前海速度”，以先行先试带动全局发展，深圳始终站立在改革创新的潮头、走在时代发展的前列。①

（二）深圳改革创新路径

深圳坚定走创新驱动之路，培育创新生态，加快国际化步伐，提高行政效率，实施自主创新战略，推动全面改革。党的十八大以来，深圳率先提出以“三化一平台”作为主攻方向，以市场化、法制化、国际化和前海战略平台牵引带动全面深化改革，在全国副省级城市中率先完成转型跨越。深圳发挥政府作用，坚持政府的正确引导，规范完善市场经济体系，“由政府主导抓住机遇，由市场引导企业行为”。深圳构建了“有为政府”和“有效市场”并举的双驱动结构，“政府有为”是促进创新市场体系的主导力量，创新立法增强创新治理保障，协同治理推动创新治理。深圳已基本构建起全过程创新生态链，形成了多层次的创新市场格局，为实现双创新跨越孕育了良好条件。坚持有效市场和有为政府“两只手”并用，为深圳的经济腾飞和实现高质量发展创造了宽阔的平台，也为中国的改革开放和经济建设做出了先行者的可贵探索。深圳是中国最具“市场化”的城市之一。

随着文化经济化和经济文化化的发展趋势，近十年深圳进一步加大文化体制改革创新力度。2017年深圳文化体制改革向纵深推进，在重点领域取得新突破。2020年实施《深圳文化创新发展2020（实施方案）》，城市文化品质和文化软实力明显提升，打造区域文化中心城市和彰显国家软实力的现代文明之城，取得明显成效。

在教育方面，与其他一线城市甚至省会城市相比，深圳的教育

---

① 《激荡四十年，深圳改革开放再出发》，人民网，2020年8月26日，https：//people.com.cn/n2/2020/0826/c123932_34253200.html。

特别是高等教育比较薄弱。随着深圳产业结构调整对人才有更高的渴求，尽管每年有大批高校毕业生来深圳就业，但远远满足不了深圳对人才的需求。党的十八大以来，深圳高校建设进入快速发展时期。2012 年由深圳市政府投资创办的南方科技大学横空出世，该校以新体制新模式，从零开始直接定位高水平国际化研究型大学，2010 年首次采取“631”综合录取模式，招生教育改革实验班，教学采取“三制三化”（即书院制、导师制、学分制，国际化、个性化、精英化）。建校仅七年获得国家博士和硕士学位授予权，形成从本科到博士完整的高等教育培养体系，建校十年跻身中国“双一流”大学建设名单，在多个世界大学评估中榜上有名，走在中国高等教育改革的前列，创造了中国高校建设的深圳速度。2014 年开始，深圳的国际化合作办学进入迅猛发展阶段，深圳北理莫斯科大学、天津大学佐治亚理工深圳学院等纷纷设立筹建。2014 年香港中文大学（深圳）获批设立，如今这些学校也都渐成规模产生影响。2022 年中山大学深圳校区已经建成并正式招生。截至 2022 年，深圳正在支持创建一流大学和一流学科，高起点、高标准筹建深圳海洋大学、中国科学院深圳理工大学、深圳创新创意设计学院、深圳音乐学院、深圳师范大学等高校，同时加强与境内外一流高校合作办学。按照《深圳教育发展“十四五”规划》，到 2025 年，深圳高校数量将达 20 所左右，全日制在校生约 20 万人，建成 2—3 所具有世界一流水平的职业院校，3—5 所高校排名进入全国前 50，形成国际化开放式创新型高等教育体系，建设成为南方重要的高等教育中心。

在科技创新方面，深圳被誉为创新之城，走在全国前列，甚至被看好未来将成为世界的“硅谷”。习近平总书记高度重视“创新”，围绕“实施创新驱动发展战略”和“加快建设创新型国家”作出系列重要论述。党的十九大报告提出“加快建设创新型国家”，指明“创新是引领发展的第一动力，是建设现代化经济体系的战略支撑”。深圳作为一座年轻的城市，是全球最有活力的科技创业创新之城。深圳以鼓励支持科技创新为目标，逐步构建了以企业为主体、市场为导向、产学研深度融合的技术创新体系，创新特色形成了“4 个 90%”，即 90% 的研发人员、研发机构、科研投入、专利生产集中在企业。企业是深圳创新发展的主体，截至 2021 年年底，深圳高新技术企业超过 2 万家，深圳有 380 万家市场主体，科技创新产业的聚集，让许多跨国公司和国内大公司都把总部或研发总部放到深圳，吸引了 295 家世界 500 强企业来深投资，同时深圳平安保险、华为、正威国际、招商银行、腾讯、万科和深圳投资控股等企业上榜《财富》世界 500 强，充分展现了深圳的城市魅力和经济活力。苹果、沃尔玛等一大批商业巨头更是在深圳设立研发中心和总部。深圳企业的创新主体地位不断强化，企业的科技研发活动规模、创新投入、创新水平逐年提升。20 世纪 80 年代的“80 后”企业有华为、中兴，“90 后”企业有腾讯、比亚迪，“00 后”企业有大疆、华大基因，“10 后”企业有光启、柔宇科技、优必选等，深圳不同时期各具特色的创新型企业，构成了创新发展的主体。深圳利用互联网平台、云计算、大数据模型等新技术，形成了产学研一体化的自主创新模式，依托华为、腾讯、华大基因等科技型龙头企业，组建了 45 个产学研联盟，培育了光启研究院、中科院深圳先进院等 70 家集基础研究、应用研究和产业化于一体的新型研发机构，为创新型城市建设奠定坚实的基础。比亚迪更是以其超强的创新能力，实现弯道超车异军突起，在刀片电池、电动机、电子控制系统等多方面拥有核心专利技术，成为全球最大的新能源汽车生产厂商。数据显示，比亚迪 2022 年上半年新能源汽车销量为 64.14 万辆，同比增长 315%，销量超过特斯拉成为世界第一。

深圳市场化程度高、产业链完整、配套能力强、协同效率高。在科技金融方面，大力发展天使投资等创业投资，让创新插上资本翅膀。2018 年，深圳设立了全国首只天使投资引导基金，目前已累计投资 129 个天使项目、实际出资 11.14 亿元，撬动社会资本近 70 亿元。在深圳，创业与创新、创投形成“铁三角”，资本市场成为创新活动的重要融资场所，实现了技术创新与金融创新的“双轮驱动”。2021 年深圳全社会研发投入占地区生产总值的比重达 5.46%、居全国前列；其中，市级科技研发资金投向基础研究和应用基础研究占比 46%，基础研究能力稳步提升。深圳市国内专利授权279177件，居四个一线城市（北京、上海、广东、深圳）首位，同比增长25.52%。全市累计有效发明专利拥有量达198031件，约占全国总量的7.14%。每万人发明专利拥有量达112件，约为全国平均水平的5.7倍，有效发明专利五年以上维持率78.52%。PCT国际专利申请量17443件，同比减少13.69%，约占全国申请总量的25.52%，连续18年居全国大中城市第一名。

（三）深圳创新引领未来

未来竞争是科技的竞争，而科技的背后是人才竞争。人才是深圳创业创新最活跃的因素和建设创新型城市的核心要素。深圳为了集聚各类创业创新人才，积极引进北京大学、清华大学、哈尔滨工业大学等顶级高校研究生院落户深圳，建立“虚拟大学园”，汇聚了53所国内外知名大学，制订“孔雀计划”，吸引海内外各类创业创新人才，创业创新呈现多元化主体。深圳鼓励创新、宽容失败，形成浓厚的创新氛围，瞄准高端高新向上突围。深圳强化知识产权保护，加快知识产权综合管理改革，制定《知识产权保护条例》，成立中国（南方）知识产权运营中心和深圳知识产权法庭，在提高损害赔偿标准、加大惩罚性赔偿力度等方面先行先试，依法实施最严格的知识产权保护。同时，不断完善成果转化激励机制，加大高等院校、科研院所和企业科研人员科技成果转化股权激励力度，丰富技术分红等方式，让科研人员合法实现“名利双收”。

党的十八大以来，创新成为引领发展的第一动力。深圳坚持把创新作为城市发展的主导战略，加快构建“基础研究＋技术攻关＋成果产业化＋科技金融＋人才支撑”全过程创新生态链，大力推动科技创新与大众创业万众创新有机结合，在全国率先实现了创新驱动。深圳领先的技术创新水平使产业发展实现了“三个70%”：先进制造业占规模以上工业增加值比重达到70%，先进制造业和现代服务业占GDP比重超过70%，现代服务业占服务业比重近70%。深圳已经成为中国战略性新兴产业规模最大、集聚性最强的城市，产业总规模超过2万亿元，形成了从原材料到生产组装完整的创新产业链。2016年全国大众创业万众创新活动周在深圳举行启动仪式，双创周活动至今已成功举办六届，是深圳打造创新创业平台、加快集聚海内外创新资源的重要举措。

深圳以创新引领未来发展，在基础研究方面，加快建设综合性国家科学中心和国家实验室，实现更多“从0到1”式的源头创新，国家级重点实验室已达14家。2017年深圳正式启动诺奖实验室建设，依托大学、事业单位、科技类民办非企业单位、科技型企业等单位，邀请诺贝尔科学奖、图灵奖、菲尔兹奖得主共建实验室。在技术攻关方面，积极探索新型举国体制实现路径，着力解决关键核心技术“卡脖子”问题。在成果产业化方面，强化产学研深度融合，打通成果转化“最后一公里”。在人才支撑方面，着力解决税收、教育、住房等问题，“聚天下英才而用之”。“创新永无止境，创新只争朝夕。”深圳正在推进以科技创新为主导的全面创新，充分释放全社会创新创业创造活力。

三　坚持“绿水青山就是金山银山”理念，实现低碳环保的绿色发展

如何处理人与自然的关系，是人类社会发展过程中必须面对的问题。中国传统思想文化中十分重视人与自然的关系，一直强调人与自然的和谐共生。先秦时期，亚圣孟子就提出：“不违农时，谷不可胜食也；数罟不入洿池，鱼鳖不可胜食也；斧斤以时入山林，材木不可胜用也。谷与鱼鳖不可胜食，材木不可胜用，是使民养生丧死无憾也。养生丧死无憾，王道之始也。”[①] 就是强调人的生产活动要尊重自然规律，实现人与自然和谐共生。管仲说“草木不植成，国之贫也”“草木植成，国之富也”。“行其山泽，观其桑麻，计其六畜之产，而贫富之国可知也。”[②] 宋代大儒张载提出“民吾同胞，物吾与也”[③]，意思是人民百姓是我同胞的兄弟姐妹，而万物皆与我为同类。西方近代以来，由于生产力的提高，人类发展进入快车道，发展造成的生态危机危及了人的生存，引发人们关于人与自然关系的思考。关于人与自然的关系，马克思在《1844年经济学哲

---

① 杨伯俊译注：《孟子译注》，中华书局2012年版，第5—6页。

② 姜涛著：《管子新注》，齐鲁出版社2009年版，第24—25页。

③ ［宋］张载著：《张载集》，中华书局1978年版，第62页。

学手稿》中有很深刻的论述，提出自然界是人的“无机的身体”和“精神的无机界”等重要思想。恩格斯提醒人们，不要陶醉于人类对自然界的胜利，要尊重自然规律为人类发展服务。中国特色社会主义进入新时代，中国践行落实绿色发展新理念，习近平总书记在党的十九大报告中指出，坚持人与自然和谐共生，必须树立和践行绿水青山就是金山银山的理念。“正确处理经济发展和生态环境保护的关系，像保护眼睛一样保护生态环境，像对待生命一样对待生态环境……让中华大地天更蓝、山更绿、水更清、环境更优美。”①绿色发展在中国日益深入人心。

绿色发展理念以人与自然和谐为价值取向，以绿色低碳循环为主要原则，以生态文明建设为基本抓手。深圳自然资源较为匮乏，自然禀赋并不优越。土地面积只有 1996.85 平方公里，大致是北京的八分之一、上海的三分之一、广州的四分之一。在狭小的土地面积上深圳创造了全国最高的 GDP 密度。快速发展和有限的自然空间矛盾使深圳的生态环保压力更大。40 多年来，深圳重视经济社会与生态环境的协调发展，不断提升大气、水、土壤等环境质量，逐渐形成绿色化、低碳化、循环化生产生活方式，深圳要建设全国生态环境最优的绿色低碳之城，成为经济发展和生态保护“双优生”。《中共中央　国务院关于支持深圳建设中国特色社会主义先行示范区的意见》明确深圳“可持续发展先锋”的战略定位，并提出“率先打造人与自然和谐共生的美丽中国典范”的目标。

（一）建立生态保护的制度体系

一是设置生态红线。深圳将约 50% 的土地划入基本生态控制线，明确规定除重大道路交通设施、市政公用设施、旅游设施和公园绿地外，在生态控制线内严禁开发建设活动，在城市快速发展的同时守住了生态资源。

二是构建生态安全格局。深圳以东西贯通、陆海相连、疏通廊道、保护生物踏脚石为生态空间保护战略，依托山体、水库、海岸带等自然区域，构建了“四带六廊”区域生态安全格局。

① 《习近平谈治国理政》第 2 卷，外文出版社 2017 年版，第 395 页。

三是首创并持续实施生态文明考核制度。2008 年 3 月起，深圳开展第一次环保实绩考核。2013 年 8 月出台《深圳市生态文明建设考核制度（试行）》，环保实绩考核升级为生态文明建设考核。考核运行 14 年以来，对各区、市直部门以及重点企业的领导班子和党政正职落实生态文明建设责任情况进行评价。生态文明建设考核突出绿色发展导向性，狠抓一把手落实，有效促进了环境质量提升，被新华社称作“生态文明建设第一考”。

四是完善绿色发展激励制度。深圳在产业发展政策、资金投入机制、公共财政支出上体现生态优先，树立生态环境也是生产力和竞争力的理念。深入推进环境污染强制责任保险制度，创新环境污染责任保险模式，引入保险经纪公司，通过行业协会委托，优化投保模式、创新保险产品，加强对高风险企业环境监管，扩大环境污染责任保险覆盖面。深圳在全国率先正式启动碳排放交易试点，编制《深圳市排污权有偿使用和交易试点工作实施方案》，制定主要污染物排污权有偿使用和交易的政策，开展排污权交易模拟运行。

（二）坚持绿色低碳发展

进入高质量发展阶段，深圳严格践行新发展理念，坚持绿色低碳发展，狠抓减污降碳协同增效，经济社会发展全面绿色转型，形成生态优先、绿色低碳高质量发展新模式。

土地空间、能源、水资源等方面相对不足制约深圳的进一步发展，为了提高资源高效利用能力和水平，深圳综合运用智慧国土、清洁能源、新能源汽车、建筑节能、资源回收等技术，大力推进能源基础设施规划建设，逐步增加清洁电源、外来电、天然气在城市用能中的比重。在建筑领域、交通系统、经济发展和日常生活等各领域全面推进绿色低碳发展。

打造高品质的“绿色建筑之都”，全面执行绿色建筑标准。深圳共有 1200 个建筑项目获得绿色建筑评价标识，绿色建筑面积达 11000 万平方米，绿色建筑规模和密度位居全国前列，荣获国家可再生能源建筑应用示范城市称号。建有 10 个绿色生态城区和园区，建成投产 6 个固定场站建筑废弃物综合利用项目，设计年处理能力达 700 万吨。2017 年深圳入选住房和城乡建设部首批“国家装配式建筑示范城市”和“公共建筑能效提升重点城市”，新建民用建筑100%执行绿色建筑标准，成为中国绿色建筑建设规模和密度最大的城市之一。

打造交通强国城市范例，全面建设高品质绿色交通体系。《中华人民共和国国民经济和社会发展第十四个五年规划和二〇三五年远景目标纲要》提出要在2030年前实现“碳达峰”，2060年前实现“碳中和”，在“双碳”目标下，深圳持续探索低碳、可持续性发展路径。2017年，深圳在全球率先实现公交车100%纯电动化；2018年，深圳成为全球推广应用纯电动巡游车规模最大的城市；2020年年底，深圳成为全国首个实现网约车全面纯电动的城市。截至2022年年初，深圳纯电动出租车比例达99.06%，基本实现出租车全面纯电动化。公交车和出租车基本实现全面电动化，这在全球城市中也是首例。“绿色交通”已成为深圳一张闪亮的“城市名片”。深圳持续优化能源消费结构，推进低碳城市建设，低碳综合指数在全国排名第一。蓝天白云下，在深圳大街小巷到处可以看到来往穿梭的新能源公交车和出租车，深圳人真正感受到新能源等绿色经济的发展成果。

建设国家低碳生态示范市，全面建立绿色低碳循环发展经济体系。深圳万元GDP能耗、水耗达到全国最优水平，是全国首个碳交易试点城市，碳排放市场配额累计总成交量5705万吨，总成交额13.58亿元，位居全国前列。

高标准建设“无废城市”，全面实施生活垃圾强制分类，垃圾回收利用率超过30%，垃圾焚烧烟气排放标准优于欧盟标准。①

深圳基本形成低消耗、少排放、能循环、可持续的绿色低碳发展方式，大气、水、土壤、近岸海域等环境质量持续提升，以先行示范标准推动碳达峰迈出坚实步伐。

（三）打造天蓝地绿的宜居环境

深圳坚持严格的生态环境保护，深圳蓝和深圳绿成为深圳宜居

① 《创新、协调、绿色、开放、共享　经济特区建立40周年　可持续发展在深圳》，深圳市科技创新委员会，2020年8月4日，http://stic.sz.gov.cn/xxgk/ztzl/kjxxfv/szkcwzxd/content/mpost_8007102.html。

之城的名片。深圳调整能源结构和产业结构，推广电动车等，从多方面开展综合源头治理，强力推进大气污染防治。作为全国经济最发达的城市之一，深圳保持了良好的空气质量，2022 年上半年 PM2.5 平均浓度为 18.4 微克/立方米，达到国际先进水平，蓝天白云是深圳生态美好的生动体现。近年来，深圳加强了水环境的治理，2018 年投资 191.47 亿元，加强“治水”工作提质增效，主要河流水质达到地表水Ⅳ类以上。深圳推进水污染治理体制机制改革，创新推行“全流域治理、大兵团作战”“地方政府 + 大企业”EPC 治水等模式，以污水收集处理设施建设为重点，推进饮用水源、黑臭水体、跨界河流、海域综合治理，2019 年年底在全国率先实现全市域消除黑臭水体。

深圳加大公园建设力度，千园之城打造“深圳绿”，是真正的花园城市。2005 年深圳逐步构建起“自然公园—城市公园—社区公园”三级公园体系，基本实现了市民出门 500 米可达社区公园，2 公里可达城市综合公园，5 公里可达自然公园的目标。到 2022 年，深圳各类园区共有 1206 个，公园总面积 31466.43 公顷，公园绿地 500 米服务半径覆盖率达到 90.87%，成为名副其实的“公园里的城市”。按类型划分，深圳有 33 处自然公园、181 处城市公园、992 处社区公园，各类公园丰富多样，功能互补，展现出山海连城、四季繁花的大美风范和城市新样态，在深圳能切身感受到“人在城中，城在公园里”的花园城市环境。深圳拥有四大自然保护区，人均公园绿地面积达 16.45 平方米，全市建成区绿化覆盖率 45.1%。2018 年被评为国家森林城市。2010 年开始启动绿道建设，目前已建成总长度约 2448 公里的绿道网络，平均密度达到 1.2 公里/平方公里，绿道覆盖密度全省第一。按照《深圳市公园城市建设总体规划暨三年行动计划（2022—2024 年）》，未来深圳将实施山海连城、生态筑城、公园融城和人文趣城四大行动计划，打造世界级的公园城市，让城市与自然更融合、更亲密，让市民充分享受更高质量的生态环境和更加健康的幸福生活。深圳天更蓝、地更绿、水更清、城市更美丽。

四　坚持以人为本，实现温馨和谐的美好生活

现代城市文明的核心是“以人为本”，即把人作为发展的主体，以人的素质提高和能力发挥为实现条件，以改善和提高人的生活质量为目的。以人民为中心是中国共产党人的根本价值取向，发展为了人民，发展依靠人民，发展成果由人民共享。2012 年习近平总书记在十八届中共中央政治局常委同中外记者见面会上深情地说：“我们的人民热爱生活，期盼有更好的教育、更稳定的工作、更满意的收入、更可靠的社会保障、更高水平的医疗卫生服务、更舒适的居住条件、更优美的环境，期盼孩子们能成长得更好、工作得更好、生活得更好。人民对美好生活的向往，就是我们的奋斗目标。”① “城市的核心是人。”2015 年 12 月 20 日习近平总书记在中央城市工作会议上强调，做好城市工作，要“坚持以人民为中心的发展思想，坚持人民城市为人民”。② 40 多年来，深圳城市文明建设，创造了深圳人文明有序、温馨和谐的幸福生活。不仅在经济上实现了快速、高质量增长，而且在社会发展，包括文化、民生等各个方面取得了显著成绩。广大市民群众参与文明交通、文明就餐、绿色出行、垃圾分类等活动，实现在经济、政治、文化、社会、生态文明建设的全面协调发展，创造深圳人文明有序、温馨和谐的幸福生活。

（一）加大民生投入

深圳始终坚持“以人民为中心”的发展思想，市民生活获得切实的改善和提高。近十年来，随着经济实力的不断增强，深圳更加以高度的政治自觉，聚焦“幼有善育、学有优教、劳有厚得、病有良医、老有颐养、住有宜居、弱有众扶”的目标，抓住人民最关心最直接最现实的利益问题，实现好、维护好、发展好最广大人民的根本利益，财政支出中九大类民生支出占到近七成。

在基础教育领域，深圳近年来每年人口净流入达 40 万人至 50

---

① 《习近平谈治国理政》，外文出版社 2014 年版，第 4 页。

② 《习近平心中的人民城市》，2020 年 12 月 22 日，xuexi. cn/lgpage/detail/index. html? id = 10530622061803544579。

万人，虽然学位建设力度空前，但高供给仍难充分满足入学需求。过去 5 年，深圳基础教育学位增长约 30%，办学质量跃居全国第一方阵，有效破解了一批教育领域的难题。2018 年，深圳在校小学生人数达 102.8 万人，排名全国第二。2021 年新增中小学学位 6 万个。学位不足是深圳人面对的现实的民生关切，深圳探索实施“大学区”招生办法，规划布局建设四大“高中园”，建设坪山高中园，着力开展攻坚战解决学位建设问题。深圳市计划于 2025 年之前新增 74 万个公办义务教育学位，新增 14.5 万个幼儿园学位，加上此前规划新建公办高中阶段 9.7 万个学位，到 2025 年深圳共将新建近百万个基础教育学位。深圳面向全国招聘中小学校长，并以优厚待遇和良好条件吸引国内外名校的博士、硕士研究生加入中小学教师队伍，为深圳快速提升基础教育水平奠定了基础。

深圳的医疗卫生与其他一线城市相比也存在明显短板，近些年深圳奋起直追，逐步建立和完善区域医疗中心 23 家，基层医疗集团 20 家，以此为主体，基本形成整合型优质高效医疗服务体系。2018 年，深圳每千人床位数为 3.65 张，低于全国平均水平 6.03 张，每千人执业（助理）医生 2.79 人，高于全国平均水平 2.59 人，每千人注册护士 3.09 人，略高于全国平均水平 2.94 人。2018 年深圳人均寿命为 81.25 岁，高于全国平均水平 77 岁，比 2009 年提高了近 3 岁。孕产妇死亡率、婴儿死亡率分别为 5.30/100000、1.60‰，大幅优于全国平均水平 18.30/100000、6.10‰。2018 年，中国城市科学研究会健康城市专业委员会发布健康城市指标体系和排名，深圳居首位。① 到 2025 年，深圳将实现更高的健康水平、更优的医疗服务、更好的医疗保障、更强的科教支撑，人均预期寿命达到 84.53 岁，千人床位数达到 4.5 张，三甲医院数量达到 30 家，社康机构达到 1000 家以上，10 家医院进入全国医院排行榜百强，建成优质高效的医疗卫生服务体系、一流健康城市、国际化医疗中心城市，成为公共卫生最安全的城市之一。

深圳的高房价一直是影响人们美好生活质量的民生关注热点，为

---

① 中国（深圳）综合开发研究院课题组：《深圳经济特区 40 年探索现代化道路的经验总结》，《特区经济》2020 年第 8 期。

了解决住房问题，近年来深圳严格执行“房住不炒”的政策，构建了新的住房供应保障体系，集中建设了近50万套公共住房，超额完成“十三五”时期40万套公共住房的目标任务。推出“二次房改”，提出构建“4+2+2+2”住房供应体系，即40%商品房、20%人才房、20%安居房、20%公租房，2021年，深圳还率先建立二手房成交参考价格发布机制，这些措施有效缓解了居民的住房压力。

（二）完善公共服务

深圳推进基本公共服务均等化，建立健全基本公共服务标准、项目、覆盖群体等正常增长机制。坚持“保基本、兜底线、促公平”原则，创新基本公共服务供给方式，强化市、区政府在保障基本公共服务方面的主体责任，优化财政支出结构，构建以全市实际人口分布为依据、基本公共服务均等化为导向的财政投入及保障长效机制。放宽基本公共服务投资的准入限制，引导社会资本参与教育、医疗、文化、养老等社会事业建设，努力建成一座平安和谐、包容发展、安居乐业的幸福之城，人民生活更殷实、更安康、更舒适。深圳福田区发布实施《福田区基本公共服务清单》，坚持“广覆盖、可持续、高质量、有特色”的创建路径，率先将“民生七有”融入基本公共服务标准化清单，梳理145项基本公共服务事项，主导、参与制订25项省市地方标准，实行“亮标惠民”，设计发布独具特色的“福田基本公共服务标准化”Logo标识，打造深圳先行示范区的“福田标杆”，为“十四五”时期国家基本公共服务体系建设提供精彩的“深圳样本”。福田区是国家首批、深圳唯一的基本公共服务标准化综合试点地区，① 市民在经商、买车、购房、出国、办理身份证、户口转移等日常活动中，涉及办证等各项手续，深圳市民切实感受到深圳公共服务的高效、快捷、便利和温馨，有了更多的获得感和幸福感。

① 《福田：打造国家基本公共服务标准化“深圳样本”》，《深圳特区报》2021年8月4日。

第三节　文明典范：深圳两个文明全面协调发展的前景展望

文明至少是一个双义词，既表示道德价值又表示物质价值。文明是人类所达到的全部成就。[①] 城市是人类发展到文明社会的产物。文明与城市之间有着内在的联系，在英语里，“城市”（city）和“文明”（civilization）是同源词。现代西语中的“文明”一词，源于18世纪法语civiliser（动词）及其相对应的分词，而civiliser最早可追溯到拉丁语civitas一词（表示城市city和城邦city－state）。文明的英文civilization含有“城市”或“城邦”之意。文明是出现了城市发展、划分了社会阶层、产生了交流符号（通常是文字）的国家社会形态。[②] 城市是社会进步的产物，是人类文明的结晶，是安全和忙碌之地，也是文化发达程度的体现。城市空间决定了城市生活的类型，城市居民决定了城市的精神品格，城市历史决定了城市的文化底蕴。城市可以让生活更美好。亚里士多德认为城市的目的是人的美好生活，人天生是城市的动物。城市的成长“是出于人类生活的需要，但其实际的存在是未来美好生活”。[③]所有伟大的文化都是从城市中诞生的。人类进入现代工业社会以来，农业生产方式被工业生产方式代替，自给自足的经济模式转变为市场交换的经济模式，传统社会分散居住方式越来越向城市集中，城市化成为现代社会发展的趋势。作为人口集中的聚集地，城市文明发展既要有科技创新的高度，经济发达的程度，城市治理的力度，更要有温馨互助的道德温度和充满个性的艺术广度，城市文明最终要落实到物质和精神两个文明建设上，满足人的丰富的多层次需要，从而实现每个人的自由全面发展。40多年来，深圳不负众望创造的业绩令人自

① ［法］费尔南·布罗代尔：《文明史》，常绍民等译，中信出版社2014年版，第37页。

② 何勤华：《“文明”考》，《政法论坛》2019年1月。

③ Barker，E. Aristotle：*Politics*，Oxford University Press，1998，p. 10.

豪。在全面建设社会主义现代化国家的新征程中，深圳又被国家赋予“中国特色社会主义先行示范区”的重要使命，未来深圳要抓住“双区驱动”和“双区叠加”的大好机遇，继续保持两个文明全面协调发展，努力打造城市文明典范。按照深圳市第七次党代会精神和《深圳市国民经济和社会发展第十四个五年规划和二〇三五年远景目标纲要》，深圳确定2035年远景目标和“十四五”时期主要目标是：到2035年，深圳要建成具有全球影响力的创新创业创意之都，成为中国建设社会主义现代化强国的城市范例，率先实现社会主义现代化。成为高质量发展高地，城市综合经济竞争力世界领先，经济总量、人均地区生产总值在2020年的基础上翻一番；成为法治城市示范，建成一流法治政府、模范法治社会，营商环境位居全球前列，城市治理体系系统完备、科学规范、运行高效；成为城市文明典范，开放多元、兼容并蓄的城市文化特征更加鲜明，城市品位、人文魅力充分彰显，时尚创意引领全球；成为民生幸福标杆，实现幼有善育、学有优教、劳有厚得、病有良医、老有颐养、住有宜居、弱有众扶，市民享有更加幸福安康的生活；成为可持续发展的先锋，打造人与自然和谐共生的美丽中国典范。实现这一目标，深圳还需要继续奋斗，埋头苦干，建设智慧城市、韧性城市，进而成为城市文明典范。

一　凸显智能技术，建设智慧城市

智慧城市是未来城市发展的方向，智慧即聪明的策略，智慧城市（smart city）起源于传媒领域，是指利用各种信息和通信技术手段，建立可持续的城市发展模式，将城市的系统和服务打通、集成，以提升资源运用的效率，优化城市管理和服务，改善市民生活质量。智慧城市深度融合信息化、工业化、城镇化，实现精细化和动态管理，有助于缓解“大城市病”，提升城市管理成效和改善市民生活质量。

深圳是全国首个基础设施高质量发展试点城市，在未来发展中将以此为契机，要凸显智能技术，将智能科技、大数据应用以及“5G”技术等智慧元素广泛植入城市精细化管理治理的各领域，大力推行智慧交通、智慧安监、智慧健康等应用场景，完善城市运行管理服务平台，构建城市数据资源体系，打造城市精细化管理治理“智慧大脑”。打造优质普惠的公共服务，大力发展智慧民生，推动养老、医疗、教育、住房、社保、警务、税收、出行等领域智慧化升级，实现智慧化公共服务基本覆盖全体市民；加快构建海陆空和地上地下的智慧化综合交通服务体系，逐步建设全市统一的智能停车系统；实现公交、大巴、地铁扫码支付出行，为市民提供更加便利的智慧化出行服务。深圳将建成全市统一的大数据中心，加强政务云平台建设，逐步建成全市统一的公安视频图像专网和综合应用平台、安全生产网格化监管平台、地质灾害管理信息平台、第三代应急指挥平台和食品安全追溯管理服务平台，提升社会治安、安全生产、应急指挥、食品安全等领域的预测预警能力。推动数据资源向城市大数据中心汇聚，实现市区和各部门数据融合汇聚、集中共享、互联互通，建设可视化的城市空间数字平台，为城市运行管理和各区各部门开展基于大数据的公共服务创新应用。

数字经济将成为新引擎带动深圳高质量发展。《深圳市国民经济和社会发展第十四个五年规划和二〇三五年远景目标纲要》提出，深圳要抢抓数字经济发展新机遇，充分发挥海量数据和巨大市场应用规模优势，积极培育新技术、新产业、新业态、新模式，大力推进战略性新兴产业集群建设，不断更新产业形态，持续提升产业能级，全力打造数字经济发展新引擎，引领智慧新生活。到2025年，攻克一批具有自主知识产权的数字关键核心技术，形成一批国际领先标准。数字经济核心产业增加值占全市GDP比重达到31%，软件业务收入突破1.2万亿元，5G、人工智能、软件与信息服务业等数字经济细分领域发展领跑全国。建成一系列支撑产业数字化转型的公共技术服务平台。深圳要率先打造数字生态样板城市，数据交易及服务规模在全国领先。加快推动《深圳经济特区数据条例》的实施，逐步完善数据产权、数据交易等法规、制度和标准体系。加强粤港澳大湾区智慧城市群合作，推进标准互认、规则衔接。探索建立数据跨境流动、共享等机制。构建全市统一网络安全体系架构，打造全天候、全场景的网络安全保障体系。到2025年，推进

《深圳经济特区数据条例》相关配套制度建设，完成数据要素市场化配置改革试点，培育数据要素市场，实现数据交易活跃度和数据服务业规模全国领先。公共数据服务体系逐步健全，公共数据资源社会开放数据集不少于5000个，“一数一源”覆盖率达85%。网络安全建设、运营、管理和标准规范体系进一步健全。对外合作不断深化，打造数字化领域合作新范式。

2019年《深圳市新型智慧城市建设总体方案》发布，提出智慧城市建设目标是能够一图全面感知、一号走遍深圳、一键可知全局、一体运行联动、一站创新创业和一屏智享生活，让市民生活更便利，城市更美好。2022年6月深圳市政务服务数据管理局联合深圳市发展和改革委员会发布了《深圳市数字政府和智慧城市“十四五”发展规划》，深圳数字政府和智慧城市建设规划更加清晰。该文件提出，到2025年打造国际新型智慧城市标杆和“数字中国”城市典范，成为全球数字先锋城市；到2035年，数字化转型驱动生产方式、生活方式和治理方式变革成效更加显著，实现数字化到智能化的飞跃，全面支撑城市治理体系和治理能力现代化，成为更具竞争力、创新力、影响力的全球数字先锋城市。

目前深圳在全球率先实现5G独立组网全市域覆盖，智慧城市发展水平评估连续两年全国第一，网上政务服务能力连续3年全国第一。深圳推进城市管理智能化，98%的行政审批事项实现网上办理，94%的行政许可事项实现“零跑动”，在智慧城市建设综合排名中位居全国第一。智慧城市建设将给市民生活带来极大的方便，实现“一号走遍深圳”后，居民身份证、驾驶证、社保卡、图书证、银行卡等，只要是实名办理的卡都可以合成一个账户，在购物支付、医疗保障、图书借阅等过程中，都可以使用身份证办理相关事项和服务，还可以通过生物识别+身份证号/实名手机号办理各类事项和服务。实现“一屏智享生活”后，市民办事、享受生活服务可以从统一App获取想要的服务，该App还能根据个人情况通过移动端推送服务信息。对企业而言，“一号走遍深圳”实现后，企业在办理各类事项时，无须重复提交各种证明材料，只需要使用社会信用代码+数字证书就可办理各类公共服务事项，可以做到不见面办理。“一站创新创业”实现后，企业可方便地获得政府开放的数据和软件开发资源进行创新，能享受一站式创业服务。现代技术推动社会进步，使生产更有效率。以科技为支撑的智慧城市建设给人们带来的将是超乎想象的现代生活。

二　统筹发展安全，建设韧性城市

现代社会是风险社会，无论是“灰犀牛”还是“黑天鹅”，快速变化的社会充满着不确定性。习近平总书记在党的十九大报告中强调指出：“坚持总体安全观。统筹发展和安全，增强忧患意识，做到居安思危，是我们党治国理政的一个重大原则。”①

“韧性”（resilience，亦可称为“弹性”）的拉丁语原意是指“恢复到原来状态”。“韧性”一词从传统物理学领域扩展到生态环境、社会发展、经济建设等各个方面，近年来“经济韧性”的话题在我国得到广泛关注。“韧性城市”就是“韧性”理念在城市空间范围的运用。按照国际组织倡导地区可持续发展国际理事会定义，“韧性城市”指城市能够凭自身的能力抵御灾害，减轻灾害损失，并合理地调配资源以从灾害中快速恢复过来。韧性城市建设越来越成为城市未来可持续发展的焦点问题之一，其主要内涵就是要有效应对城市发展过程中面临的各种不确定性，降低城市发展过程中的风险，减轻城市发展脆弱性。与传统的城市发展模式不同，韧性城市更加强调城市系统自身在应对环境变化上的控制能力、组织能力和适应能力，在发展过程中将人作为第一能动要素，围绕人的需求、科技与认识水平、组织与适应能力等综合素质，设计和构建一套相对平衡、有序的城市安全保障体系。② 韧性城市建设涉及硬件、软件和人的素质几个方面。“韧”的硬件是前提，主要指城市设施、物资贮备、力量准备等方面，包括完善的综合交通运输体系，高效率运转的医疗体系和高质量发展的产业体系等，这些是一个城市抗击外部风险的物质基础。“韧”的软件主要包括有效的应急管理指挥体系、智能化的信息系统、完善的法律法规、健全的社会组织

① 《习近平谈治国理政》第3卷，外文出版社2020年版，第19页。

② 赵宏晔：《切实增强城市发展韧性》，《北京日报》2021年9月28日。

等。城市的管理方式、治理体系必须与城市发展相适应。城市“韧性”的根本还在于人的素质，包括公众心态安定、社会秩序井然，这些是韧性城市的重要支撑。城市居民在灾害面前科学素养的高低，公众信心的大小，公众参与感的强弱，是衡量一个城市韧性程度的重要因素。2021 年深圳市政府工作报告明确提出高标准建设韧性城市，韧性城市建设，既是城市管理者的事情，也和每个市民的思想觉悟和科学素养息息相关，需要人人参与、配合和支持。

深圳加强韧性城市建设重点有四个方面：

（一）基础设施韧性建设方面

基础设施就像是城市的骨骼与血脉，建设韧性城市，必须有完备、坚韧的基础设施，在面对风险时能保障城市的各项功能运转正常。需要统筹考虑交通、能源、通信、物流、给排水等生命线工程设施的应急能力，要对住宅、医院、环卫、教育等民生设施的质和量进行必要的维护和升级改造，保障城市居民的日常生活质量，使城市在应急状态下有足够的抗冲击能力和恢复能力。要完善城市与周边地区的交通设施，加强区域内部联系。要增强城市基础设施建设的冗余度与模块化特征。通过建设基站、封闭环卫仓等移动公共设施模块，提高危机时期城市基础设施再利用的韧性程度。截至 2019 年年底，深圳已建设完工海绵城市项目 1361 项，海绵城市面积达 180 平方公里，占建成区面积的 19%。

（二）经济韧性建设方面

2018 年以来，中国经济发展面临需求收缩、供给冲击、预期转弱三重压力，深圳受中美经贸摩擦和新冠疫情的冲击，经济发展面临挑战。2021 年，深圳经济发展增速减缓，在多个维度的对比中均排名靠后。为促进经济稳定增长，深圳充分发挥有为政府作用，2022 年先后发布了“纾困 30 条”“培育壮大市场主体 30 条”“促消费 30 条”“稳工业 30 条”“稳增长 30 条”等硬核政策措施。同时注意发挥有效市场作用，在一系列纾困措施下，深圳人的创业热情、消费意愿也被重新点燃。深圳经济稳中向好、长期向好的基本趋势没有改变，产业结构优化，战略性新兴产业、未来产业方兴未艾，深圳在做好“双统筹”、夺取“双胜利”中展现出自身经济的韧性。2022年上半年，深圳取得三个第一：GDP增量位居中国主要城市第一位；规模以上工业生产总值同比增长10.4%，仍然是中国工业城市第一市；出口额继续保持全国第一，预计到2022年年底，深圳将连续30年保持全国出口总额第一城。

（三）社会韧性建设方面

城市是一个复杂社会综合体，社区是城市治理的最小单元，也是防灾减灾救灾工作的“最后一公里”，社区在危机应对中具有不可替代的基础性作用。提升城市社会韧性，需要重视并加强基层社区建设，高度重视综合减灾社区创建工作，推进基层队伍、救灾物资储备等方面的标准化建设，使社区应对突发事件时，响应更快，韧性更强。《中共中央　国务院关于加强基层治理体系和治理能力现代化建设的意见》（2021年4月28日）强调，“要加强基层智慧治理能力建设”。提高城市社会韧性，需要健全城市的社会动员机制，充分发挥基层党组织、基层群众自治组织、工会、共青团、妇联、红十字会、城市协管员队伍、应急志愿者队伍及其他社会组织和社会公众等多元主体在提升城市社会韧性中的作用。不断提高城市的社会动员能力和秩序保障能力，组织城市多元主体积极参与。

（四）制度韧性建设方面

依法治国是中国制度韧性的重要保障，要把依法治国各项制度落到实处，实现制度的价值目标，保证经济社会的稳步发展。要不断完善各方面城市治理制度，加强城市防灾减灾能力，对城市防灾格局、广域防灾体系等措施作出明确的制度安排。完善应急指挥救援系统、生命线应急保障系统、应急救灾物资储备系统等建设，提高城市应急救灾水平。

规划和建设韧性城市成为全球城市发展的重要趋势，深圳要成为“全球标杆城市”，必须加强韧性城市建设。需要对标以纽约、伦敦为代表的全球标杆型城市，同时借鉴国内城市实践探索的有益经验和做法，在城市规划、城市建设、城市治理、城市运行等各个方面全面提升。推动深圳高质量发展涉及经济韧性和城市发展韧性问题，增强经济韧性和提升城市综合韧性是城市治理现代化的重要内容。目前全球范围内的韧性城市建设，不论是联合国国际减灾战略署推出的"让城市更具韧性"竞选计划，还是纽约、伦敦、北京、上海等城市开展的增强城市韧性、建设韧性城市行动，重点都在于加强城市防灾减灾能力建设，涉及应急管理体制、应急管理能力等主要内容。韧性城市建设与城市范围的治理体系建设和治理能力现代化既重叠交叉，又相互补充、相互促进。①

三　厚植文化底蕴，建设城市文明典范

深圳已经连续六届获得全国文明城市的荣誉，正在打造文明典范城市。全国文明城市是中国为了促进城市建设而实施的一项制度，是对一个城市全方位、综合性的评价，要求城市在经济建设、政治建设、文化建设、社会建设、生态文明建设和党的建设等多方面全面发展，是市民文明素质、城市文明程度、城市文化品位、人民生活质量较高，是崇德向善、文化厚重、和谐宜居、人民满意的城市。全国文明城市是反映城市整体文明水平的综合性荣誉称号，是一个城市最有价值的无形资产和最重要的品牌。城市文明典范是全国文明城市的"升级版"，是全国文明城市"桂冠上的明珠"。深圳要打造城市文明典范，建设"全球城市标杆"，要在经济发展、科技创新、文化繁荣和美好生活上下更大工夫，需要发挥优势，保证安全，建设智慧城市和韧性城市，使深圳真正成为科技最先进、经济最发达、政治最民主、文化最繁荣、生态最美丽、社会最和谐温馨的城市，从而实现更高质量、更有效率、更加公平和更可持续的发展。

《中共中央　国务院关于建设深圳中国特色社会主义先行示范区的意见》中明确把"城市文明典范"与"高质量发展高地""法治城市示范""民生幸福标杆""可持续发展先锋"并列确定为深圳中国特色社会主义先行示范区五大发展目标之一，提出要践行社会主义核心价值观、构建高水平的公共文化服务体系和现代文化产业体系，成为新时代举旗帜、聚民心、育新人、兴文化、展形象的引领者。在全国文明典范城市争创中，需要瞄准"信仰坚定、崇德

① 谭刚：《深圳需要建设成为全球韧性城市发展范例》，《开放导报》2020 年第 4 期。

向善、文化厚重、和谐宜居、人民满意”文明城市创建标准，厚植文化底蕴，不断提高城市文明水平。

（一）立根铸魂，打造信仰之城

人是思想的存在，理想信仰是人生存的“根”和“魂”。习近平总书记强调，“一个国家、一个民族，要同心同德迈向前进，必须有共同的理想信念作支撑”。[①] 我们建设的中国特色社会主义需要人民有信仰，民族有希望，国家有力量。在中国共产党的领导下，中华民族实现了从站起来、富起来到强起来的历史飞跃，中国特色社会主义进入新时代，我们已经实现全面建成小康社会的第一个百年奋斗目标，正在开启全面建设社会主义现代化国家的新征程。现阶段中国的共同理想就是建设中国特色社会主义，全面建设社会主义现代化国家，到21世纪中叶，把中国建成富强民主文明和谐美丽的社会主义现代化强国，实现中华民族的伟大复兴，未来我们的远大理想就是实现共产主义。科学理论是行动的指南，习近平新时代中国特色社会主义思想是当代中国的马克思主义，是21世纪马克思主义，是中华文化和中国精神的时代精华，实现了马克思主义中国化新的飞跃。要坚持用习近平新时代中国特色社会主义思想武装头脑，持续强化理想信念教育，大力培育和践行社会主义核心价值观。作为中国特色社会主义先行示范区，深圳要率先实现社会主义现代化，勇当驶向中华民族伟大复兴光辉彼岸的第一艘“冲锋舟”。实施《深圳市民文明素养提升行动纲要（2021—2025年）》，全面夯实基层思想政治工作阵地，用党的创新理论统一思想、凝聚力量，指导实践。

（二）崇德向善，打造首善之城

道德是维系社会的根本，如果说科技创新是一个城市发展的高度，那么，道德环境就是城市发展的温度。科技创新需要能人，道德建设需要好人，深圳建设城市文明典范既要有能人，更要有好人，不能为了能人亏了好人，要坚持二者有机统一，积极弘扬和践行社会主义核心价值观，把价值引领贯穿文明城市建设的全过程，

① 《习近平谈治国理政》第2卷，外文出版社2017年版，第323页。

全面提升公民道德素养，在文明城市的丰沃土壤上，培育起一座崇德向善的精神家园。2020 年 7 月，深圳市精神文明建设委员会印发《深圳市加强新时代公民道德建设实施方案》，对照“城市文明典范”战略定位，深入开展公民道德建设。深圳紧紧围绕社会主义核心价值观，提升市民思想道德水平和文明素养，近年来以张莹莹为代表的先进模范不断涌现，身残志坚，温馨互助，道德楷模犹如暗夜灯塔令人鼓舞，他们各以其不同的事迹，感动千千万万的人，也不断地丰富着人们对深圳的认识，成为这座城市精神文明建设的宝贵财富。

（三）保障民生，打造幸福之城

进入中国特色社会主义新时代，人们对美好生活的追求成为我们的奋斗目标。在城市高速发展过程中，改革开放的红利逐渐转化为民生福祉，越来越多人拥有获得感、幸福感、安全感。改革开放的成果由人民共享，成效由人民评价。民生之事，件件是关乎人民群众的大事。深圳在公共环境、公共服务等民生方面已经取得了令人羡慕的成就。深圳入围“2021 中国最具幸福感城市”候选城市名单。随着中国社会主要矛盾的转化，追求美好生活，人们对民主、法治、公平、正义、安全、环境等方面提出了更高要求。深圳在尽快解决医疗、教育等民生短板的基础上，要加大顶层设计，推动在社会保障、民生服务方面高质量、可持续发展，为全国提供高质量社会保障的深圳模式。深圳要有更多改革创新举措，在就业、教育、医疗、社保、住房、养老、食品安全、生态环境、社会治安等民生实事上加大投入，朝着幼有善育、学有优教、劳有厚得、病有良医、老有颐养、住有宜居、弱有众扶的目标，打造民生幸福标杆。

（四）创新引领，打造魅力之城

深圳被誉为创新之都、科技之城，是中国的“硅谷”。深圳形成了比较完善的创业生态圈，有鼓励支持创业的环境和成熟的创意配套服务，是创业者的乐土。“来了就是深圳人”体现出深圳的包容胸怀，“敢于冒险、追求成功、崇尚创新、宽容失败”的宽容精神，激发了深圳的创新活力。数据显示，深圳是最具吸引力的城市，是一座来了就不想走的城市！深圳有代表未来的新兴技术产业，有优美的环境，快捷的交通、优质的服务、丰富的文化、多样的美食，每年有几十万人被这座城市所吸引，未来深圳以前海、河套深港合作区和光明科学城、西丽科学城为引领，随着深中通道的开通和西丽高铁站的运营，深圳将展现出更加无穷的魅力，成为全球追求理想和幸福生活的寻梦之地。

（五）精细管理，打造善治之城

“城市让生活更美好。”城市的美好，来自城市文明与治理水平双提升。国家治理能力和治理体系现代化已经成为中国特色社会主义现代化的主要目标，城市治理是国家治理的重要要表现。要建设城市文明典范，必须加强城市精细化管理，提高工作精度，在“准、细、常”上下工夫，坚持常态发挥长效，强化底线思维，推动城市治理体系和治理能力现代化，建设治理效能明显提升的善治之城。要以绣花功夫加强城市精细化管理。坚持“面子”“里子”并重，既要中心城区、主干道等“面子”区域光鲜亮丽，也要背街小巷、城中村等“里子”区域干净整洁。要学习借鉴国内外先进城市的经验，树立精细化理念、实施精细化作业、实施网格化管理。要健全文明创建长效机制，实行精准精细的管理、学习水滴石穿的精神，做到“重在日常、抓好经常、融入平常”。

（六）文化提升，打造文明之城

文化是人的生存方式，是社会发展的方向。文化力决定城市魅力、动力、活力、创新力，文化是塑造社会文明更基本、更深沉、更持久的力量，文化建设也是提高社会文明程度的主要途径，城市发展必须大力推动文化繁荣兴盛。近年来，深圳持续开展了市民文明素养提升行动，以“修心”“养德”“守法”“尚智”“崇文”“健体”六大行动，全面提升市民文明素养，推进《深圳市加强新时代公民道德建设实施方案》等规划，多方合力，共襄善举，让城市的文明更加持久。深圳各项社会主义核心价值观的主题宣传活动在全市铺开，文明风尚在基层培育，各类公益组织、社会团体和协会积极发挥在公益慈善领域的专业优势，实施一大批有创意、有成效的公益项目。爱心企业为城市的公益事业和文明进步提供了重要的资金保障和物质支持。广大市民群众用源源不断的善行义举来表达真情、奉献爱心，人人献出一点爱，爱心正在形成合力。

未来5年，深圳将全面实施“文化软实力跃升行动”，力争到2025年，城市文化软实力大幅提升，社会主义核心价值观深入人心，经济特区精神充分彰显，城市文明程度、公共文化服务水平、文化产业发展质量显著提高。

如果说智慧城市、韧性城市建设侧重硬件的话，那么文化涵养则更侧重于城市的软件，体现为城市发展的价值方向。城市建设是新时代中国特色社会主义现代化建设整体事业的一部分，城市文明是社会现代化的精华部分、前沿部分，城市文明典范作为城市发展的综合成就，需要经济更发达、物质更丰富、交通更变利、文化更繁荣、环境更美丽、社会更和谐、城市更温馨、生活更幸福。要通过提高科学创新的高度、增强和谐友善的温度、拓宽艺术审美的广度，两个文明全面协调发展，满足人民对美好生活的追求，实现人的自由和全面发展。深圳两个文明全面协调发展成就使我们有足够的理由相信：深圳的明天会更美好！

第三章　优化“新供给”：持续打造高品质公共文化服务

公共文化服务是一个颇具中国特色的独特概念。这一概念的提出，一方面标志着中国国家建设、文化建设自改革开放以来经过20多年的快速发展，开始迈入一个新阶段；另一方面也较为集中地体现了社会主义制度在文化福利方面的优越性，以及促进社会文化发展的独特路径。党的十六届五中全会首次提出构建“公共文化服务体系”的论述，更是将公共文化服务的供给从之前零散的、作为广义公共服务的一部分的职能定位提升到了保障人民群众基本文化权利的高度。深圳，作为党中央确定的全国文化体制改革试点城市，认真贯彻落实党中央“在提供公共文化服务方面作出示范”的指示，同时亦摸索出一套独特的公共文化服务发展模式，取得一系列令人瞩目的文化发展成果，为新时代高品质公共文化服务的发展树立了典范，并为城市的文化发展、经济发展，乃至社会发展都做出了突出贡献，值得我们对此进行回顾和总结。

第一节　深圳公共文化服务理念创新与突出成就

作为一个仅有40多年城市史的改革开放之城，深圳在经济取得飞跃式发展、成为全国经济改革样本的同时，文化积淀的匮乏一直为人所诟病。从城市发展的阶段和动力而言，进入21世纪，深圳在一定的经济成就基础之上，因顺应国内外文化发展的大趋势，也自发地拥有了聚焦文化建设，进行系统化文化规划、研究、投入和促进的内在需求。深圳在文化建设上有理念、有计划、有步骤、有立法地持续发力和不断迭代发展，为深圳赢得了联合国教科文组织“创意城市网络”授予的“设计之都”称号（2008 年）、世界知识城市峰会授予的“杰出的发展中的知识城市”（2009 年）、联合国教科文组织授予的全球唯一的“全球全民阅读典范城市”（2013 年）等国际美誉，并连续四次获评“全国文化体制改革先进地区”，连续六次获得“全国文明城市”光荣称号。

罗马不是一天建成的。在有限的时间内获得文化的跨越式发展也自有其核心逻辑。对文化发展历史的回顾和理念的梳理，将为我们当下和未来越来越复杂的挑战提供重要的启示。

一　沿革迭代：深圳公共文化服务的历史阶段

深圳的公共文化服务虽然是自 21 世纪以来才开始有了“体系化”的表述和追求，但在深圳作为经济特区的创建之始，对文化的重视就已经有了以八大文化场馆为代表的空间化体现。在经济特区新移民们对知识和信息极度渴求的市场化需求推动下，书市、书城以及图书馆的发展也拥有特定的群体支撑。政府的主观重视和市场的客观需求形成双重驱动，促使深圳的公共文化发展不断迭代、更新和自我突破，并深深地嵌入到了城市文化发展的脉络之中，促成了城市创新基因的生长和创新气质的塑形。从其内在的进化逻辑来看，大致可以分为以下几个阶段：

（一）初创奠基阶段：深圳建市——文化培土阶段（1980—1992 年）

1979 年 3 月 5 日，国务院批复同意深圳建市；1980 年 8 月 26 日，第五届全国人民代表大会常务委员会第十五次会议中通过了由国务院提出的《广东省经济特区条例》，批准在深圳设置经济特区，从此这一天成为深圳的生日。而在此之前，深圳在中华人民共和国的版图上仅仅是历史上宝安县一个小小的边陲小镇。虽然这里有着 1700 多年历史的村庄聚落，但绝大多数是农村人口，唯一的两条水泥路贯穿其间，总长度不超过 2 公里，与一水之隔的香港——彼时的亚洲四小龙之一，可谓是天壤之别。

在这样的边陲小镇，不要说文学巨匠、艺术传承，就连像样的公共文化设施都是难以想象的。经济特区建立之初，所有的活动和精力也势必是以经济制度创新、基础建设发展为主轴的，并没有多少充裕的资金、精力乃至人才队伍来从事传统意义上的风雅文化活动。但是，独特的土壤和历史因缘，在深圳孕育出了独特的文化生产机制，那就是对带有创新精神的时代概念的生产。

在改革开放总设计师邓小平同志关于“我们建立经济特区，实行开放政策，有个指导思想要明确，就是不是收，而是放”[①] 的讲话指引下，以及时任中共中央总书记胡耀邦同志“特事特办，新事新办，立场不变，方法全新”[②] 的态度鼓励中，中共深圳市委对当时在特区基层生产管理中出现的“时间就是金钱、效率就是生命”这种带有金钱和效益导向的口号抱持了包容、肯定的态度。通过媒体宣传和口耳相传，该口号得到迅速传播。由于契合了那个时代的改革精神，以及大多数来经济特区“打工”的新移民的心声，格外具有号召力和共鸣感，大大激发了当时打破户籍束缚、放弃铁饭碗的来深建设者们“只争朝夕”的奋斗精神和创造能量。在“一天一层楼”的建筑史奇迹和诸多叹为观止的中华人民共和国建设速度的纪录创造中，该口号也成为“深圳观念”的代表，深深地震撼并带动了全国的思想解放。连同“空谈误国、实干兴邦”等观念，表达出新的独特气象，并由此吸引了一批又一批的“创梦者”“弄潮儿”来到深圳，扎根深圳。这些观念、口号成为深圳最早的“文化输出”。而这种出于历史语境和时代发展需求所自然而然生长出来的文化创造方式，为后来深圳文化的深度发展奠定了基本的模式基因。

与基于市场需求而激发出“自下而上”的思想观念生产逻辑相呼应，中共深圳市委、深圳市人民政府也高度重视文化“自上而下”进行规划、设计的重要性。20 世纪 80 年代末，深圳配合省政府制定了《关于深圳特区思想文化建设的初步意见》《深圳特区精神文明建设大纲》等一系列文件，为深圳早期的精神文明建设、文化建设的发展方向和具体路径作出了初步的规划和指导。也正是在

① 《邓小平文选》第 3 卷，人民出版社 1993 年版，第 51 页。

② 郑谦主编：《中华人民共和国史 1977—1991》，人民出版社 2010 年版，第 326 页。

这样的文化关怀和宏大视野下，深圳拿出了“就是勒紧裤腰带，也要把八大文化设施建设搞上去”的气魄和决心，在彼时经济特区初创，政府财政很紧张的现实情况下，硬是兴建了深圳博物馆、深圳图书馆、深圳大剧院、深圳科技馆、深圳电视台、深圳体育中心、深圳新闻中心和深圳大学为最初班底的“八大文化设施”，切实破局了深圳特区被贬抑为“文化沙漠”的窘境，并为日后深圳公共文化事业发展、精英人才培养，提供了基本的服务空间和文化阵地。

在这个市场自发衍生和政府担当铺路的文化初创阶段，令大多数人意想不到的是，深圳诞生了全国第一个关于社会主义精神文明建设的总体规划性文件，为1986年9月《中共中央关于社会主义精神文明建设指导方针的决议》的出台探索了最初的雏形和实践，成为深圳文化发展史上初试啼声的时代担当和先锋举措。

（二）摸索提升阶段：20世纪90年代至21世纪初期（1992—2002年）

1992年，邓小平同志连续视察武昌、深圳、珠海和上海等地，发表重要讲话，肯定了“深圳的重要经验就是敢闯”①，并强调了针对物质文明和精神文明“要坚持两手抓”“两只手都要硬”② 的发展方向。这个时期的深圳在物质文明建设上已经取得了部分人群“先富起来”的初步成就，但缺乏深度的人文涵养，以及文化活动以市场提供的消费性娱乐休闲活动为主的现实状况。深圳是“文化沙漠”“深圳没有文化”“深圳是暴发户”的大众形象一下子成为某种标签，成为促进深圳执政者下定决心、改变现状的重要动因。

这一阶段，深圳提出了“第二次创业”的口号，在全国率先制定了城市文化发展战略，先后出台了《深圳市1995—2010年文化发展规划》《深圳市文化事业发展（1998—2000年）三年规划及2010年远景目标》，并在主动设计城市文化形象的先进理念指引下，提出建设“现代文化名城”的战略目标。为了在先天劣势的条件下增创文化优势，创造有深圳特色的社会主义文化，深圳市委市政府提出了“科教兴市”战略和文化建设工程。

---

①《邓小平文选》第三卷，人民出版社1993年版，第372页。

②《邓小平文选》第三卷，人民出版社1993年版，第378页。

具体而言，就是计划并开始增建包括关山月美术馆、深圳画院、深圳书城、深圳特区报业大厦、深圳商报大厦、深圳有线电视台、华夏艺术中心、何香凝艺术馆在内的“新八大”文化基础设施，以及包涵了深圳少年宫、深圳电视中心、深圳图书馆（新）、深圳音乐厅、中心书城、现代艺术中心的“新六大”文化设施。除了硬件方面的全面补齐之外，在文化活动、节庆、品牌等软性内容方面，深圳也开始集中发力，推出了一系列具有深圳特色的常设性文化品牌活动，包括：“深圳大剧院艺术节”“鹏城金秋社区文化艺术节”“深圳水墨画国际双年展”“少儿艺术花会暨学校艺术节”“深圳读书月”等。大大丰富了市民的业余文化生活，加强了与全国乃至国际的文化交流，并开始尝试探索深圳文化建设的专属特色和路径。

在这个阶段的探索性自我提升之路中，最具有深圳特色并即将引领21世纪深圳文化大发展的一个重要举措，是2000年前后深圳率先在全国提出了“实现市民文化权利”的概念，并在相关部门的带领下，就此进行了深入的公民文化权利的系统研究，提出了文化权利是公民的基本权利，具有与政治权利、经济权利同等重要意义的论述，并形成了以理论专著《文化权利：回溯与解读》为代表的一系列研究成果。理论方面的扎实探索和深入思辨，为深圳下一个阶段公共文化服务的大发展奠定了重要的思想基础。

（三）战略加速阶段：“文化立市”提出——党的十八大前后（2003—2010年）

党的十六大对文化发展的战略意义进行了着重强调，文化体制改革也在全国各地推行，各省市在此时代氛围下，纷纷提出自身的文化发展战略。2002年12月，广东省也明确提出了加快建设文化大省的战略部署要求。作为回应，结合自身的文化发展和城市发展需求，深圳在2003年1月正式推出了“文化立市”战略。同一年，深圳被确立为全国文化体制改革试点城市，并随之出台了《深圳市文化体制改革综合试点方案》。深圳也由此进入了一个包括政府行政管理、社会事业管理、文化体制改革在内的“综合配套改革”阶段，为深圳公共文化服务体系的建设做了重要的条件准备和起到了推动作用。

2004 年 3 月，深圳市召开了实施“文化立市”战略的工作会议，并于此确立了具体的文化发展目标、思路、任务和对策。在此基础上，深圳市成立了报业集团、发行集团和广电集团三大国有文化集团公司，丰富了公共文化服务内容的生产主体和组织机构。2005 年 1 月，深圳又印发了《深圳市文化发展规划纲要（2005—2010）》，明确提出了建构“公共文化服务体系”的表述。同年，由深圳市文化局牵头，组织成立了“公共文化服务体系研究”课题组，领先全国最早开展了公共文化服务体系的系统性研究，并推出了全国首本《公共文化服务体系研究》专著。正是基于这样的理论自觉和决策之前研究先行的传统，深圳的公共文化服务体系建设真正和城市文化发展相融合，并具有体系性、渐进性和持续性。在这一阶段，配合着理论研究，集中出台了一系列的政策文件，包括《中共深圳市委深圳市人民政府关于大力发展文化产业的决定》《深圳市文化事业发展“十一五”规划》《深圳市进一步完善公共文化服务体系实施方案》等。其中《深圳市文化事业发展“十一五”规划》提出了要建成门类齐全、层次分明、重点突出、功能先进的公共文化服务设施网络，并创新公共文化服务方式；而《深圳市进一步完善公共文化服务体系实施方案》则进一步明确了到 2010 年深圳完善公共文化服务体系的基本目标。

在具体的实践领域，深圳以“两城一都一基地”（“图书馆之城”“钢琴之城”“设计之都”和“动漫基地”）的打造作为“文化立市”的重要抓手，进一步加大与之相关的文化基础设施建设并开始注重深圳的城市文化形象设计和文化内涵、文化品位的自觉选择；与此同时，还提出了要大力发展文化产业，史无前例地将文化产业与高新技术产业、金融业和现代物流业并列为深圳四大支柱产业，将产业格局的主动调整与增强城市文化竞争力统一起来，引领了国内城市文化发展的全新理念。为此，深圳采取的具体行动是，一方面着手创办了中国（深圳）国际文化产业博览交易会，为促进深圳文化产业发展和国际文化交流提供制度性平台；另一方面则制定明确的文化产业发展总体目标，要求到 2010 年全市文化产业总值占 GDP 比重达 10% 以上。

“文化立市”作为深圳在21世纪之始转变经济增长方式和发展模式的“全方位综合战略”，将文化事业和文化产业的概念进行了统一融合，提出了全新的城市文化和公共文化服务体系发展理念，创新了文化活动形式、丰富了公共文化服务的内容，完善了公共文化服务保障机制，在增设了一批高档的文化硬件设施之余，更是创办了一系列适应新世纪、新时期的品牌文化活动，包括：深圳读书月、社科普及周、市民文化大讲堂、创意十二月、鹏城金秋艺术节、文化进社区等，成功形塑了深圳城市文化的新传统、新形象。

（四）提质完备阶段：从特区扩容到“双区”驱动（2010—2022年）

党的十七大报告提出，要激发全民族文化创造力，提高国家文化软实力，推动经济、政治、社会和文化的“四位一体”改革发展成为更为清晰的方向。2010年，广东省也提出了“文化强省”的发展目标。与之相呼应，深圳将“文化立市”的战略口号进一步上升到“文化强市”的更高标准。同时，2010年深圳还迎来了经济特区扩容的重大政策调整，将原本被设定为“关外”的宝安区、龙岗区和光明新区也纳入到经济特区的范围内，在解决“关内”土地和资源紧张等问题的同时，也为包括文化服务在内的公共服务带来了新的挑战。

面对经济特区的扩容和转型，以及从国家到地方的“文化强市”倡议，深圳在城市文化发展理念上进一步做出了创新性的自我挑战，提出了打造创新型智慧型力量型城市文化、提升城市文化软实力等重要论述，将未来的城市竞争从“拼经济”到“拼文化”的趋势转变做出了带有国际视野的比较研究和经验借鉴。具体落实到公共文化服务领域，则基于《珠江三角洲地区改革发展规划纲要》，由深圳市文化广电旅游体育局委托深圳市特区文化研究中心进行了“完备的公共文化服务体系”研究，并于2010年年底出版了研究专著《完备的公共文化服务体系研究》。该研究根据《珠江三角洲地区改革发展规划纲要》所提出的要将珠江三角洲打造成“全国性的公共文化建设示范区”的目标，在原有的《公共文化服务体系研究》的基础之上，结合国际指标和国内先进城市指标作为依据，进一步提出了可量化评估的完备的、示范区的公共文化服务体系的建设指标和参考评量值。不仅对于深圳本市的公共文化服务建设不断完善与完备具有明晰的指导意义，而且为全国其他城市和地区的公共文化服务体系建设提供了有益的参考借鉴。

尤其是在特区扩容的背景之下，原本“关外”地区的文化基础设施相较关内严重不足，“完备的公共文化服务体系”通过指标的衡量，对于在原“关外”地区增加重要的文化设施、文化场馆具有重要的依据意义。2018 年，深圳出台《深圳市加快推进重大文体设施建设规划》，提出建设“新十大文化设施”（深圳改革开放展览馆、深圳歌剧院、国深博物馆、深圳科技馆新馆、深圳自然博物馆、深圳创意设计馆、深圳美术馆新馆、深圳海洋博物馆、深圳创新创意设计学院、深圳音乐学院），其中就有不少分布在原“关外”地区。

2019 年 2 月，中共中央、国务院发布了《粤港澳大湾区发展规划纲要》，将深圳确定为大湾区的“核心引擎”；2019 年 8 月，《中共中央　国务院关于支持深圳建设中国特色社会主义先行示范区的意见》出台，将深圳定义为国家的“先行示范区”，意味着定义了深圳在新时代继续开拓创新、先行先试、跻身国际名城的光荣使命。“大湾区”与“示范区”的“双区”再定位，既是党中央面向未来的国家战略，又是对深圳自建市、成立经济特区以来在城市综合发展方面取得全方位先进成就的重大肯定。事实上，深圳 2018 年年底所确立的“新十大文化设施”建设，就以国际一线城市先进文化设施的标准为标杆，在扩容后的深圳多区均衡布局，为进一步提升深圳作为粤港澳大湾区核心城市的文化影响力、聚合力和辐射力筹谋适应新时代需求的基础设施，深圳未来的文化大发展更值得期待。

二　理念指引：深圳公共文化服务铸造典范的法宝

通过以上对深圳城市文化、公共文化服务发展历程的简要勾勒，我们可以发现在深圳短短四十多年的历史中，几乎每一个十年都开创了一个新的发展阶段。这些不同的阶段一方面从宏观层面因应了国家的发展战略；另一方面又从深圳的实际出发，在地方实践的具体层面又提出了领先的理念、思路，走出了独特的发展路径。正是这些成就，让深圳在四十岁生日的前夕再度被赋予了“示范区”的新时代定位与使命。从昔日经济上突飞猛进的“文化沙漠”到如今的中国特色社会主义发展的“先行示范”，深圳的成功是经受了时间考验和综合考察的全方位示范的“典范”，而深圳弯道超车、绝地出奇的制胜法宝则是每个阶段都能提炼出思路清晰的先进理念作为引领。可以说，如果要总结深圳公共文化服务和城市文化发展的成功经验，理念指引是极为重要的一条。其具体实施又表现在研究支撑、实践反馈、与时俱进这几个方面。

（一）理念生产由系统化的研究机制支撑

“1979 年有一位老人在中国的南海边画了一个圈”，从此有了一座城。从最早自发诞生的“深圳观念”开始，深圳这个由改革开放国策孕育的“观念之城”，就一直在历史的发展中不断地演绎着其内在的“理念”基因。从某种意义上来说，深圳没有厚重的历史也意味着没有固有的成见包袱，那么顺应时代发展的新思想、新理念就有了可以实践的空间。20 世纪 80 年代和 90 年代，是西方发达国家进入到后工业社会的历史时期，更是一个知识经济高速发展的时期。因此，内外两因都促使深圳极为重视先进理念和国际趋势。

如果说最初阶段的城市理念是由国家给定的以及由市场自发形成的，那么深圳在后来每一个发展阶段的政策制定和方向把握上都充满了理念和理论的自觉。自中华人民共和国成立以来，带有浓厚的计划经济话语特征的“文化事业”是当时主要的公共文化服务形式。但在深圳这一块经济改革的试验田上，一切都是新的尝试与开始。“特区文化”应该如何发展？同样需要一个跳脱出原有框架的新理念与新设计。

确切地说，深圳最早的公共文化服务探索是从精神文明建设开始的。而随着“文化”在世界经济和可持续发展中发挥着越来越重要的作用，中国也渐渐开始将其放到了战略性的重要位置上。从 20 世纪 90 年代开始，深圳探索适应市场经济的公共文化服务体系最有标志性的一件事情，就是彼时的深圳文化局在文化部的支持下，于

1993 年联合共建了一个全额拨款的事业单位作为专门的特区文化研究机构，即“深圳市特区文化研究中心”①，希冀通过有组织的、有保障的、持续的研究来回答经济特区的文化发展究竟应该是怎样的。正是因为有了专门的研究结构，以深圳为先锋的公共文化服务领域的探索就有了高素质人才队伍和专门的智力支撑。自 20 世纪 90 年代末 21 世纪初开始，公民文化权利研究、公共文化服务体系研究、完备的公共文化服务体系研究等影响了政府决策的一系列理论研究和先进理念的提出就来自这个机构。与此同时，中共深圳市委宣传部领导管理下的深圳市宣传文化基金也对专项的、体系化的文化研究提供了经费保障，再加上市领导的重视等多种机制的保障之下，使得每个阶段的先进理念的研究和产生都能够有条不紊地进行，形成决策传统和机制。

（二）理念产出依靠理论加实践的双向结合

尽管每一次向外宣传的理念研究成果都能被浓缩为简短的观念影响全国、形成典范，例如“实现市民的文化权利”、文化事业与文化产业融合发展、创新文化服务的管理体制、完善公共文化的保障机制等，但每一次文化发展理念和相关政策的提出，也都充分结合了深圳本地的现实基础、实际需求和实践反馈。而与此同时，经过实践和时代的发展检验，又对下一个阶段的需求满足提出了新要求，进而进一步促进理念的进阶发展。

举一个例子，深圳在 2004 年提出“文化立市”战略，并同时提出了“两城一都一基地”的建设方向。这其中每个目标定位都具有现实的起源和实际基础。其中“两城”中的“图书馆之城”回应了深圳市民和来深建设者对知识的热情，对自我不断提升的需求。1996 年第七届全国书市在全国第一家以“书城”命名的新华书店——深圳书城开幕，这个在其他城市被冷落、被视为“亏本买卖”的书籍展览交易会，在深圳却被蜂拥的人群给挤爆，不亚于现在青少年粉丝们围堵明星偶像的场面。这个位于罗湖的第一家“深

① 2018 年 3 月，根据第十三届全国人民代表大会第一次会议审议通过的《国务院机构改革方案》，组建文化和旅游部，不再保留文化部；2021 年机构改革后，深圳市特区文化研究中心改名为“深圳市文化广电旅游体育研究中心”。

圳书城”，东至宝安路、西至红岭路的深南大道两边、人行天桥上都因为书展而挤满了兴奋的人群。为控制治安场面，书市实行了售票制，而原本定价 5 元的入场券居然被“市场化”地炒到了 80 元。据统计，书城开业当天前来参观购书的市民多达 10 万人次；在 10 天的书市期间，深圳市民总共贡献了 2177 万元的销售额，创下销量最多、订货总额最大等 7 项全国纪录，成为历届书市最浓墨重彩的一笔。而更关键的是，这种火爆现实的背后折射出了深圳市民对书籍、知识、自我提升最直白的热情，让深圳市的领导者和文化主管部门看到了来自市民生活和个人发展实际中最真实的需求，这也成为深圳发展相应文化设置、制定相应文化政策的基础。

深圳的“图书馆之城”建设，不仅定位依据起源于市民的现实需求，而且在实践中不断进行制度创新、模式创新和空间创新。逐步发展出总分馆制、通借通还制，创建打通公共图书馆与大学图书馆的深圳文献港，发明自动借还书的自助机器作为街道图书馆遍布全城。同时，随着对公共空间综合运用理念的发展，在花园、寺庙、旅游景区等公共场所都鼓励建立、设置带有空间个性、增添都市书香的图书馆特色分馆，例如：盐田区的灯塔图书馆，罗湖区洪湖公园的荷香书院，香蜜公园的福田区儿童图书馆分馆，南园街道的深圳首家社区 24 小时自助图书馆，罗湖区图书馆的弘法寺分馆等。这些实践中的创新举措，又进一步丰富了“图书馆之城”的内涵。

（三）理念以创新驱动、与时俱进

深圳这座城市由于其特殊的诞生基因，使其有极其务实的城市性格。这意味着随着外在环境、宏观政策和自身发展的变化，用于指导思想和行动的理念也会在新形势、新需要的推动下随之应变、深化。这也构成了深圳城市文化和公共文化服务发展理念分阶段演化的主要脉络。

深圳作为经济特区、作为改革开放之城诞生之初，解放思想是最主要的时代精神和城市文化气质，所以有了代表市场经济底层驱动逻辑的“时间就是金钱、效率就是生命”这样直白又对长久的计划经济思维带有强大冲击力的口号。进入 20 世纪 90 年代，当全国在“深圳样本”的带动下进入到整体的社会主义市场经济发展阶段时，物质文明与精神文明如何兼顾又成为一个新的时代问题。20世纪90年代末，深圳在相关宣传文化领导部门的推动下，开展了与世界先进观念接轨的“公民文化权利”研究，将抽象的“精神文明”具体落实为可感可察的、与个人相关的文化权利的兑现。其背后意涵是，对城市文化发展而言，以道德规范的“要求”来建设精神文明不如以市民真正文化需求的满足来提升其内在修养以及精神上丰富的获得感，使其由内而外地经由涵养和自我教化来提升整个城市的文化风貌，促进城市文明持久发展。这种重要的理念转换建立在扎实的研究之上，是一种与世界话语接轨的文化现代性的在地演绎，由彼时的宣传部部长、现任国务院参事王京生先生挂帅，带领深圳市特区文化研究中心的骨干成员团队于2005年出版了《文化权利：回溯与解读》一书，在全国都形成重要的影响力，也成为后来公共文化服务体系建构的重要思想基础和理论来源。顺着这个思路，相关研究部门又出版了《公共文化服务体系研究》《完备的公共文化服务体系研究》《公共文化服务概论》等一系列影响广泛的体系性论著。

因此，在深圳这座以创新为基因的城市中，文化观念和公共文化发展理念的开创、发展也充分体现了城市以创新驱动来破局的传统。既兼容世界文化潮流，又有独立表述；既走出独特实践路径，又凝结成持续发展的理念成果，成为与时俱进精神的最好演绎。

三　精益求精：深圳公共文化服务的十年成就

深圳公共文化服务在过去十年内取得的成就是令人瞩目的，不仅在既有的联合国教科文组织的“创意城市网络”中拥有“设计之都”的荣誉称号，而且在2013年再添一个新荣誉，成为联合国教科文组织命名的唯一一个“全球全民阅读典范城市”，以表彰深圳在全民阅读领域所作出的突出贡献和范式创新。而2019年8月18日出台的《中共中央　国务院关于支持深圳建设中国特色社会主义先行示范区的意见》更是明确将综合性“城市文明典范”的打造定义为深圳未来发展的战略目标。从国际组织授予殊荣到党中央赋予时代新使命的再定调，深圳的公共文化服务体系建设居功甚伟。它不仅扭转了世人对一个新建的经济特区存在文化短板的刻板印象，而且在精益求精的阶段升级中，走出了一条推动中国特色社会主义现代文明建设的独特文化之路。

近十年的高光时刻和载誉欢庆，来自前20年在所谓“文化沙漠”中的筚路蓝缕，在初具规模的“文化绿洲”掩映下，深圳更可贵的是没有就此松懈，而是以务实、创新的精神将高峰推向另一座高峰，构筑起公共文化服务领域高峰林立的“文化森林”①。而在这些丰硕的成果、喧嚣的盛典背后，最根本的成就还在于深圳以其“摸着石头过河”的大胆设想、踏实实践的城市性格为社会主义国家如何发展现代化的公共文化和城市文化做出了极为宝贵的模式探索。

（一）从“文化沙漠”到“文化绿洲”

早在2001年，《光明日报》记者梁若冰就发表了《深圳从“文化沙漠”到“文化绿洲”》的专题报道。深圳文化建设成就在2000年之始就引起国家级媒体的聚焦关注和充分肯定，这篇文章对深圳文化事业发展的成功主要集中在文艺精品、文艺人才和文艺赛事的获奖这些较为传统的评价指标上。但将深圳的成功原因初步归结为尊重人才、思想超前和资金保障几点上，还是基本上道出了深圳文化事业和公共文化服务体系建设取得成就的几个主要关节点。

有意思的是，十年后的2011年，来自新华网的一篇报道再次将深圳的“文化绿洲”论进行了重提，此时30岁的深圳再一次成为国家级媒体关注的焦点，此次报道则主要侧重于文化产业的发展上。这篇题为《深圳文化版图变迁：从“文化沙漠”变身“文化绿洲”》的深度报道文章，开篇就介绍了嘉兰图设计有限公司所接到的松下、阿尔卡特、摩托罗拉的国际订单以及华强文化科技集团在伊朗投建的“方特卡通动漫园”项目，以此为代表来说明深圳的文化产业是如何在这些文化龙头企业的带动下而逐渐发展成城市支柱

① 最早由深圳大学周建新教授在《南方日报》2020年6月29日发表的《从“文化沙漠”到“文化绿洲”的华丽转身》一文中提出。该文为2019年深圳市哲学社会科学研究课题重点项目“深圳市文化创新的理论与实践研究”的阶段性研究成果。

产业的。以腾讯、迅雷、A8 音乐、华视传媒、环球数码等为代表的文化产业的高速发展不仅为深圳欣欣向荣的文化盛景提供了丰富的内容，吸引了大量文化人才，而且其产业增加值占 GDP 的比重高达 7.6%，为深圳赢得了“设计之都”的世界美誉。而这一轮的文化改革发展成效，主要被归功为形成了“文化 + 创意”“文化 + 科技”“文化 + 旅游”等产业新模式，以及政府引导与企业主导的“双轮驱动”互动战略。除了市场供给的丰富之外，为市民提供的免费公益文化活动也层出不穷。在深圳文化发展的第三个十年中，“实现市民文化权利”“提升城市文化软实力”等文化创新理念指引着一系列文明品牌活动的诞生和持续发展，推动了民间文艺团体、机构的蓬勃成长。“深圳读书月”“市民文化大讲堂”“美丽星期天”音乐会、“外来青工文化节”等品牌活动长年享有经费保障，光是 2010 年一年，深圳政府文化部门就组织了周末系列文化活动 1536 场；而已注册的民间文化社团组织也达到 200 余家，其中深圳宝安区福永街道外来人员自发组织的“黑皮狗”街舞团还登上了央视春节联欢晚会的舞台。

深圳这两个十年的文化发展、理念创新和经验积累为深圳近十年的文化成就奠定了坚实的基础。

（二）从“文化绿洲”到“文化森林”

从 2007 年开始，深圳每年对公共文化服务进行至少 280 万元的财政投入，在全国率先实现了对博物馆、美术馆、群艺馆、画院等市属公益性文化场馆的免费开放。文化场馆的空间保证加上文化活动的不间断上演，深圳的公共文化真实演绎了什么叫“永不落幕的”的服务。而以“完备的公共文化服务体系”所确立的指标化的评价来看，深圳以及各区的文化战线都在严格的考核机制下取得了一系列值得称颂的佳绩。其中，宝安、南山、罗湖、福田和盐田 5 个区先后获得了“全国文化先进区”称号，深圳市文化馆及福田、罗湖、盐田、南山、宝安、龙岗、光明 7 个区的区级文化馆被评为国家一级文化馆，深圳图书馆、深圳少年儿童图书馆和福田、罗湖、盐田、南山、宝安、龙岗、光明 7 个区图书馆被评为国家一级图书馆。

2022年4月25日，在广东省文化和旅游公共服务工作视频会议上，公布了“2020年度广东省地市、县（市、区）公共文化服务评价结果”，深圳市在全省21个地市中排名第一，深圳市罗湖区在全省122个县（市、区）排名第一。“广东省公共文化服务评价”是由广东省文化和旅游厅委托第三方机构开展的体系化的公共文化服务评价，涵盖公共文化投入、设施、队伍、供给、社会参与、数字化、群众满意度、安全生产等41个指标。

在过去的十年，也是深圳的第四个十年里，深圳已初步建立起设施齐全、产品丰富、机制健全、服务高品质的城市公共文化服务体系。不仅基本实现了市、区、街道、社区四级公共文化设施的全覆盖，构筑起规划中的“十分钟文化圈”，而且不断在公共文化服务创新项目上创下全国第一：从国内第一个建造大面积书城的城市（1996年），第一个在全市推广“全民阅读”、开展“读书月”的城市（2000年），第一个提出“文化立市”战略、确立“图书馆之城”目标的城市（2003年），第一个开设“24小时书吧”的城市（2006年），到第一个成立全市阅读联合组织的城市（2012年），第一个发布“城市阅读指数”的城市（2014年），第一个提出建设“一区一书城、一街道一书吧”的城市（2015年），第一个为阅读立法的城市（2016年），第一个开展儿童早期阅读项目“阅芽计划”的城市（2016年），再到“城市文化菜单”“新时代十大文化设施”“十大特色文化街区”、深圳“文化银行”等。深圳的公共文化和城市文化发展从上一个阶段的以精品和龙头为引领、以完善和完备为要求的普惠型“文化绿洲”开始进入到纵横两项上的全面延伸。既有基本面，又有特色点，在多个细分领域茁壮生长，葱郁参天，从“文化强市”所提出的构建“优质的公共文化服务体系”而逐步演进成青翠浓郁的“文化森林”。

第二节　模式、制度与动力：深圳公共文化服务的创新实践

好的理念需要通过具体的模式、灵活的制度来落实。而微观层

面零星的制度和模式创新所形成的成功案例，又能促进总体理念的创新发展，并在更广的范围内推广，形成新模式、新传统。深圳公共文化服务的发展正是这样一个自上而下与自下而上双向互动影响的动态过程。本小节试图揭示深圳在过去十年中公共文化服务理念和机制创新之间的相互影响，形成典范体系的发展模式和主要经验。

一 品牌引领：系列化、常规化、精品化活动打造标杆

对于市民来说，最直接感受到城市文化服务的方式，就是能够免费参与丰富的文化活动，并通过这些活动得到自我素养、自我成长的提升，尤其对于深圳这样一座移民之城、创新之城而言，大多数来深工作者没有血缘根系、没有亲朋好友的天然社会联结，因而非常需要经由这些活动来建立起新的社会关系，获得更多的社会支持和资源。一方面，从需求方而言，深圳市民对政府提供的文化活动有很强的期待和参与意识；另一方面，从政府作为组织方来说，公共文化活动的设计和投入体现着实现公民文化权利、培育知识社会高素养公民等理念，因此一方面需要通过策划不同种类的、不同系列、面向不同人群的文化活动，才能均等化地满足全体市民的需求；另一方面只有通过长期运营才能积累更多经验，在不断完善中打造出高品质的精品活动。这就使得深圳的公共文化活动在不断发展的过程中越来越有清晰的目标诉求，也就有了系列化、常规化、高品质化的品牌化自觉。在公共文化活动的品牌化方面，深圳的经验可以总结为如下两点。

（一）以重点文化品牌活动来推动实现城市文化发展的主要目标

如前文所述，深圳公共文化服务体系建构的起点来源于对精神文明建设的探索。20 世纪 90 年代物质经济获得一定发展后，在“两手都要抓，两手都要硬”的最高指示下，深圳通过大力发展公共文化服务来回应现实和时代提出的要求。不过，在深圳这个市场经济的试验田，需求始终是一个重要的考量因素。市民所需要、期待的和未来的大趋势结合，就是深圳下大力气进行投入的方向。在

知识经济的总体国际趋势下，深圳很早就在第七届全国书市上看到了市民的阅读热情和学习热望。进入 2000 年后，在前期的摸索基础上，深圳逐渐将尊重知识、崇尚阅读的价值观念作为城市公共文化发展的主要发力点和重点方向。

在这个逻辑下，我们可以看到以促进学习型城市建设为宗旨的“深圳读书月”自2000 年创立以来，20 余年的坚持与发展；可以看到在“文化立市”的总目标下，“图书馆之城”的建设作为“两城一都一基地”之首，获得长期的大量投入和多种发展形式的探索；以及以提高市民文化鉴赏品位为重点的“市民文化大讲堂”的设立，以普及社会科学知识为重点的“社科普及周”品牌的创建，另外还有以加快国际化进程为重点的“百万市民讲外语”活动品牌，以倡导高雅文化为重点的“中外艺术精品演出季”等活动的长期上演。

尽管深圳的品牌公共文化活动百花齐放，以至于在“市民喜爱的深圳十大文化品牌活动”评选中，获得市民投票 1 万票以上的知名文化品牌活动就不下 20 项。但在财政投入、形式创新以及宣传重点上，深圳始终将阅读以及与阅读相关的文化活动、文化场馆的发展作为重点。在这个推动、推广全民阅读实践的过程中，深圳不仅将读书月品牌活动的影响力通过“读书论坛”“十大好书评选”等子品牌辐射到全国，而且围绕着全民阅读开展了持续的、系统的理论探索和机制创新，探索出具有深圳特色的全民阅读运作模式。例如：设立全国首家以城市命名的阅读研究事业法人单位——深圳市全民阅读研究与推广中心；创设深圳市全民阅读基金；发布全国首个阅读指数，并从 2014 年起持续发布；2016 年起发布全国首个城市阅读蓝皮书——《深圳全民阅读发展报告》；2020 年 11 月，深圳还发布了《深圳读书月发展规划（2021—2030）》，全面总结了全民阅读的深圳模式并对未来十年的发展目标、手段进行创新探索；伴随着科技的发展，还大力借助技术赋能阅读，探索“互联网 + 读书”的读书月主题活动，积极推动全民阅读数字化、智能化发展；2016 年 5 月，深圳出版集团有限公司上线了集内容创作、内容管理、内容加工、体验交互为一体的全民阅读 App；在“深圳改革创新丛书”中出版了《深圳模式——深圳“图书馆之城”探索与创新》的经验回顾和总结的论著；以及正在探索推行的分级阅读推广制度等。

正是通过对多样化品牌公共文化活动中“全民阅读”主题的重点投入和持续拓展，深圳在全民阅读领域的经验不仅辐射到全国，探索了多项全国第一的开创性工作，还在全球范围内引起联合国教科文组织的深切关注。2011 年 8 月，时任联合国教科文组织总干事的伊琳娜·博科娃来到深圳，对中心书城进行实地探访后发出感慨：“我走过很多地方，去过很多城市，没有一个城市一个地方像深圳那样，那么多家庭，那么多孩子聚集在书城尽享读书之乐，这快乐温馨的场面，我永远都会记得。”① 2013 年 10 月 21 日，博科娃在北京举行的联合国教科文组织创意城市北京峰会和首届国际学习型城市大会上，亲自为深圳颁发了“全球全民阅读典范城市”的荣誉称号。深圳不仅真正将“文化深圳，从阅读开始”的城市文化发展策略落到了实处，而且伴随着时代语境，“全民阅读是国家文化治理的基础性、战略性工作”② 的全新使命也逐渐浮出水面。这也意味着全民阅读以及与之相关的系列性公共文化活动、文化品牌将随新时代、新使命持续拓展。

（二）以文化政策、发展规划、立法约定等措施来实施保障

系列化、常规化、精品化的文化品牌活动的打造是一个长期过程。深圳不少产生深远社会影响和社会声誉的公共文化活动持续了一二十年时间，很大程度上得益于政策和立法的保障。

2013 年全民阅读立法列入国家立法工作的计划之中，深圳凭借多年的全民阅读开展经验，率先在此领域进行立法保障的尝试。2015 年 12 月 24 日，《深圳经济特区全民阅读促进条例》获得深圳市第六届人大常务委员会第四次会议通过，并于 2016 年 4 月 1 日起实施，成为国内首个通过立法来保障全民阅读推广的尝试。这部全民阅读的立法不仅将深圳每年 11 月举办的“深圳读书月”品牌活

① 《阅读让城市更有温度》，《深圳特区报》2020 年 11 月 3 日。

② 王京生：《全民阅读与学习型城市建设》，载尹昌龙主编《深圳全面阅读发展报告 2021》，海天出版社 2021 年版，第 10 页。

动法定化，还确定了每年4月23日“世界读书日”为“深圳未成年人读书日”，分别对教育主管部门、文化主管部门、公共图书馆等机构所应承担的职责做出了具体规定。2016年12月25日，《中华人民共和国公共文化服务保障法》在中华人民共和国第十二届全国人民代表大会常务委员会第二十五次会议通过，更是将公共文化服务的立法保障推广到全国的公共文化服务体系构建中。

事实上，深圳很早就非常注重通过制度和法律建设来保护公民文化创造的成果，以作为维护公民文化权利的重要组成部分。例如：制定了《深圳市知识产权战略纲要（2006—2010）》《深圳经济特区文物保护管理条例》《深圳市公益文化事业捐赠管理办法》《深圳市知识产权发展与保护条例》等。另外，还在全国率先探索建立文化行政综合执法体制，实现对文化产品和服务的归口管理。率先尝试在国内实行行业自律规范，签署《保护音乐作品著作权合作协议》，制定全国零售业第一个保护知识产权的工作制度，在国内外大型展会历史上首次组织“高交会”参展商自愿签署保护知识产权的纲领性文件《深圳公约》等。以司法保护、行政执法和行业自律三结合来构建知识产权保护体系，强化并完善文化行政执法与刑事司法相结合的管理机制。

在文化政策领域，深圳早在2004年推出“文化立市”的战略之后，就十分重视经由发布政策来布局规划公共文化活动的整体发展步骤。历年来，除了五年规划的文化发展之外，还发布了《深圳市进一步完善公共文化服务体系实施方案》《深圳市建设“图书馆之城”（2003—2005）三年实施方案》《深圳市建设“图书馆之城”（2006—2010）五年规划》《深圳经济特区公共图书馆条例（试行）》《深圳市文化局重大公益文化活动实行社会化运作实行办法》等。近十年，又制定了《深圳文化创新发展2020（实施方案）》《新时代深圳文化软实力跃升行动纲要（2021—2025）》，编制了《深圳读书月发展规划（2021—2030）》《深圳图书馆“十四五”发展规划（2021—2025）》，推进《深圳经济特区公共图书馆条例（试行）》修订，出台《深圳“图书馆之城”建设规划（2021—2025）》，《深圳市加快推进重大文体设施建设规划》等重要政策文件，以保障深圳公共文化服务体系的持续高质量发展。

二　上下联动：市区互补，多样演绎

深圳公共文化服务体系之所以能够在多年的发展中，呈现出如森林般繁茂博大的典范盛景，光靠市政府、市宣传部、市文化局等一级机构的人、事、物投入是不够的。之所以称之为体系，就是既有总体统筹，又有个别发挥；既有相同的宗旨和目标，又有根据各区实际情况的多样演绎；既有同一个主题下的同声共和，又有具体情况下的即时创新。

（一）同一个宗旨，不同演绎

对于深圳的公共文化服务体系构建，最根本的底层思想和理论支撑是实现市民的文化权利。以市一级的公共文化服务体系构建而言，打造知识型、学习型城市，树立深圳的国际阅读典范城市形象，是最突出的重点。但从区级政府出发，又因具体情况而有不同演绎方式。因为不同的区分布的职业人群不同，因而主要的需要也不同。各区紧抓区属人口的性质特点，因地因时制宜，各自开拓出不一样的公共文化服务风景。

其中，福田区早在2013年就代表深圳市取得了国家公共文化服务体系示范区的创建资格，2016年获得文化部“第二批创建国家公共文化服务体系示范区”的实地验收。福田区作为深圳的“首善之区”，是市级行政区、核心金融区、CBD所在地，主要人群为都市精英，高级白领。因此，福田区以“深圳创建、福田申报；深圳文化、福田表达”为理念，自觉将自己的公共文化服务作为深圳市高水平的代表，将示范区创建与区域全面深化改革进行联系统筹，取得瞩目成绩。较为亮眼的特色项目包括以辖区7个主体文化馆为阵地，实施“5+2工程”，举办福田区主题文化馆艺术节，全面推进区属文化场馆功能提升；发挥辖区内107家公共图书馆总分馆制优势，整合中心书城、特色书吧等市一级的文化资源，通过深圳读书月、大家讲坛等品牌活动营造全民阅读氛围；对辖区内文化遗产资源进行全面整合，出台《福田区扶持非国有博物馆暂行办法》，支持社会力量参与博物馆事业的建设；为了提升福田区的文化形象和文化传播力度，福田区还实施了世界冠军和文化名人引进计划，创新发展出“不求所有，不求所在，但求所用”的引进原则，形成“名人 + 顾问”“名人 + 宣传”“名人 + 公益”“名人 + 市场”等一系列“名人 +”合作模式，示范区创建的 3 年期间共资助名人项目 21 个 140 多场次，打造了“郎朗·深圳福田国际钢琴艺术节”等名人公益文化项目品牌，取得社会积极反响；盘活文化广场、公园等既有公共空间资源，开展“十佳文化广场”评选活动，举办深圳（福田）国际城区影像节、中韩国际社区嘉年华等符合辖区内居民文化需求的品牌文化活动，打造特色鲜明、主题突出的广场文化功能区，同时充分发挥区内 8 个市属公园和 100 个社区公园的人群集聚功能，举办“莲花山草地音乐节”等大型户外文化活动以及“福田星光影院”等惠民放映项目植入公园，丰富群众的文化休闲体验；同时区政府还与深圳地铁集团有限公司签订合作备忘录，联合举办深圳福田·地铁文化节。

这一系列的举措，将公共文化服务的发生地延展到城市中多样化的公共场地，大大丰富、拓展了公共文化服务与市民接触的渠道，创造了新的典范。然而，福田区并没有停下创新的步伐，2021 年又出台了《深圳市福田区国家文化服务体系示范区创新发展专项规划》，并在全国首推“都市公共文化服务体系”，加快建设都市公共文化设施网络体系，实施新发展阶段公共文化服务目录，提出全面实施“十大行动”，力争打造社会主义先行示范区样板。

围绕深圳“图书馆之城”建设的主题，盐田区则充分利用自己独特的山海资源以及深圳的科技优势赋能特色型图书馆建设，所开创的“智慧图书馆服务平台建设项目”于 2018 年被列入文化和旅游部、财政部联合发布的“第四批国家公共文化服务体系示范区（项目）名单”，并于 2021 年顺利完成验收。该项目在“区—街道—社区”三级总分馆服务体系的基础上，以 AI 技术、大数据分析、云服务等前沿科技应用为支撑，实现总分馆对人、财、物集中式、垂直一体化的管理与配置，并面向读者建立了移动式云服务平台，通过提供订单式服务、纸电一体化服务满足了读者的个性化需求，创新升级了“智慧 +”服务体系；与此同时，以“一书房一主题一特色”作为基本理念，在辖区公园、绿地、街道、社区等公共区域建设了10间智慧书房，将智慧化引入书房的建设、服务、运营、管理之中，实现无人值守、智慧感知、个性化导读、远程教育服务、垂直统一管理等功能。其中，灯塔图书馆、邂逅图书馆、中英街图书馆由于其独有的山海风景和人文特色，从而成为市民和游客“打卡”的网红景点，通过网络传播，大大提升了盐田以及深圳的城市文化形象和图书馆之城的独有风姿。

（二）基层公共文化服务的微创新实践带动大模式创新

深圳的公共文化服务体系建构在上下联动的动态发展过程中，除了有前文列举的区级文化行政系统对“图书馆之城”建设同一宗旨的创造性演绎，还有一个从基层“自下而上”的微创新实践出发，进行借鉴，推广、提炼的模式创新路径。

在外来务工人群聚集较多的宝安区，基层文化干部职数有限，完全由群艺馆、文化馆等体制内机构生产的文化内容、文化活动与广大人民群众旺盛的文化需求之间存在不匹配的矛盾，尤其是在街道和社区层面更是缺少文化专干，难以照顾到人民群众日常的文化生活。2011年，带着自发性质的广场舞在全国范围内兴起。宝安群众文化艺术馆馆长刘明军了解到参加广场舞的群众跳完舞后都需要交一两块的分子钱，作为维修和存放音响的费用，就想到能否通过政府来支付这笔费用进行服务购买，解决群众的部分日常文化活动需求。于是，基于实际需求状况的启发，他创造性地提出了“文化钟点工”的服务购买创新，即由其所在的群艺馆以每月1000元的价格，向领舞的组织者购买晚上7点到9点的时间，免费为公众服务。这种向个人购买服务的做法之前从未有过，但却非常巧妙地解决了多方的需求和现实矛盾。而且在这个主动发掘相关资质特长的过程中，还培养了一批社会基层文化人才，促成其不断成长。

通过在广场舞这一件小事上进行的微创新，调动了社会文艺骨干的积极性，又极受群众的欢迎，很快就横向推广到更多的文化艺术门类。经过几年的发展，“文化钟点工”的服务内容涵盖了音乐、戏曲、书法、美术、体育等数十个项目。不仅满足了群众基本的文化需求，而且通过主动发掘和鼓励自荐的方式，促成了民间文化的传承和民间文艺团体的成立，例如：67 岁的退休木雕师黄布龙 2013 年成为专门教授残障人士木雕技艺的“文化钟点工”，不仅将手艺绝活传给了学生，弘扬了传统文化，而且还解决了部分残障人士的就业问题；万福民工街舞团成为宝安区签约的“集体钟点工”，他们自编自演的街舞《咱们工人有力量》曾经登上过央视的春节联欢晚会的舞台，对于工友朋友是很大鼓励。20 多个团员深入到各工厂，对农民工进行街舞教学，很受欢迎。随后，宝安区多个民间文艺社区、乐队成立，海乐社区舞蹈队、龙安客家汉乐队、宝艺京剧社、宝安区民乐联谊会、新乐萨克斯管重奏团纷纷成立，并加入到文化钟点工的队伍，极大地鼓励和丰富了宝安区市民的文化生活和文艺素养。

在采购“文化钟点工”这种微创新的启发下，宝安区在群众文化服务上还配套创造了招募“文化义工”、聘请“文化辅导员”的系列行动，进而发展成体系化的“文化春雨行动”项目——由“文化义工”组织活动，“文化钟点工”讲解、带领活动，“文化辅导员”对前两者进行专业培训，三者相辅相成，组合成一种基层公共文化服务发展的新模式，2014 年被列为全市重点改革项目。而“文化钟点工”也作为深圳唯一项目以广东省总分第一的成绩获评文化部全国文化志愿者服务先进示范项目，经过宣传报道在全国多个区域的公共文化服务系统中也获得借鉴采纳。

宝安在公共文化服务上的创新步履不停，还推出了“劳务工大讲堂”订单式服务，将专题讲座与劳务工需求对接，定制他们所需要的创业、心理、普法、急救等内容；在公益电影放映上也启动了点映“微订单”活动，社区、企业、市民可通过微博、邮箱、电话等方式点播自己喜欢的电影，灵活安排放映时间和地点。宝安从市民文化需求出发的各种公共文化服务创新，为宝安市民构建了立体化的“文化超市”，让市民可以自主选择自己喜欢的公共文化服务项目。这从某种程度上也呼应、联动了 2016 年印发的《深圳文化创新发展 2020（实施方案）》中广受欢迎的“城市文化菜单”概念。

类似的例子还有不少。深圳整体的公共文化服务体系创新就是这样在一个个微创新实践中，不断拓展、不断跨越，最终一步步取得系统性的模式发展跃迁。

三　多元主体：政府、企业、个人协调共振

探索公共文化服务提供主体和提供方式的多元化，一直是深圳公共文化服务体系建构创新的主要领域。如何在政府文化部门的主导之下，引入更多的社会资本、社会力量参与公共文化服务，提供更丰富、更符合群众需求的文化内容，是优质公共文化服务体系建构的重要机制和治理手段。早在“深圳读书月”于2000年启动之际，深圳就积极打破固有的政府“大包大揽”办文化的传统思路，在实践摸索中，提炼出一套“政府倡导、专家指导、社会参与、企业运作、媒体支持”的大型品牌城市文化活动的可持续发展模式，收到很大成效并被广为传颂。随着时代的发展和自我进化的需要，作为敢想敢干的改革开放创新之城，深圳在公共文化服务的多元主体参与机制与模式上，持续拓展，不断创造出新的文化创建方式，新的主体合作路径，在近十年的自我超越实践中结出累累硕果。

（一）借力多元主体优势，创新公共文化构建模式

深圳坪山新区2017年1月才刚刚被划定为行政区，是深圳最年轻的行政新区之一。坪山文化事业在历史上本就落后于深圳城区整体建设，专业人才和力量又极度匮乏，与被赋予的深圳东部中心的定位存在很大的现实差距。如何在深圳东部这个较为偏远、文化设施缺乏的新区发展区域公共文化，带动城区建设和发展？对于坪山文化部门的主政者来说是一个没有绝对经验可以参考的全新挑战。面对千头万绪，从何入手？如何决策？何以成体系？经过多方借鉴、近半年的深思熟虑，坪山的行政主管者决定从建设坪山文化智库开始。时任坪山区委书记的吕玉印认为：“通过引入社会力量和先进经验，借专业人才的眼光谋划文化事业全面发展，探索构建文化发展新机制，将为坪山文化发展注入新活力。”[①] 从2017年6月开始，经过近半年的筹备，坪山区文化智库于2017年11月15日正

① 文化新生态：《（关注）深圳坪山成立文化智库探寻文化建设新模式》，搜狐，www. sohn. com/a/205986846_488486。

式成立。文化智库实行委员会制，由顾问委员与专家委员组成，文化智库下设办公室作为文化智库的日常办事机构。

对于坪山的文化事业和公共文化服务体系建设而言，坪山文化智库并不是一般意义上坐而论道的研究机构，而是一个相当重要的决策参谋部门，真正发挥着“智库”之“智力资源”的智囊团功能。与深圳早年的文化建设从“体制内”的官员发想、研究人才跟进研究，再请外来专家进行局部指导的模式不同，坪山文化智库在人员构成上并不受地理限制，反而是国家级、省级知名权威人才与深圳本地的文化名人都有涵盖。历届加入智库的顾问专家包括国务院参事王京生，复旦大学资深教授葛剑雄，书籍设计大师吕敬人，香港非物质文化遗产咨询委员会主席郑培凯，汕头大学长江艺术与设计学院荣誉院长靳埭强，中外阅读学研究会名誉会长、南京大学教授徐雁，深圳大学特聘教授、中国海外利益研究院学术指导丁学良，南方科技大学党委书记、人文中心讲席教授李凤亮等来自文化、艺术、设计、政策研究、遗产保护等多个领域的专家级人才，涵盖了文化艺术、文化产业、文化场馆建设运营多方面的理论型专家和实践型工作者。在身份上，既有政府工作人员也有企事业单位的专职人才，为坪山后续相关的一系列文化决策的科学性、专业化、国际化贡献了重要的力量。坪山区委书记陶永欣对坪山智库的建设有明确的目标和前瞻意识：“政府搭建平台，让文化人搞文化，从而进一步打造共建共治共享的社会治理格局，这正是坪山文化智库的重要目的。”[①] 而文化也成为坪山发展的一个重要的战略手段，以文化兴区，通过高质量的文化服务和文化资源吸引创新人才集聚，让坪山成为创新创业的热土，是坪山创建高端、专业、特色的文化智库背后根本的驱动力。

与此目标相匹配，坪山文化智库建立了持续、有序的工作机制，通过打造“课题”“项目”“讲堂”三大平台，保障智库委员全程参与、全面参与、深度参与到坪山区文化建设发展的具体进程中，为文化政策决策提供科学的依据支撑，并利用专家广泛的人脉和社

---

① 《为高质量可持续发展注入文化力量》，南方都市报官方账号，今日头条，www. tontiao. com/article/6665735982522045556/。

会资源带动更多的优质文化项目在坪山落地。也正是在这样的借智力、借资源的机制中，促成了坪山文化聚落的打造，一大批的高品质公共文化活动在坪山开花，并引来了著名哲学家周国平担任坪山图书馆的馆长，品牌化创建了包括南中学堂书房、大万世居书房、大万明新学馆、金龟自然书房在内的7座各有特色的“坪山城市书房”，逐渐走出“正而新、小而精、特而亮、惠而美”的特色文化发展路线。

坪山文化智库给坪山发展带来的“后发优势”还表现在对公共文化服务机构和机制的改革。多年来专家学者们所呼吁而未能真正实行的以理事会为主要治理形式的法人治理结构，就这样依托坪山文化智库的前瞻性、国际化、专业化视野在坪山的公共文化机构中率先示范落实了。坪山图书馆、美术馆都采取了法人治理结构和管理机制，打破了事业单位行政级别和编制管理模式。在理事会领导下的馆长负责制中，坪山图书馆理事会成员们纷纷发挥专业视野下的创新活力，在激烈的讨论中确定坪山图书馆“开启人生智慧，传承精神高贵”的办馆理念，将全新的、新时代的坪山图书馆当作一所“大学”来办，作为一个文化品牌的孵化器和能量源来办，作为一个市民的精神家园来办，为深圳“图书馆之城”建设再添创新模式和实践。

（二）激发多元主体能动性，促进公共文化服务的纵深连带发展

对于一个全新的新区，从底层模式上进行突破性尝试也是题中应有之义，这既是时代赋予的挑战，又是完美的机遇。对于已经发展成熟的公共文化服务示范区来说，如何持续创新社会力量参与公共文化服务的多元模式，更需要我们做出大胆的创想和先锋的尝试。

2015年开始启动的“福田练歌房”系列文化惠民活动，是福田区首创的为市民提供常态化公共文化服务的新模式。该项目是由政府与行业协会以及KTV商家共同合作，以“市民出一点、政府补一点、企业让一点”的方式，为市民提供免费、优惠的学歌、练歌、录歌、赛歌的公益文化活动。此项目一经推出，就广受市民好评，

尤其是年度活动的压轴大戏——全民 K 歌大赛，吸引了 3390 人报名，成为深圳历史上规模最大的群众性歌唱比赛。为方便 50 岁以上的人群参与，活动承办方福田区娱乐行业协会还通过老人协会及各街道给老人发放免费练歌券，并在热烈的群众反馈中，逐渐走向全市，全民 K 歌大赛增设了龙岗、宝安、龙华赛点。2016 年“福田公益练歌房”被列为福田区政府的民生实事；2017 年被文化部写入《文化改革发展工作简报》。

2018 年“福田公益练歌房”应群众要求，升级为“深圳公益练歌房”项目，实现了区域文化品牌输出，由深圳市宣传文化事业发展专项基金进行专项资助，由深圳市文体旅游局指导。而原本的承办方福田区文化市场行业协会经由此役也成功升级为深圳市文化市场行业协会，继续承办此项活动。升级后的项目包括“午后十元唱”“K 歌大讲堂”“梦想录音棚”“十大最受欢迎量贩式 KTV 评选”等板块内容。全市 20 家合作的 KTV 商户每月提供 2200 间练歌房，由市民提前预订，支付 10 元就能在白天特定的营业时间内欢唱 6 小时。“K 歌大讲堂”则邀请专业的声乐老师免费为市民进行面对面的歌唱指导；“梦想录音棚”则是在专业的录音棚开展免费的录音活动，邀请专业老师，为项目的忠实爱好者免费录歌；而“十大最受欢迎的量贩式 KTV 评选”则能促进 KTV 经营单位相互学习，不断提升服务水平，加强行业自律，共同建构良好的文化娱乐服务环境。

自其发起以来，每年惠及的市民达到 20 万余人次，为公共文化服务创造了喜闻乐见的新内容。既满足了市民多元化的文化娱乐需求，也激发了市民的 K 歌热情，为 KTV 场所和商圈消费起到了积极引流的作用，扩大了文化消费，促进了娱乐行业转型升级，也为公共文化服务与文化消费、文化产业的结合创造了全新的结合模式。2019 年，该项目被评为深圳关爱行动“百佳市民满意项目”，被广东省文化和旅游厅评为 2019 年全省公共文化服务优秀案例。

“福田公益练歌房”项目以 KTV 文化产业对市民文化娱乐需求的满足为出发点，以市场行业协会作为发起和承办单位，从娱乐行业白天经营时间 K 歌房大量闲置的现状出发，以政府、市民、企业三方各自协作的方式，将文化需求和资源要素进行精准的匹配。与此同时，从简单的、福利化的"文化消费"出发进一步深度挖掘价值链上的联动文化需求，由政府搭台，整合相关产业链上的资源，为市民提供学歌、录歌、赛歌的多维度服务，同时促进了市民文化素养的提高、文化消费及商圈消费的带动以及文化赛事的火爆。区级公共文化服务项目在市民的热烈拥护中晋级为市级公共文化服务项目，开创了公共文化服务联动文化产业、文化培训、文化比赛纵深连带发展的新模式。

四　普惠均等：文化权利的坚守与多样化保证

深圳在公共文化服务理念的早期探索中，一直将实现公民的文化权利作为背后的重要理念支撑。普惠、均等是公民文化权利得以实现的重要表现，因此也一直是深圳公共文化服务体系构建中的重要方面。自 2003 年确立"文化立市"并定下打造"图书馆之城"的目标以来，截至 2020 年年底，深圳已经建成了 710 家公共图书馆（室），另外有遍布全市的 302 台城市街区 24 小时自助图书馆，各类服务网点达到 1012 个，初步构建起"十分钟阅读服务圈"。除了这些容易看见的文化设施"硬件"之外，深圳在公共文化服务的普惠均等方面还极其注重特色化人群的服务需求，并充分利用数字技术的标准化来助力均等化的多样实现。

（一）针对城市特色人群、特殊需求策划重点项目

深圳作为一座城市诞生的特殊性，使得移民成为城市主要的人口构成。在千万级的人口规模中，深圳市户籍人口仅占 20%，非户籍人口占据 80%，尤其在早年深圳作为"世界工厂"的阶段，教育程度有限的外来青年务工人员是最庞大的人群。面对这样的基本现实，深圳将打造外来劳务工文化服务体系作为构建和谐社会、实现群众基本文化需求和文化权利的重要立足点进行了多年探索。

从 2006 年开始，深圳文化部门就推出了"外来劳务工文化服务工程"作为重点项目，由市区财政、市宣传文化基金提供资金资助，进行阵地建设、资源提供和人员培训。市区两级财政每年用于农民工服务工程的经费不少于 1000 万元。2009 年 6 月，宝安开幕

了全国首家“劳务工子女图书馆”，自此深圳全市陆陆续续建设了劳务工图书馆（室）近100家。

事实上，深圳在初创年代的公共文化活动中，从基层冒出来的“大家乐”舞台就以自发的形式表现出这座城市的外来务工者的文化需求和文化热情，以自费、自荐、自演、自娱、同乐的形式承载着初代移民的情怀。基于这样的群众基础，深圳随后推出了“鹏城金秋艺术节”“外来青工文化节”等活动来满足这一群体的文娱需求。伴随着一大批文化设施的落成，深圳各个社区大力推进文化进社区和文化广场活动，每年开展各种展演活动超过1万余场次，逐步形成“天天有活动、月月有演出、节日有庆典、人人都参与、无处不欢乐”的文化繁荣景象。宝安区新安街道兴东社区陈列室里展陈了一封由赵萍等16名该社区的青工写给社区干部的信，表达了对这些文化活动的认同和喜爱：“本来我们中有3个人打算去别的城市打工，我们没有走的原因是被兴东社区丰富多彩的文化活动所吸引。有了你们的组织，我们对业余文化有了一种追求。对这个热闹的社区，我们已经产生了归属感。”①

除了外来青年务工人员，深圳对其他的特殊群体也采取了针对性的服务措施和服务体系建构。其中，针对少年儿童群体的公共文化服务发展得较早而全面。在文化品牌活动上，有面向中小学生及学龄前儿童为重点的“少儿艺术花会暨学校艺术节”品牌；在图书馆方面，不仅早在1997年就建有专门的少儿图书馆，而且关注和推广少儿阅读、保障少儿阅读权益，不断创新服务。率先推出“蒲公英”阅读计划，在深圳外来工集中的地区建立劳务工子女图书馆；陆续制定并实施了“康乃馨”无差别阅读计划，关注病患儿童和特殊（残疾）儿童；启动阳光陪伴——重症儿童阅读陪伴计划，由专业的阅读推广人送服务到儿童医院。为了将公共文化服务普惠到全市儿童，深圳市文体旅游局和教育局共同发布了《深圳市中小学图书馆“常青藤”建设行动计划（2014—2020年）》，依托少儿馆的管理和资源平台，联合全市中小学图书馆，开展文献资源互联

① 易运文：《深圳在全国率先构建农民工文化服务体系》，资料来源：《光明日报》，中国经济网，www. ce. cy. cnlture/whcyk/guangdong/201112/12/t20111212_22910243. shtml。

共享、图书资料通借通还，为在校学生构建了完善的少儿文献保障体系。另外，深圳图书馆还制定了《视障读者服务工作规范》，配备专业人员、设施设备，联合市残联、市盲人协会等机构开展“4·23视障阅读专题”“国际盲人节文化活动”“深圳视障公益影院”等品牌活动。

2022 年 5 月，深圳发布了《儿童友好公共服务体系建设指南》地方标准，是全国第一个儿童友好城市建设方面的地方标准，包括健康、教育、文体、游戏、出行、社区与家庭、社会保障、法律保护八个子体系，深圳多年来建设儿童友好城市制度体系的经验提炼和持续发展使得打造儿童友好城市向深度和广度迈进，引领全国示范标杆。

（二）以数字技术助力基本公共文化服务的标准化、均等化建设

2013 年 11 月，党的十八届三中全会审议通过了《中共中央关于全面深化改革重大问题的决定》，其中将“推进基本公共文化服务标准化、均等化”作为构建现代公共文化服务体系的首要任务。2017 年 3 月 1 日，《中华人民共和国公共文化服务保障法》正式生效，成为公共文化服务标准化、均等化发展的法律保障。可以说，近十年公共文化服务体系建构的过程中，以标准化来保障服务的均等化成为一个重要的趋势。

2021 年深圳以“图书馆之城”建设为代表的跨越式发展作为重要的“深圳模式”被选入国家发展和改革委员会公布的《深圳经济特区创新举措和经验做法清单》。其中有一条重要的经验就是以立法引领顶层设计、以制度完善顶层设计、以标准化落实顶层设计。为了不断推动“图书馆之城”的标准化、规范化建设，在图书馆的服务和管理上，深圳充分利用数字技术来助力图书馆服务的线上线下联动；并制定了图书馆统一服务技术平台应用、书目质量控制、业务统计数据等服务标准。

有了数字技术平台的标准化统筹，深圳的“图书馆之城”建设除了在城市的物理空间网点服务上实现“十分钟服务圈”，更是在网络上实现了“一个平台”“一个资源库”的整合。以深圳图书馆

为中心，打造了“图书馆之城”统一服务的网络平台，通过统一业务技术标准，统一服务规范，推行一证通行、通借通还和联合采编，实现了全市公共图书馆资源和服务的“共建共享、互通互连”。市民可以在加入统一服务的任何一个公共图书馆享受到标准化的普惠、均等、优质服务。

除了以数字技术联通实体图书馆服务之外，深圳还在图书馆的数字化内容建设上积极通过标准的打造来实现内容资源的普惠均等。通过整合QQ阅读、云图有声数字图书馆等9家数字资源库，集成“深图视听”“深图记忆”“深图书单”等本地资源建成“数字阅读馆”。联合深圳各大高校图书馆，以数字化打破学校图书馆围墙的壁垒，由深圳图书馆发起，整合深圳大学、深圳大学城、深圳职业技术学院等6家高校图书馆的资源，建成“深圳文献港”，为拥有专业化文献阅读需求的全体市民服务。

在服务界面上，依托深圳图书馆的官方网站、微信公众号、微信和支付宝服务平台等开展“互联网+”图书馆服务。将读者证办理、图书预约借阅、馆藏资源查询、附近服务网点查找等基本查询和数据服务都实现网络化、数字化。市民通过手机等移动终端、PC电脑终端等都可以办理相关业务，无须亲自到馆也可满足需求，为全城区的市民提供无空间差别的均等化、高效、快捷服务。

五　边界拓展：文化事业与文化产业发展共融互通

2021年3月8日，文化和旅游部、国家发展和改革委员会、财政部联合发布了《关于推动公共文化服务高质量发展的意见》，明确提出了四大主要原则，其中之一就是“坚持共建共享，推动融合发展”，要求“在把握各自特点和规律的基础上，促进公共文化服务与科技、旅游相融合，文化事业、产业相融合，建立协同共进的文化发展格局”。事实上，融合发展早已成为深圳公共文化事业版图上的重要一环，成为公共文化服务体系建设机制中的重要经验总结，或者反过来说，正是因为较早地将文化企业、文化产业协同到城市文化事业发展的进程当中，使得深圳公共文化服务的发展得以拥有更先进的资源整合手段、更强大的人才队伍以及更持久的发展势能。与此同时，文化企业、文化产业在与文化事业交融发展的过程中，也获得更好的口碑、更多的资源以及更优的用户体验。而这两者得以充分融合的抓手则主要包括空间互融和运营互融两个方面。

（一）文化事业与文化产业的空间互融

空间无论对于产业发展还是事业发展，都是重要的资源要素和行动阵地。随着深圳经济的发展，空间资源变得越来越宝贵，用寸土寸金来形容也不为过。因此，文化事业空间与产业空间的融合发展就成为解决现实矛盾的一条重要思路，而在这条总的融合理念之下，深圳创造了很多融合发展的案例。在新时代高质量发展的语境下，继续锐意创新，又开拓出许多形式新颖的公共文化品牌。其中，罗湖以“悠·图书馆”品牌创新基层公共图书馆概念和空间发展模式，就是其中备受瞩目的佼佼者。

“悠·图书馆”之“悠”字呈现了此文化品牌的主要气质，据创办方介绍，主要包含了“悠然”“优质”以及英文中“You”的谐音三重含义，即希望通过这个社区图书馆品牌传递一种悠然、悠闲、慢下来享受阅读的生活方式。罗湖“悠·图书馆”试图以“都市生活第三空间”的概念来创新社区基层公共图书馆，试图将其打造为社区居民不可或缺的“文化综合体”。

作为“新理念、新空间、新服务”特色公共文化空间探索和总分馆体系建设的创新项目，罗湖区早在2012年就启动了第一个“悠·图书馆”（文华社区）项目。到2021年，罗湖已建成并开放了32家“悠·图书馆”，并将其空间选址分别设在了商场、学校、写字楼、社区、企业、文创园区等产业和生活空间内。作为区属图书馆的直属分馆，市民不但可以在这里享受无障碍、无差异、均等化的公共图书馆服务，还能享受到以“社区文化中心”定位的综合性文化服务。这里不仅可以实现图书借阅的通借通还，还为读者提供艺术欣赏、技能培训、文化交流、教育学习、生活体验等多项功能性服务。活动内容重视生活化、趣味化；形式上，不仅有读书会、故事会，还有烘焙课堂、评书表演、民乐欣赏、手工教室等，这些小型的社区活动贴近居民的日常生活需求和文化需求，受到极大的欢迎。

“悠·图书馆”将国外城市“第三空间”理论充分运用到城区公共文化空间更新、城区文化形象的提升上。其空间内部设计极其注重营造温馨悠然、时尚典雅的氛围，外在选址上又注重将图书馆主题与大环境进行联动。例如：与企业联手在中设集团和C33创新产业园内设立了以设计、创意类文献和活动为重点的分馆；在2022年最新揭牌的IBC环球商务中心A座的IBC珠宝产业园内，则设置了珠宝主题的“悠·图书馆”，配置了10000册热门新书，汇聚了全球专业珠宝设计、平面设计、商业空间设计的图书期刊，并首次尝试24小时全天开放。继在广东省首创将公共图书馆开在商场以后，“悠·图书馆”又将分馆开在了园区和特色产业集群之中，为产业相关从业人士提供最新的文献资讯，同时也以文化基础设施的便利性吸引了更多的企业入驻园区，既服务了周边居民，也服务了企业和产业。另外，“悠·图书馆”在多数分馆的馆藏配置上也颇有特色，采取以电子资源为主，传统纸质图书为辅的原则，因此在馆内配备了电脑和最新的iPad阅读器，并依据服务群体特色和各分馆的馆藏重点进行相应电子资源的订制。

“悠·图书馆”新概念化的社区基层公共图书馆自开创后第二年就备受关注，获奖无数。2013年，中国图书馆学会授予“悠·图书馆”2013年全民阅读年会“全民阅读案例”一等奖；2016年又授予其“全国最美基层图书馆”荣誉称号；2018年罗湖区以“悠·图书馆”为特色的公共图书馆服务体系获评“全国书香城市”（区县级），成为当届全国十大书香城市中广东省唯一的一个获奖城区；2019年，鹏兴社区以“悠·图书馆”为平台推广全民阅读，获评16个“全国书香社区”之一；2021年获得“深圳市长质量奖”（文化类）唯一银奖（金奖空缺）。

“悠·图书馆”在“第三空间”的理念启发下，以文化事业和文化产业的空间共融为公共文化服务创新提供了新模式，以主题化的精准服务满足了社区居民和企业用户的多样化需求。为公共文化服务多样化的可能性打开了新的空间。

（二）文化事业与文化产业的运营互融

文化事业与文化产业在项目运营上的互融，将融合发展推向了更为深入的阶段。前文列举的“福田公益练歌房”就是在这个思路上纵深发展公共文化服务机制，开创全新文化品牌，促进文化市场、文化消费的重要案例。除此之外，在文化创意产业园区——这种独特的空间内也有不少运营融合发展的创新实践。

文化创意产业园区的空间虽然从用地属性的本质来说是为文化创意企业提供集聚的产业空间，但由于文创园区一方面集聚的产业类别比较特殊，与文化、审美、意识相关，属于后工业性质的服务业，在人群上形成了所谓“创意阶层”的社群；另一方面，文化创意集聚空间多为位于城市中心的工业旧厂房，属于“文化更新”后的产物，因而对周边和城市人群天然具有某种差异化的吸引力。因此，在文创园区内创建公共文化空间、举办公共文化活动成为园区增强影响力、服务园区内企业以及周边民众的一个较为常规化的操作。在一些优秀的文创园区内，由于园区管理者与园区内文化企业、创意社群的紧密沟通、联结与合作，使得他们有机会在共同的运营合作中“共创”出全新的公共文化活动。

南山区的华侨城 OCT－LOFT 文创园是国家级文化产业示范园区，其管理者拥有一套尊重文化、符合文创规律的管理理念。2011 年 5 月北区开园，园区管理者邀请了当时在深圳已颇有名气的独立书店——“旧天堂书店”落户到 OCT－LOFT。旧天堂书店的主要创办人阿飞也借此得以实现拥有书店、咖啡厅、Live House 三合一的梦想空间，并经常在自己的书店里举办各类音乐演出，包括民谣、爵士文艺演出。由于阿飞本人在深圳独立音乐界的影响力，以及多年举办各类音乐节的经验，常常能邀请到知名音乐人前来演出，致使旧天堂书店在入驻 OCT－LOFT 之后更是声名远播，成为深圳乃至全国独立书店的代表。在某次闲谈中，阿飞向园区经理人提出了举办“OCT－LOFT 国际爵士音乐节”的想法，得到了鼓励和支持。阿飞提道：“他们其实也是有一个学习的心态，不知道你说的国际爵士音乐节是什么东西，但是听起来不错，而且你也在自己的场地做了一些音乐表演活动，好像还不错，因此愿意拿出一小笔金额来让你去试，这就有了 2011 年 10 月第一届‘OCT－LOFT 国际爵士节’。”[①] 这个音乐节不仅带动了深圳的一批爵士歌迷，更是因为乐队的国际性和高水平，受到全国乃至国际爵士乐迷的青睐，不少都是预先买好套票，再订机票，届时赶来参与这个大聚会。热烈的反响使园区管理方在接下来的爵士音乐节中追加了预算，并一年年延续下来，现在已经成为 OCT－LOFT 扬名海内外的重要媒介。而国际爵士音乐节带来的良好氛围，更是进一步培养了乐迷，市场呈现出更为丰富的需求，在这基础上，园区又支持阿飞创建了以实验性音乐为主的“明天音乐节”。在良好的群众反馈和市场影响下，园区作为主体，向南山区申请经费，将两个音乐节申报为区文化主管部门支持的新型公共文化活动项目，并一直延续下来。“OCT－LOFT 国际爵士音乐节”现在已经成为华侨城创意园最具国际影响力的重要文化活动，2016 年第六届爵士音乐节邀请到 17 个国家的 27 支乐队，持续 16 天时间；2017 年第七届爵士音乐节邀请了 16 个国家的 25 支乐队，持续 19 天时间，其规模已经达到一个城市国际爵士音乐节的水平。

“OCT－LOFT 国际爵士音乐节”和“明天音乐节”以文化企业的运营业务和专业特长为缘起点，以文化创意人与园区管理者的合作共创作为运营发展的过程，以市场的强烈反应作为区属公共文化品牌活动的申报依据。而深圳乐迷经过这两大国际性音乐节的培养，对现场表演的文化消费又产生了更大的热情，由此也培育了旧天堂书店的日常表演活动的消费者，激活了更广泛的文化表演市场。

第三节　深圳公共文化服务的持续创新与未来使命

2022 年 5 月，中共中央、国务院发布了《关于推进实施国家文化数字化战略的意见》，明确要求到“十四五”时期末，基本建成文化数字化基础设施和服务平台，形成线上线下融合互动、立体覆

① 出自本人田野考察时的访谈录音整理，时间：2017 年 8 月 9 日，地点：旧天堂书店。

盖的文化服务供给体系。在数字技术持续创新，不断推动社会、文化迅速而又深刻变革的当下，文化越来越渗透进生活的方方面面。在新的形势面前，深圳公共文化服务亦需进行新的定位调适和使命担当。本节将在已有的深圳公共文化服务数字化、智慧化发展的基础之上，结合新世代的新需求以及当今技术发展和数字文明发展的前沿趋势，探讨深圳市公共文化服务如何通过持续创新来进一步确立深圳的城市文明典范地位；以及面向未来，公共文化事业与文化产业、数字经济不断融合的趋势下，公共文化服务所肩负的使命与挑战。

一　新世代新需求：作为时代要求的持续创新

时代发展不仅给我们的生活带来了进步与繁荣，还在逐渐优渥的生活条件和社会环境下培育出一批具有新思想、新视野和新意识的“新人类”。以80后独生子女为主的“千禧一代”和95后的“Z世代”已经成为这个时代的中坚力量和主要的文化消费者。与其父母辈和其他世代不同的是，这一代的新人们要么是初代PC互联网的“数字原住民”，要么是移动互联网的“智能手机原住民”，他们对数字世界有天然的亲近感和更长的网络使用时长。对于他们来说，无论是公共文化空间还是公共文化内容上都有了新的需求。

（一）跨界融合的公共文化服务将成为主要趋势

相比于出生在计划经济年代或者有过计划经济生活经验的世代，新世代的年轻人不太有文化事业的概念，对于主要生长在市场经济年代的他们来说，最直接地区分文化事业与文化产业的理解，是免费的、公益的？还是收费的、商业的？因此对于他们而言，公共文化活动的发生场所不局限于在那些由政府部门建造的公共文化设施当中，还包括各种可以通过“免费”或“公益性少量收费”的途径获得的文化服务。

这意味着针对新世代的人群提供公共文化服务的空间、地点可以有更为多样化的选择。深圳由于年轻人多，很早就在这个方面进行了诸多有益的探索创新，例如：罗湖区“悠·图书馆”最早尝试在商场空间中、在文创园区、商业办公楼内植入社区公共图书馆；

由福田区发起最后发展成“深圳公益练歌房”的创新项目撬动商业KTV空间的空闲时段，为市民提供满足休闲需求和文艺素养提升的练歌、学歌服务；南山区的华侨城OCT－LOFT文创园专门开辟了A3、B2、C1等公共文化活动空间，在里面持续举办观影、讲座、展览、音乐会等受到年轻人尤其是创意社群欢迎的公益文化活动，以提升创意文化交流和市民的审美文化素养；龙岗区则将大田木作博物馆搬进了活化的文化古迹大田世居，并利用客家文化的家风传承习俗在客家围屋的传统空间进行展示，将其打造成“家教家风实习基地”……可以说，在深圳公共文化服务持续创新的精神下，不断涌现出新型公共文化服务空间，新的公共文化活动的发起方式和运营模式。

虽然这些走在前面的创新尝试将深圳的公共文化推向了一个个示范项目、示范区的荣誉，但是未来依然充满挑战，尤其是数字化时代将人类的活动时间越来越推向虚拟化空间以及新冠疫情客观因素造成人类对线上世界、虚拟世界的依赖加深，深圳在公共文化服务的创新上需要将加大对3D互联网所带来的沉浸式虚拟体验的布局和多样化尝试。

这方面，浙江博物馆界做的一些代表性探索或许可以给我们一些参考。戴着VR眼镜在博物馆中完成“云观展”，这两年因为疫情的缘故得到了极大的发展，而在这其中又可联合直播、带货、跨区域联展等多样化手段将文化事业与文化产业的发展进一步融合，并将展览内容的丰富性推向超越单一线下展览的新高度、新体验。例如，2021年由浙江博物馆牵头，联合30多家博物馆，以中国古代女性图像为主题策划的“丽人行”云展览，集中展示各联盟馆的藏品数量达到1000多件，这在传统的线下展览是不可想象的，无论是展厅或是经费都不允许，而数字化就能轻松拉动馆际的跨学科合作和数据共享。与此同时，线上线下还形成互动，观众不仅在线下某一个展馆能看到本馆的展品，还能看到其他几家联盟展馆的现场画面、共享藏品的数字影像及数字语音信息。此外，联合馆还可利用线上展示途径，“带货”自己的文创产品，为其线上线下的潜在用户引流。从而创造文化事业与文化产业线上线下多元立体融合的新模式。

（二）公共文化理念因应需求将进一步演进

随着时代的演进，人类在基本的生存需求满足后进入后工业社会，文化在现代社会中扮演着越来越多重的角色，拥有边界越来越模糊、层次越来越复杂的意涵。年轻一代在身份政治意识上自觉追求小圈子、亚文化的身份认同，在经济消费上热衷于带有审美性质的文化消费和文化经济的创造。因此，公共文化服务在实现公民的基本文化权利之后，更需要考量在社会经济进步之后，如何提升公民的美学素养、德育素养①。一方面可培育具有社会主义现代性高文明素养的公民；另一方面也为美学经济和创意经济培育相应的从业者和消费者。另外，对需要应付现代社会快速变化和高强度工作的年轻人而言，如何培养内心的秩序，养成可以滋养个人的内在精神文化，也是一件被疫情强化了的现实挑战②。

在更美好的未来生活塑造与当下严峻的现实面前，新世代族群的文化需要发生了新的变化，这意味着某种程度上公共文化服务的理念和活动内容也需要得到进一步拓展，才能适应这种变化，在未来获得持续的高质量发展。

作为数字技术和数字文化产业发展的重镇，深圳自 2019 年被赋予“中国特色社会主义先进示范区”以来，就在数字科技赋能公共文化，打造“普惠、高质量、可持续”公共文化服务体系上不断探索精进。在全民艺术教育领域，深圳文化馆也做出了亮眼的成绩。线上线下打造了全民艺术普及 5 大系列课程服务体系，包括“直播真人秀”全民艺术普及基础班、“就等你来”全民艺术普及提高班、“走进艺术殿堂”全民艺术普及艺术社团、“美育大课堂”全民艺术普及赏析培训、“想你所享，尽在云端”全民艺术普及慕课，让广大市民足不出户就能享受到优质的公益艺术培训服务；在图书馆建

---

① 蔡元培先生早在 20 世纪初就提出“以美育代宗教”，也正是指出了美学修养中所蕴含的道德性，以及自由选择中的约束性。

② 一项对来自中国的 194 个城市受访者的研究发现，16% 的受访者报告在疫情期间出现了中度到重度的抑郁症状，28% 的受访者报告出现了中度到重度的焦虑症状。居家隔离、封闭管理以及面对未知病毒的恐惧等原因，对人们的心理造成了不可逆的创伤。

设方面，利用数字智能技术的优势，创新发布了《无人值守智慧书房设计服务规范》等一批“深圳标准”；在理论研究上，也推出了《全民艺术普及慕课建设研究》等一批文化理论研究成果。

这些持续创新的努力都非常值得赞赏，表明深圳的公共文化服务理念走在了时代前沿。2020 年深圳公共文化服务也获得了由第三方机构开展的“广东省公共文化服务评价”的第一名。但我们不能躺在功劳簿上，依然需要保持清醒的头脑、与时俱进的意识和长远的发展眼光来观察当下的成就与不足，观察新世代文化需求的“痛点”——实际需要但并没有被有效给予的，从而建立更开阔的视野持续进行公共文化服务理念的自我革新。

全国政协委员、北京画院院长吴洪亮曾在全国两会上提出《疫情之下应充分发挥艺术的疗愈功能》的建议，他提出，除了鼓励艺术家积极地投入到体现正能量的创作中，还需要通过一些艺术项目去缓解民众的紧张感，甚至利用一些课程让大家了解如何通过艺术的方式进行自我调节。武汉在这方面很早就做了试水。文化和旅游部 2020 年全国美术馆青年策展人扶持计划入选项目“言语之外——艺术与疗愈”，就是由武汉美术馆创设的。首度以一种有影响力的公共文化活动形式将观众引入艺术疗愈这一学科领域，并结合公教活动为观众提供多种可能的情绪出口。在“艺术疗愈与疫情”单元，观众进入展厅后首先会经过情绪互动装置，激活情绪，进入封城期间的艺术创作，触发情感和回忆。上海刘海粟美术馆开展的“疗愈艺术”主题展以“情绪地图：共享疗愈艺术工作坊”“故事商店”“豆本工作坊”3 项活动为切入点，试图通过艺术走入每个人的内心世界。其中“情绪地图”通过画出自己身体的颜色，试图让“人与自己”交流；“故事商店”是将自己的困惑向陌生人吐露，是一种“人与人”的交流；“豆本工作坊”则以城市记忆为题，完成“人与空间”的交流。在这个空间里，所有的艺术没有任何限制，也没有其他人来评判优劣，你只要在这里面拥抱艺术，或者被艺术所拥抱，就会得到一个自己满意的艺术作品，它向所有的普通人开放。西安美术馆的艺术疗愈探索则指向了特定人群——自闭症儿童艺术教育的多种可行性。该馆持续 3 年的“冲决藩篱 · 星星世界”公共教育（实验艺术）研究项目，则是将艺术活动作为一种沟通媒介，以平等尊重的同理心为纽带，践行“表达性艺术治疗”在自闭症群体康复过程中的积极作用。

在数字技术将知识、信息以标准化的形式变得越来越便捷的时候，未来高质量的公共文化服务将在全民教育、文化普及、积极心理建设等领域走到一个被技术赋能后的更均等化的共享阶段。因而，如何从在地的特殊性出发？如何用面对面带着温度的、更深入的关怀浸入“人心”？将需要我们在未来以“新典范”的自我要求做出更多的创新性探索与实践。

二　新科技新挑战：元宇宙视野下的公共文化服务

2021 年“元宇宙”概念突然在全球爆火，东西方似乎第一次处于一个科技发展的“同频”状态，即便难说在技术上完全同步，但至少进入了同一个赛时语境。西方主要以美国为主，亚洲以中日韩为主，同时对元宇宙概念和相关技术的发展给予了热烈的回应，并创造了相关应用，做出了最早的创新性尝试。其中，世界上最大的社交媒体 Facebook 甚至将公司更名为 Meta（元宇宙 Metaverse 的前缀），引发全球媒体的关注和全世界的热议。此后不久，2021 年 11 月 3 日，韩国首尔市政府宣布将在网络虚拟世界建一个提供全新概念的公共服务平台——“元宇宙首尔”（Metaverse Seoul），于 2023 年完成，届时将会建成一个虚拟的公共服务办事大楼，市民可以与市政官员的网络化身进行会谈，亦能办理包括民事投诉和咨询在内的业务。中国杭州也在 2021 年 11 月 15 日——与首尔几乎同时期，提出要打造全球第一个“元宇宙”城市；2022 年 5 月杭州的元宇宙产业园已正式开园。

由于元宇宙本身的发展还在一个早期进程当中，关于它的讨论又是一个暂无统一定义、涉及方方面面的宏大话题，因此，此处的“元宇宙视野”下的公共文化服务讨论，仅仅将其限定在一个较为单纯的 3D 立体式沉浸与虚实共融的技术层面，不涉及元宇宙或其可带来的经济和金融的变革等过于复杂纠缠的问题。也因此，在这里的一个关于“元宇宙视野下的公共文化服务”的前瞻性讨论也仅限于“下一代互联网”技术变革产生的影响范畴。通过已经发生的带有元宇宙技术特质的创新性实践，我们或许可以提前思考未来公共文化服务在模式和内容上的新可能。

（一）元宇宙将赋能多维度的公共文化服务整合

在韩国首尔的“元宇宙”计划中，首尔的光化门广场、德寿宫和南大门市场等首尔主要旅游景点会在“虚拟旅游特区”中呈现，并且历史上存在而现实中已被毁的文化遗迹敦义门也会在这个虚拟世界中重生。另外，首尔市政府还计划透过元宇宙举办节日纪念活动，运用延展实境技术（XR）为弱势社群提供服务。

不过，在首尔市政府还在畅想更为宏大的数字孪生式元宇宙体验时，2022 年 1 月广州的“广府庙会元宇宙”已经完成了初体验。广州越秀区自 2021 年首次将传统广府庙会搬上“云端”后，2022 年又运用“元宇宙”概念和技术，举办了一届大众特别是年轻人喜爱的庙会，在疫情期间以非接触方式为大众提供了安全、多样、优质的公共文化服务。“广府庙会元宇宙”系列活动从 2022 年 1 月 10 日起一直持续了 40 多天，在元宵节当天进入活动最高潮。通过数字建模与虚拟引擎技术，构建起一个可以随时开启、随时进入的虚拟公共文化空间。与此同时，邀请虚拟数字人“伊依”作为广府文化数字推广大使，她身穿广府庙会定制的广府吉祥物鳌鱼形象的旗袍，在虚拟的北京路城隍庙牌坊入口处与游客们互动，为大家介绍广府文化、北京路历史以及历届庙会盛况。“广府庙会元宇宙”以虚拟空间中的立体场景为群众打造了“视、听、玩、购、品”的多元应用场景集合，消除了各种公共文化内容、品类之间的限制，通过分享、邀请、挑战等社交互动机制，将各项公共文化服务活动进行了“裂变式”推广，引导参与者主动寻找、挖掘的积极性。2021 年“云游庙会”的线上主页面触点不超过 15 个，2022 年的“广府庙会元宇宙”则在一级页面上引发了近百个触点。主办方还邀请了非遗传承人、美食家、动漫明星开展了 10 余场直播，将直播链接进元宇宙空间，累计超过 25 万人次观看。配合着丰富的线上活动，线下的时空“穿越式”游戏活动则为大众带来多维度体验。越秀区的 12 个历史文化地标也被设置为打卡点，开展了“一日千年 · 古越今秀”沉浸式剧本打卡活动，市民穿着传统汉服，带着“通关文牒”到各个景点的活动现场集邮戳、游览、拍照留念。除此，“广府庙会元宇宙”线上的网络链接还可以进入时代基金会的“田埂花开”多功能艺术教室，小朋友们还可以在节日期间参与守护“田埂”小花互动活动，欣赏乡村孩子的绘画、手工艺品，体验乡村美育的同时也促进了城乡之间的互动联结。总之，广州越秀区在2022年年初的这场“广府庙会元宇宙”活动将公共文化服务的多维度融合、整合发展通过元宇宙的虚拟沉浸和线上线下的广泛链接，推向了一个新的高度。

元宇宙作为互联网技术发展的一个新阶段，代表着更便捷的连接、更无时空限制的融合，在这样的技术赋能所创造的无数可能之下，公共文化服务的发展理念、发展目标都必将进入到一个新的阶段。

深圳罗湖区在2022年7月29日的“双周发布”五周年暨改革创新奋斗文化新闻发布会上提出要以深圳首个啤酒厂艺术街区——金啤坊为基础，借助AR/VR、3D裸眼等高科技手段，实现沉浸式文艺体验，打造集观光战略、数字创意、休闲娱乐为一体的“元宇宙文化街区”。相较于蛇口大筒仓以商业收费展览的形式打造元宇宙体验空间，罗湖区以元宇宙介入到公共艺术街区的塑造为深圳公共文化服务的突破提供了值得期待的案例。

（二）元宇宙公共文化服务的未来需进行相应的基建布局

处于初级阶段的元宇宙在公共文化服务方面的应用暂时还是零星的试水，但从互联网发展的历史来看，从PC互联网到移动互联网再到现在正在进行迁移的3D沉浸式互联网，展示了技术发展的内在必然趋势。中共中央、国务院在2022年5月下发的《关于推进实施国家文化数字化战略的意见》（以下简称《意见》），从国家文化发展的“战略”意义上对文化数字化提出了八项重点的任务要求，其中第二项“夯实文化数字化基础设施”要求“建设具备云计算能力和超算能力的文化计算体系，布局具有模式识别、机器学习、情感计算等功能的区域性集群式智能技术中心，构建一体化算力服务体系，为文化数字化建设提供低成本、广覆盖、可靠安全的算力服务”；第五项“发展数字化文化消费新场景”，明确提出“集成全息呈现、数字孪生、多语言交互、高逼真、跨时空等新型体验技术，大力发展线上线下一体化、在线在场相结合的数字化文化新体验。”《意见》还明确给出了时间节点，要求到2035年，“建成物理分布、逻辑关联、快速联结、高效搜索、全面共享、重点集成的国家文化大数据体系，中华文化全景呈现，中华文化数字化成果全民共享”。

这其实就是国家针对全国范围的文化数字化提出了具体明确要求的基础设施大布局。在这种国家文化数字化的总体趋势之下，公共文化服务将进入全国全民共享新阶段，公共文化服务的数字化将与文化产业、文化体验、文化消费的数字化深度融合，进而逐步发展成包含全息呈现的、数字孪生的、虚拟数字人参与的多维度融合的“文化元宇宙”。因此，目前还只是被少数人尤其是新世代年轻人所青睐、熟知的“元宇宙”并不只是一时的时髦风尚，而是被国家视为文化数字化战略目标的未来图景。

紧跟党中央的步伐，上海在2022年7月8日也发布了国内首个省级元宇宙方案《上海市培育“元宇宙”新赛道行动方案（2022—2025)》，要求坚持虚实结合，以虚实强的价值导向，发挥上海在5G、数据要素、应用场景、在线新经济等方面优势，推动元宇宙更好赋能经济、生活、治理数字化转型。在文化数字化的大趋势下，上海已经有专门的科技企业为文化馆、博物馆、美术馆等线下文化场馆提供量身打造的“公共文化元宇宙”的品牌化服务了。①

深圳无论在公共文化服务体系建构的理念还是实践上，抑或是数字技术领域的发展实力上，都已经打下了很好的基础。但在面向未来的“文化元宇宙”的建构上能否继续保持优势、创造模式？能否在各大城市纷纷抢滩“元宇宙公共文化服务”的新一轮竞争中，找到自己的独特定位和发展策略？这些都将是一个在既有成果面前继续超越自我、塑造典范的重大挑战和全新机遇。

---

①《云活动｜打造公共文化元宇宙》，网易，2022年7月25日，https://www.163.com/dy/article/HD53A0V605418S58.html。

第四章　蓬勃“新业态”：创新推动文化产业高质量发展

文化以其内在的浸润力和外在的辐射力成为城市精神的重要呈现，成为城市竞争力和可持续发展的关键所在①。改革开放40多年来，人们对文化的认识发生了重要变化。从“文化搭台，经济唱戏”，到“文化也是生产力”“文化产业应该成为支柱产业”，再到“文化产业是经济转型升级的重要引擎”，文化产业的定位实现了根本性提升，在国民经济中的地位从边缘逐渐走向中心，成为重要支柱性产业。由小渔村发展而来的深圳，过去曾被调侃是“文化沙漠”，但如今这里的文化产业正在崛起。经过多年发展，文化产业已成为深圳四大支柱性产业之一。2021年全市文化产业增加值超过2500亿元，同比增速超过15%（远高于同期GDP增速），位居全国前列，占全市GDP比重超过8%。正是对发展历史的重视和对文化产业的培育，在国务院办公厅2022年6月印发的《关于对2021年落实有关重大政策措施真抓实干成效明显地方予以督查激励的通报》中，深圳市被认定为“文化产业和旅游产业发展势头良好、文化和旅游企业服务体系建设完善、消费质量水平高的地方”②。

---

① 李凤亮、刘晓菲：《全球文化创新资源集聚与深圳城市文明典范构建》，《特区实践与理论》2021年第5期。

② 国务院办公厅《关于对2021年落实有关重大政策措施真抓实干成效明显地方予以督查激励的通报》（国办发〔2022〕21号）2022年6月9日。

第一节　文化产业成为城市竞争力提升的主要抓手

文化产业因其兼具生态环保以及高附加值的特征成为新时代重点发展的产业。[①] 其一，文化产业的发展创造了城市经济新增长点，推动经济结构优化。当前中国经济发展正处于转换发展动能促进结构优化的关键时期，在经济增速持续放缓的高质量发展阶段，文化产业的发展持续向好，中国文化及相关产业增加值从 2012 年的 1.8 万亿元增长到 2019 年的 4.4 万亿元，占 GDP 比重也从 2012 年的 3.48% 上升到 2019 年的 4.54%，对经济增长的贡献率持续攀升。其二，技术要素驱动产业转型升级。一方面，技术应用降低了创意的门槛，使文化供给与用户产品需求精准对接，提高效率，通过赋能生产链和价值链，促进文化产业总量持续攀升；另一方面，技术的应用为传统产业的创新发展提供了工具，传统的影视业、印刷业、演艺业、旅游业通过与科技的融合，顺应信息化发展的趋势实现了转型升级，创造了全新的产业形态。从产品升级的角度来看，技术的应用不仅创新了产品的存在形态，更创新了产业的传播方式。5G、VR、人工智能等技术的应用和多种智能终端平台的使用，重新塑造了文化的生产、传播和消费。另外，文化供需体系的网络化也极大地拓展了文化供给的覆盖面，以满足人民日益增长的精神文化需求。

一　文化产业与城市发展

“文化创意”自古便有，但从政府官方层面，将其作为“产业”被单独提出来，却只是近 20 年的事情。20 世纪 90 年代末，英国政府听取了被誉为“现代文化创意产业之父”的约翰·霍金斯的建议，开始大力扶持创意产业，正式拉开了全球各地发展文化创意产业的大幕。1998 年 8 月，原文化部成立了文化产业司，标志着中国

---

① 金元浦：《文化产业成为重要经济增长点》，《人民日报》2015 年 11 月 1 日。

文化产业进入了“从自发到自觉”的新阶段。2000 年 10 月，党的十五届五中全会通过了《中共中央关于制定国民经济和社会发展第十个五年计划的建议》，该建议明确要“完善文化产业政策”①，首次正式使用了“文化产业”这一概念。2002 年，党的十六大报告，进一步把文化区分为文化事业和文化产业，并强调一手抓公益性文化事业，一手抓经营性文化产业。2004 年 3 月 29 日，国家统计局颁发了《文化及其相关产业分类》标准，首次对文化产业进行了权威界定，将文化及相关产业定义为“为社会公众提供文化、娱乐产品和服务的活动，以及这些有关的活动的集合”，是“从事文化产品的生产、流通和提供文化服务的经营性活动的行业总称”。直到现在，在国家层面，“文化产业”仍是官方的唯一标准提法。

城市是大部分人赖以生存的空间，文化产业是人们在城市这个空间里的一种新兴行为，虽然不古老，却因其“文化”属性极富内涵，充满故事，值得研究。美国城市地理学家刘易斯·芒福德认为：“城市是文化的容器。”② 城市不仅是经济的发展体，更是文化的共同体，文化建设是城市化发展的灵魂。文化产业是生产内容产品、创造精神财富的产业，不仅直接贡献于经济增长，而且在提升发展质量中发挥越来越重要的作用，能够提高人的精神境界、生活质量和幸福指数，提升城市文化品位、创新活力和影响力。

一是有助于促进城市经济发展。文化产业虽然起步较晚，但现在已经是城市经济发展的重要组成部分，文化企业也成了市场的重要主体。文化产业的发展对壮大城市经济规模和效益具有重要的助推作用。特别是当文化产业成为城市经济的支柱产业时，它对城市经济的影响就更加突出了。无论是国家还是地方城市，文化产业发展增速均高于同期 GDP 增速，所占 GDP 的比重在逐年增加，文化产业对国民经济增长和城市经济发展的贡献也在逐年增大。文化产业是以创意、创新为核心资源的智慧型产业，是绿色环保的新型产

① 《中共中央关于制定国民经济和社会发展第十个五年计划的建议》，《中华人民共和国国务院公报》2000 年第 35 期，第 5—16 页。

② ［美］刘易斯·芒福德：《城市文化》，宋俊岭等译，中国建筑工业出版社 2009 年版，第 9 页。

业，具有很强的渗透性和带动性。相比其他产业，加快发展文化产业能更好地促进供给侧结构性改革，促进创新要素自由流动和聚集，推动经济高质量发展，推动经济体系现代化，推动创新、协调、绿色、开放、共享发展。

二是有助于优化产业结构。近年来，经济发展的文化成分越来越浓，知识型经济越来越占主导地位。传统产业面临着一个增加产品的文化附加值甚至向文化产业转型的问题。从当前经济发展的趋势来看，传统产业从产品的策划、设计、加工、生产、包装、营销、消费、再利用等各个环节，都存在着文化创意元素的渗透。消费者对产品的品牌、款式和消费过程，也越来越注重其文化内涵和创意价值。从某种程度上来看，现在基本上所有的消费行为都可以理解为文化消费或具有文化意义上的消费。从具体的产业来看，包括农业、制造业、交通运输业等在内的传统产业，都可以通过注入文化元素来提升产业竞争力，甚至一个局部小改变，都可能带来整个产品甚至产业的大提升。2021 年，深圳第三产业增加值达 19299.67 亿元（2011 年仅 6153.03 亿元），第三产业增加值占全市地区生产总值的比重为 62.9%（2011 年为 53.5%）。这种产业结构的质变，文化产业发挥了重要作用。

三是有助于提高城市品位。英国社会学家帕特里克·格迪斯在其著作《进化中的城市：城市规划与城市研究导论》一书中谈到，“城市必须不再像墨迹、油渍那样蔓延，一旦发展，他们要像花儿那样呈星状开放，在金色的光芒间交替着绿叶”①。如果说，高楼大厦、水泥道路就是“墨迹、油渍”的话，那么，文化就是这座城市的“花儿”和“绿叶”，而且是永不枯竭的花叶。随着城镇化和全球化进程的加快，各地的城市在外观上有趋同的态势，而仍能让我们辨别不同的，便是文化了。借助强大的文化产业，纽约的“百老汇”、洛杉矶的“好莱坞”、巴黎的香榭丽舍大街乃至小城市戛纳的电影节等都成了城市的文化标识，也是城市的品位所在。可以预见，未来城市的发展之道，纵有万千种，但文化是难以逾越的最佳

① ［英］帕特里克·格迪斯：《进化中的城市：城市规划与城市研究导论》，李浩等译，中国筑工业出版社 2012 年版。

选择。

四是有助于满足人们的精神文化需求。改革开放40多年来，人民群众的物质生活水平不断提高，精神文化需求日益旺盛，呈现多方面、多层次、多样化的特点。党的十九大报告指出，中国社会主要矛盾已经转化为人民日益增长的美好生活需要和不平衡不充分的发展之间的矛盾。解决“人民日益增长的美好生活需要和不平衡不充分的发展之间的矛盾”，是新时代全面建设社会主义现代化强国的重要环节。2021年中国人均GDP达到80976元（按年平均汇率折算达12551美元），超过世界人均GDP水平，而像深圳这样的一线城市人均GDP已达17.37万元（按年平均汇率折算为26918美元），居民消费由生存型、温饱型全面转向小康型、享受型，精神文化需求更呈现“井喷”之势。文化产业能够提供丰富的文化产品和服务，可以更好地满足人民群众日益增长的美好生活需要，也有利于人的身心和谐。从这个角度看，文化产业既是产业，也是民生，抓文化是抓发展，也是抓民生、抓民心。

二　深化文化产业发展变迁

深圳是中国较早发展文化产业的城市，也是全国首批文化体制改革试点城市。作为中国特色社会主义先行示范区，深圳经济特区自建立以来，一直在文化产业发展方面示范先行，利用市场经济成熟、高新技术发达、产业资本活跃等优势，率先在全国提出把文化产业打造成为支柱性产业，明确把文化创意产业作为战略性新兴产业。引领社会主义先进生产力的发展方向：通过不断转型升级、培育发展，深圳文化产业已走上质量型、内涵式发展之路，现代文化产业体系逐步完善，新型文化业态和文化消费模式日益丰富。[①] 在“深圳制造”“深圳创意”“深圳设计”的加持下，深圳的文化产业稳步前行。

（一）自发阶段（2002年之前）

作为改革开放的最前沿和市场化改革的试验田，深圳从诞生之

---

① 《文化深圳40年：为现代文明之城培根铸魂　为先行示范区夯基立柱》，《中国文化报》2020年10月15日。

日起就为中国从计划经济向社会主义市场经济转型探路破冰，精神文化产品也在改革开放的大潮和市场经济的热浪中“蠢蠢欲动”，在深圳文化市场中起步最早、发展最快的产业非文化娱乐业莫属。1980 年，全市第一家帐篷歌舞厅在西丽湖出现，1981 年西丽湖歌舞厅诞生。此后，各类文化设施和娱乐场所如雨后春笋般涌现在市场上。截至2002 年年底，全市共有歌舞娱乐场所480 家，电子游戏经营场所134 家，音乐酒吧67 家。按照当时常住人口来计算，基本是每万人配置一家歌舞娱乐场所。深圳歌舞娱乐业成为深圳文化市场的领头羊，引领了文化消费时尚，激发了文化消费热点，极大丰富了市民精神文化生活，是当时深圳文化产业发展的重要阵地。

文化旅游也是深圳文化产业的急先锋。深圳有两大标志性事件不得不提。一是 1979 年秋天西丽湖度假村（原名“西沥水库度假村”）的创建。该度假村隶属深圳市旅游（集团）股份有限公司，是中国改革开放后创建的第一家旅游度假村，曾被评为广东“岭南八景”之一，也曾被誉为深圳市早期旅游景点“五湖四海”之首。二是 1985 年华侨城集团有限公司的成立。华侨城集团是经国务院批准成立的大型国有企业，是以家电电子、文化旅游、房地产和酒店业为主导产业的大型投资控股企业集团。1989 年 9 月，华侨城创建了世界上第一座规模最大的缩微景区——锦绣中华，开创了国内人造主题公园的先河。随后，又相继建成了中国民俗文化村、世界之窗、欢乐谷，还建成了何香凝美术馆、华夏艺术中心等，几乎是“建一座成一座火一座”，并组建了深圳华侨城控股股份有限公司，华侨城在 A 股成功上市，形成了中国规模最大的文化旅游产业集群。截至 2002 年年底，华侨城各景区共接待游客 7600 多万人次，营业收入累计 56. 7 亿元，利润累计 17. 7 亿元，成为中国文化旅游的标杆。

这个阶段深圳文化产业的发展主要还停留在自发阶段，政府部门的宏观调控和政策引导还不多，但是文化市场和产业观念已经出现，初步形成了以大众传媒、印刷制作、文艺演出和文化娱乐、文化旅游为重点的产业群体。2002 年深圳文化产业的年产值为 258. 05 亿元，增加值为 78. 47 亿元，约占深圳当年 GDP（2265. 82

亿元）的3.48%，远高于全国水平。其中，印刷制作、文化旅游、报刊业、广电业、文化娱乐业年总产值171.72亿元，占全市文化产业总产出的96.34%，印刷业产值占全国印刷业总产值的20%。截至2011年，深圳有各类文化经营单位5600余家，从业人员逾15万人。

（二）自立阶段（2003—2011年）

2003年，中宣部召开文化体制改革试点工作会议，深圳被列入全国首批8个文化体制改革综合试点地区之一。也是在2003年，深圳先知先觉，中共深圳市委三届六次全会明确提出了“文化立市”发展战略，调整成立“市文化体制改革和文化立市工作领导小组”，下设文化产业发展工作推进组等10个工作组，推动文化产业发展摆到了深圳的重要议事日程。经过两年的酝酿和准备，2005年5月，深圳市第四次党代会第一次提出要把文化产业打造成为继高新技术、金融、物流三大支柱产业之后的第四大支柱产业，明确要求“搭建文化产业发展平台，积极培育传媒印刷、创意设计、动漫游戏、影视音像、文化旅游等文化产业，提高文化产业竞争力”。2005年11月，深圳市召开了经济特区成立以来第一次文化产业专项工作会议，提出深圳文化产业发展的总体目标和战略思想。2005年12月，市政府发文设立市文化产业发展办公室，为市政府直属的正局级行政事务机构，具体负责协调推进全市文化产业发展和文化产业会展平台建设。这一年，深圳还出台了《中共深圳市委　深圳市人民政府关于大力发展文化产业的决定》《深圳市文化发展规划纲要（2005—2010年）》，并在随后不久陆续制定了《深圳市人民政府关于扶持动漫游戏产业发展的若干意见》《深圳市人民政府关于建设文化产业基地的实施意见》《深圳市人民政府关于加快文化产业发展若干经济政策》等政策文件，设立了文化产业发展专项资金，用于支持符合国家规定和列入深圳市产业发展目录的文化产业门类、项目、基地和企业的资助。所以说，有人将2005年称为深圳的“文化产业年”，不无道理。

在此期间，2004年11月，深圳市在中宣部和国家有关部委以及广东省的大力支持下，成功举办了首届“深圳国际文化产业博览会”。2006年举办第二届，更名为“中国（深圳）国际文化产业博览会”，2007年举办第三届，又更名为“中国（深圳）国际文化产业博览交易会”并沿用至今。文博会是中国唯一的国家级、国际化、综合性文化产业展会，也是深圳文化产业发展、城市建设发展最重要的平台和品牌之一。作为全国文化体制改革综合试点地区之一，深圳文化产业的发展还承担着为国家破冰探路、积累经验的使命。除了文博会，由中宣部等牵头指导的深圳文交所、中国文化产业发展投资基金、国家级文化和科技融合示范基地等国家级文化产业服务平台相继落户深圳。

在政府的大力推动和市场的不断完善下，涌现出华强文化、雅昌、环球数码、A8音乐、大芬油画村、田面“设计之都”产业园等一大批市场实力主体。经常有人戏说，很多好的文化创新企业不知道什么时候就“冒”出来了，可见深圳文化市场之活跃。

对于深圳文化产业来讲，2011年又是一个重要的时间节点。2011年，深圳明确把文化创意产业作为战略性新兴产业，印发了《深圳文化创意产业振兴发展规划（2011—2015年）》及其配套政策《关于印发深圳文化创意产业振兴发展政策的通知》，成为深圳市继生物、互联网、新能源、新材料之后出台的第五个战略性新兴产业发展规划。该规划提出，“瞄准文化创意和科技创新两大主攻方向，重点发展创意设计、文化软件、动漫游戏新媒体及文化信息服务、数字出版、影视演艺、文化旅游、非物质文化遗产开发、高端印刷、高端工艺美术等十大产业”，争当文化产业发展的领头羊。

（三）自强阶段（2012年至今）

与时代同频共振，依据产业发展态势及时谋划区域发展，是深圳文化产业始终繁荣的保障。2011年《深圳文化创意产业振兴发展规划（2011—2015年）》及其政策的出台实施，无疑为深圳文化产业注入了一剂强心针。对于文化企业来讲，他们更期盼的具体政策支持终于从2012年开始陆续落地。首先是“深圳市文化创意产业发展联席会议制度”和《深圳市文化创意产业发展专项资金管理办法》的出台，明确了协调运作机制和资金管理机制。从2011年起，深圳市财政每年安排5亿元资金，再加上各区的各类扶持资金，总额每年超过 8 亿元。专项资金的设立，有力地推动了深圳文化产业的快速发展。截至 2019 年年底，深圳市级层面已下达专项资金近 30 亿元，资助项目近 4000 个；与此同时，政府部门还积极与金融机构加大合作力度，与多家银行签署战略合作协议，通过构建金融支撑体系推动文化产业发展。

2019 年 8 月，中共中央、国务院印发《关于支持深圳建设中国特色社会主义先行示范区的意见》，要求深圳"发展更具竞争力的文化产业和旅游业，努力成为新时代举旗帜、聚民心、育新人、兴文化、展形象的引领者"。[①] 2020 年 1 月，中共深圳市委、深圳市政府面对蓬勃发展的文化产业，联合发布了《关于加快文化产业创新发展的实施意见》（以下简称《实施意见》），指出"未来深圳应抢抓粤港澳大湾区和中国特色社会主义先行示范区'双区驱动'重大历史机遇，发展更具竞争力的文化产业，加快建设区域文化中心城市和彰显国家文化软实力的现代文明之城"，"构建以质量型内涵式发展为特征的高水平现代文化产业体系，推动深圳成为国际文化创新创意先锋城市。"作为《实施意见》的配套政策，深圳市政府还同步出台了《深圳市文化产业发展专项资金资助办法》，进一步规范完善对文化产业的资助、奖励等多元化扶持引导措施，支持引导文化产业高速发展。

纵观深圳文化产业发展历程，做好顶层设计是其傲立世界产业潮头的根本要素。深圳积极探索推出系列文化产业发展政策，营造产业发展的良好环境，引导和推进产业健康快速发展，经过近 20 年的探索实践，形成了较为完善的文化产业政策体系：既有市政府及相关部门出台的全市性文化产业政策，也有各区（新区）根据自身特点制定的适合本地文化产业发展的政策；既有具有专属文化产业的行业性政策，也有文化产业和其他重点产业通用，为产业发展提供财税金融、用地、人才等外围支持的政策，共同构建了较为完备的深圳文化产业发展政策体系。

在文化产业的发展变迁中，深圳充分尊重和发挥市场在产业资

---

① 《中共中央　国务院关于支持深圳建设中国特色社会主义先行示范区的意见》，《中华人民共和国国务院公报》2019 年第 24 期，第 6—9 页。

源配置上的决定性作用，注重创意引领和科技支撑，经过多年来的深入实践和探索，逐步培育起创意设计、动漫游戏、文化旅游、高端印刷、黄金珠宝、文化会展等多个较具有强竞争优势的行业，形成了“文化 + 科技、文化 + 旅游、文化 + 创意、文化 + 金融、文化 + 互联网、文化 + 贸易”等“文化 +”产业发展的新模式和新业态，现代文化产业体系基本形成。

三　深圳文化产业发展的创新优势

当前，中国正处于工业经济时代、信息经济时代和文化经济时代交织而成的复杂历史时空之中，健全现代文化产业体系是实施文化强国战略的重点任务之一①。凭借“文化后发优势”，深圳抢占文化产业制高点，数字文化产业、创意文化产业等新型文化业态逐渐成为引领深圳文化产业快速发展的新兴力量，成为推动深圳经济快速健康发展的重要引擎之一。以 2020 年为例，深圳文化及相关产业法人单位超过 10 万家，从业人员超过 100 万人，深圳全口径文化产业增加值超过 2200 亿元，占全市 GDP 的比重为 8%，年均增速高于全市 GDP 增速。② 深圳在产业综合实力增强的同时，也存在产业结构不平衡、营商成本较高等问题。为了解决这些问题，深圳积极谋划好全局，发挥好资金、科技和人才等自身优势，积极打造具有国际竞争力的文化产业集聚高地。

（一）毗邻港澳，辐射内陆，链接世界

深圳之所以发展得又快又好，不仅有国家早期的政策支持，还有其地理优势。作为大湾区中的引擎城市和核心城市，深圳区位优势明显。一是毗邻港澳，深圳文化产业发展具有其他城市所不具有的区位优势，尤其是深港两地，是粤港澳大湾区不可替代的核心城市，共同构成了得天独厚的增长极。众所周知，香港是设计之都、时尚之都，也是会展之都，这有助于深圳及时捕捉国际文化产业发展的最新动态，汲取先进经验，优化文化产业发展策略。在长期的

---

① 彭思思、王敏：《深圳文化产业创新发展路径研究》，《特区实践与理论》2021 年第 1 期。

② 《深圳文化产业从业者超百万》，《深圳商报》2022 年 1 月 19 日。

合作中，深港之间形成了有所区别的核心竞争力。例如，香港在国际营销等方面有着不可替代的优势，深圳由于对内地市场情况比较熟悉，在贸易、服务方面占据优势，这有利于深圳在深港文化产业合作过程中实现双方的分工互补、错位发展。在演艺音乐领域，香港与全球重点城市和演艺团体建立了长期合作关系，经典剧目、新型艺术表演极其丰富，未来可以通过行业协会及政府合作，建立长效合作机制，实现香港、深圳巡演。

二是交通便利，深圳拥有便捷高效的现代综合交通运输体系。目前，大湾区核心区高速公路密度达每百平方公里 8.9 公里，深圳的高速公路密度排在全省首位，深莞惠、深广……深圳正加速建设与大湾区城市的“硬联通”，构建互联互通的陆路交通网络。对内，深圳可以辐射中国内地广大腹地和大湾区城市，作为粤港澳大湾区核心交通枢纽、大湾区“A”字型交通主骨架的关键一横，深中通道让大湾区“1 小时生活圈”照进现实，成为深圳高速公路外联的重要一环，形成了深圳联动珠江西岸的重要通道。对外，广深港高铁香港段已于 2018 年 9 月正式开通运营，香港由此接入内地快速发展的高铁网络，为两地人流、物流、信息流进一步畅通打开方便之门。港深西部铁路建设已启动，深港交通通联将更加便捷高效。港珠澳大桥也已建成通车，与澳门的海上距离也非常近。2022 年年初，深圳市交通运输局公布了《深圳市综合交通“十四五”规划》，提出“打造全球湾区核心枢纽海港”“拓展畅通国内循环的综合运输通道”等八大任务。可以说，得天独厚的区位优势为深圳文化产业的创新发展提供了有利条件。

（二）科技赋能，推动文化产业高质量发展

科技是文化创新的驱动因素，文化为科技提供创意内涵，从高端科学到高端技术，基础研究通过创新应用转换为技术产品、生产方式和服务。深圳科技基础较好，是全国最早建立高科技园区的城市。从 20 世纪 90 年代中期开始，深圳就坚持把科技创新作为城市发展的主导战略，全力推进国家高科技城市、创新型城市建设。与国内其他主要城市相比，除了北京之外，深圳研究与试验发展（R&D）投入强度均大于其他大城市。伴随研发投入的不断增大，

科技创新的不断提升，在“以市场为导向、以企业为主体，产学研深度融合”的技术创新中，深圳文化产业的发展，获得了充分的技术赋能，从原来的模仿、跟随走向了创新、赶超，从文化制造业发展出更高端的文化创意设计、数字文化产业。技术创新和产业发展实现了有效融合，取得了十分可喜的成就。一批以设计、动漫游戏、数字内容等为主体的文化科技领军企业迅速崛起，华为、腾讯连续多年进入“世界500强”榜单。在新科技尤其是大数据、云计算、物联网、虚拟现实、人工智能等核心、关键、共性技术的推动下，更多新兴产业不断涌现，更多高科技产业不断升级。这种科技优势和创新能力有力推动了深圳文化产业的高质量快速发展。据统计，深圳目前2237家规模以上文化企业中，同时又是国家高新技术企业的有534家，占比达23.87%。2019年3月，中宣部、科技部等联合发布了“国家文化和科技融合示范基地”名单，深圳南山国家文化和科技融合示范基地（集聚类）、华强方特文化科技集团股份有限公司国家文化和科技融合示范基地（单体类）成功入选。事实上，深圳正在利用移动互联网、云计算、大数据等对文化领域进行全方位渗透和融合，使文化产业在转型与重组中实现文化生产力的自我激活与释放，逐步构建出新的文化产业生态系统，以腾讯为代表的数字文化产业，以“文化+科技”为特征的新业态成为深圳文化产业最具竞争优势的新业态。

创新不仅成为文化产业发展的动力与支点，更在世界范围内成为带动城市经济复兴和转型发展的重要手段，也成为当代城市化进程的显著特征。多年来，深圳坚持走自主创新道路，深入实施创新驱动发展战略，积极推动数字文化产业快速发展。随着腾讯等互联网龙头企业的不断壮大，深圳动漫游戏、网络文化产业（包括网络游戏、网络音乐、网络文学、网络视频、网络直播、网络剧等）、数字文化装备产业、数字艺术展示产业、虚拟现实产业、混合现实娱乐、智能家庭娱乐等发展迅速。① 总体来看，深圳数字文化产业等新型业态占比较高。2020年，深圳发布的《关于加快文化产业创

---

① 毛少莹：《深圳文化产业40年发展历程及主要成就》，《深圳社会科学》2020年第5期。

新发展的实施意见》提出，将推动深圳市数字文化、创意设计、时尚文化、文化旅游等新型业态到2025年占比超过60%。截至2021年，深圳新认定的市级文化创意产业园区达71家。在这些园区内，有成千上万家高科技企业、上百家高科技上市公司，成为推动深圳文化领域创新创业的综合载体和重要引擎，文化科技的深圳优势正在逐步形成。

（三）金融助力，加快文化产业蝶变升级

现代产业，始于创新，兴于科技，成于金融。尤其是文化资源、创意以及文化产品的开发、利用和生产经营等，更加离不开金融资本的支持。众所周知，深圳的金融业比较发达，金融市场完善且活力强劲，资金融通的实际效益较高。各类金融资本在深圳集聚，私募、基金、信托、保险、融资租赁、小额贷款、互联网金融等在这里形成了一个比较完整的体系。在由证券时报社旗下中国资本市场研究院与新财富共同编制的《2020中国内地省市金融竞争力排行榜》中，深圳名列中国内地城市金融竞争力中的第三，在副省级及计划单列城市金融竞争力榜单中，深圳凭借多层次资本市场的优势排名第一。强大的金融资本为深圳文化产业的高质量发展注入了资金"活水"，"文化+金融"已成为深圳文化产业发展的显著特点之一。

2016年年初，深圳召开全市宣传文化工作会议，正式印发《深圳文化创新发展2020（实施方案）》。方案提出，在未来五年，将构建"以质量型内涵式发展为特征的现代文化产业体系"等五大体系①，重点推动153项具体任务。其中包括探索设立文化银行这项重点任务。2018年7月20日，中国建设银行深圳市分行"文化创意特色银行"启动仪式在深圳举行，这也是深圳首家"文化创意特色银行"，标志着文化金融融合取得了新成果。作为面向文化企业的专属绿色金融通道，文化创意特色银行做到"5个工作日放款，配备50人专业化团队，给予500亿元专属额度"。对处于不同发展阶段的文创企业，深圳建行配套了相应的产品。处于初创期文创企业，以"云快贷"等产品，可通过抵押贷款，获得随借随还，每月

---

①《〈深圳文化创新发展2020（实施方案）〉解读》，《中国文化报》2016年1月22日。

付息，到期还本的普惠产品；在没有抵押的情况下，通过建行“云税贷”可凭纳税累计信用、获得纯信用贷款额度。产品审批简单、放款快捷，助推新型中小微文创企业成长壮大，培育新动能。针对成长期企业，以“见保即贷”“文创商会贷”“助保贷”等产品通过自有资产、专利产品、著作权、商会担保等灵活匹配为企业“输血通脉”。而对于上市（拟上市）企业，采取并购基金、股权投资基金、股票质押、定增配资等助力企业充分释放能量。在全国率先将文化企业保险纳入专项资金资助范围，持续加大对文化企业贷款贴息扶持力度，2020 年以来累计资助资金近 2 亿元。此后，各银行金融机构积极开展文化金融服务，金融创新举措陆续推出。

2017 年 12 月，深圳市文化金融服务中心成立，与深圳文化产权交易所合署办公。中心以服务文化产业实体经济为指向，以服务于文化企业做大做强和繁荣发展为目标，重点关注文化企业与金融对接，完善中小微文化企业金融服务，优化文化产业投融资结构。2020 年，深圳证券交易所创业板实施注册制改革，在首发、再融资、并购重组等环节同步推行注册制，极大地方便了文化企业上市、定增融资。2020 年，深圳新增爱克股份、杰美特、辉煌明天科技以及科利实业控股 4 家上市文化企业，累计拥有 38 家上市文化企业。文化企业 IPO 融资次数与融资规模创近年新高。深圳市文化广电旅游体育局发布的“2021 年度深圳文化企业 100 强榜单”显示，100 强企业总营业收入达 2769 亿元，产业增加值 509 亿元，其中超过 90% 的企业为国家高新技术企业，合计有 28 家企业为境内外主板上市企业。

2022 年年初，深圳市地方金融监督管理局正式发布《深圳市金融业高质量发展“十四五”规划》。该文件提出，加快布局“金融 + 文化”，支持深圳文化产权交易所合规运营，推动文化产权交易和艺术品交易市场健康有序发展；建设深圳金融文化中心，汇集全球金融文化要素，提升深圳金融文化软实力；争取国家支持深圳建设文化与金融合作示范区等。[①] 这些为深圳文化产业的持续创新

① 深圳市地方金融监督管理局　深圳市发展和改革委员会关于印发《深圳市金融业高质量发展“十四五”规划》的通知，《深圳市人民政府公报》2022 年第 7 期，第 23—52 页。

和长足发展提供了坚实的资金基础。

（四）精准施策，为文化产业发展保驾护航

新的文化业态和新兴文化产业在初创阶段，亟须地方政府在财政、税收、信贷和土地等多方面给予政策扶持。良好的政策环境有利于资金和人才等要素的集聚，能够为文化产业发展提供强大的保障和发展预期①。2003 年，深圳在全国率先确立“文化立市”战略，坚持不懈地推动打造与城市定位相匹配的文化强市。2016 年初，深圳制定出台了《深圳文化创新发展 2020（实施方案）解读》。该方案明确，深圳将构建城市精神体系、文化品牌体系、现代文化传播体系、公共文化服务体系和现代文化产业体系“五大体系”②。其中，在现代文化产业体系部分提出了“内容产业和创意设计、文化信息服务等新型业态占比超过 60%”的量化指标。为深入贯彻落实《中共中央　国务院关于支持深圳建设中国特色社会主义先行示范区的意见》和党中央关于完善文化经济政策加快文化产业发展的工作部署，推动构建以质量型内涵式发展为特征的现代文化产业体系。2020 年年初，深圳印发《关于加快文化产业创新发展的实施意见》，明确了加快发展的重点文化产业领域，通过实施市场主体培育计划、内容创作扶持计划、产业发展集聚计划、文化贸易拓展计划、文化金融合作计划、文化消费升级计划等措施，力争到 2025 年，数字文化、创意设计、时尚文化、文化旅游等新型业态占文化产业的比重超过 60%，进一步巩固提升文化产业的国民经济支柱产业地位。在各类政策的引领和扶持下，深圳文化企业发展迅猛，境内外上市文化企业共 135 家，文化及相关产业法人单位超 10 万个，各文化创意产业园区聚集了近 1 万家文创企业。③

2021 年，深圳编制了《深圳市文化产业高质量发展规划（2021—2025 年）》（以下简称《规划》）。这一规划主要聚焦八大

---

① 毛少莹：《深圳文化产业 40 年发展历程及主要成就》，《深圳社会科学》2020 年第 5 期。

② 《深圳文化创新发展 2020（实施方案）解读》，《中国文化报》2016 年 1 月 22 日。

③ 《“文化 +”推动深圳文化产业高质量发展》，《中国新闻周刊》2020 年 5 月 26 日。

亮点特色[①]，打造十大增长极（国家文化和科技融合示范基地、时尚创意产业圈、数字创意走廊、文化装备研发中心、大湾区影视产业基地、国际艺术品交易中心、湾区演艺之都、国际知名黄金珠宝产业中心、全球游戏电竞之都以及高端工艺美术集聚区）。《规划》遵循了既符合深圳文化产业发展实际，也体现建设先行示范区的要求；既有前瞻性，也有可操作性，体现高质量发展的要求，突出深圳的特色和亮点。[②] 2022 年 6 月，中共深圳市委宣传部等三部门联合发布《深圳市培育数字创意产业集群行动计划（2022—2025 年）》，重点任务分别是加快数字技术研发及应用、扩大优质内容供给、促进业态融合创新、巩固提升优势产业、培育壮大市场主体、促进区域交流合作，到 2025 年，数字创意产业增加值突破 1000 亿元，成为全国数字创意产业创新发展高地。[③] 目前，深圳数字企业已经超过了 1 万家。2021 年文博会期间，深圳市文化广电旅游体育局发布了 2021 年度“深圳文化企业 100 强”名单，100 强企业均属于数字创意产业。数字创意产业已被深圳纳入 20 大产业集群之一，规模和发展水平全国领先。其中，深圳动漫游戏营收规模约占全国一半，游戏市场收入占全球的 10% 以上，数字出版营收进入千亿元量级，具有发展数字创意产业的先发优势和绝对实力。

---

① 八大亮点特色：一是突出高质量发展要求。从标题到内容，从目标任务、指导原则到具体举措都体现文化产业高质量发展的要求；二是体现深圳特色。利用深圳科技创新和创意人才汇聚的优势，重点发展创意文化产业和数字文化产业；三是强化发展支撑。明确文化与金融、文化和旅游、文化消费、大湾区产业合作及对外文化贸易五大发展支撑；四是着眼未来，挖掘增量，明确十大增长极；五是强化目标导向。从文化产业增加值、占全市 GDP 比重、产业园区数量、全国文化企业 30 强等方面，明确发展量化指标；六是落实项目支撑。起草过程中，充分调研，征集各区重大产业项目，在文件中突出重大产业项目带动与支撑，并形成专门的重大项目表；七是突出区域合作。发挥深港澳创意设计联盟、香港演艺人协会、澳门电竞协会等行业组织的纽带作用，加强与港澳在创意设计、动漫影视、演艺音乐等领域合作；八是完善规划支撑，梳理重点企业列表、项目表、政策包等。

② 焦子宇：《深圳打造文化高质量发展典范》，《深圳特区报》2022 年 5 月 9 日。

③ 《深圳市文化广电旅游体育局　深圳市委宣传部　深圳市工业和信息化局关于发布〈深圳市培育数字创意产业集群行动计划（2022—2025 年）〉》的通知，深圳市文化广电旅游体育局，2022 年 6 月 6 日，http：//wtl. sz. gov. cn/gkmlpt/content/9/9854/mpost_9854727. html#3445。

（五）群贤毕至，聚天下文化英才而用之

人才，对于一座城市发展的重要性不言而喻。文艺名家，对于一座城市是否有文化更是一个绕不开的标准。他们犹如夜空中闪亮的星，为城市的文化建设发展指引道路。文化产业是以创意和创新为驱动力，以人才资源创造高附加值的知识密集型产业。因而，对人才的依赖程度较高，唯有充足的专业人才储备才能确保产业的创意创新和持续高质量发展。[①] 近年来，深圳陆续出台实施深圳经济特区人才工作条例、促进人才优先发展的若干措施、鹏城英才计划和鹏城孔雀计划等，以及相关配套政策和实施细则，构成了深圳人才政策的“四梁八柱”。其中，许多政策覆盖了文体领域，比如高层次人才政策、博士及博士后的资助政策等，符合条件的文体人才都可以进行申请。加之深圳产业链和创新链的深度融合，人才政策优势明显，营商环境持续优化，生态环境优美宜居，吸引了大批文化产业高素质人才和海内外设计精英。作为国内当代设计策源地的深圳，早在2004年就提出了创建“设计之都”目标，工业设计等领域更由此汇集了大量创意人才，深圳仅专业设计人才就约达20万人。目前，深圳认定的海内外高层次人才约1.3万人，引进的海外创新科研团队达100多个；各类技能人才总量超过300万人，其中高技能人才占比四分之一；各类人才总量超过500万人，文化及相关产业从业人员超100万人[②]。大批高素质专业人才的不断涌现和集聚，为深圳文化产业创新发展提供了助力和保障，催生出了一批优秀文化企业。

放眼世界，一流的大都市无一不是文化强市。文化产业不仅是当前经济发展的重要增长点，也是吸引文化人才的重要基础。相比于其他文化名城，深圳还是缺乏相当数量的文化大家，高端文化人才比较缺乏。2011年，深圳龙华区在新出台的高层次人才引进培育政策中新增加了很多认定标准，其中将获得以下文化成就的人才纳入到认定标准中：一是近五年担任国家级、省级、市级文化产业示

---

① 彭思思、王敏：《深圳文化产业创新发展路径研究》，《特区实践与理论》2021年第1期。

② 杜翔翔：《深圳文化产业从业者超百万》，《深圳商报》2022年1月19日。

范基地、园区主要负责人，对推动区数字文化产业发展具有重要贡献的人才可申请区A类高层次人才，配套240万元的人才奖励；二是近五年对推动龙华版画产业数字化发展作出贡献，且获得全国美术作品展版画金奖、银奖的人才可申请区B类高层次人才，配套90万元人才奖励；三是近五年对推动龙华版画、红木等产业数字化发展作出贡献，且获得以下奖项之一的人才（全国美术作品展版画铜奖；全国版画展中国美术奖提名奖、优秀奖；观澜国际版画奖；中国·观澜红木家具设计大赛、“观澜杯”全国红木设计雕刻大赛二等奖以上奖项）可申请区C类高层次人才，配套60万元人才奖励。

当前，深圳正在从文化产业竞争力、打造世界级运动活力之城、建设世界级旅游景区和度假区以及全面提升城市对外能力与文化辐射力等方面建设区域文化中心。未来，深圳将通过“文化产业高质量发展工程”，加快发展新型文化企业、文化业态以及文化消费模式，力争到2025年大幅度提升城市的文化软实力，以此聚集更多深圳高层次文化人才！

第二节　推进产业跨界融合，促进文化产业业态裂变

从供给侧视角来看，文化产业是一个渗透性、关联性很强的产业，与多个产业存在天然的耦合关系，具有与其他产业融合发展的良好基础和广阔空间。[①] 通过产业渗透、产业交叉和产业重组，逐渐融合形成的文化产业新业态，往往附加值更高，市场竞争力更强。从需求侧视角看，随着经济社会发展，社会思想文化呈现出多元复杂的特征，人们的精神文化需求越来越多样，在注重产品功能性价值的同时更加关注产品的文化价值。推动文化产业与相关产业跨界融合发展，使文化符号、文化理念、文化创意等向相关产业渗透，嵌入相关产业的研发、设计与品牌营销等高端价值链环节，能够有效满足人们的精神文化需求。[②]

① 彭江虹：《文化产业发展应注重融合》，《人民日报》2017年7月21日。
② 彭江虹：《文化产业发展应注重融合》，《人民日报》2017年7月21日。

从偏居华南一隅的小渔村，到全球标杆性城市，深圳用了不到40年的时间。传统文化底蕴并不深厚的深圳，没有就文化而论文化，没有自设窠臼发展文化产业，而是另辟蹊径，积极主动地把文化和其他业态嫁接在一起跨界融合发展，率先探索出“文化+”模式，使得深圳文化产业后来者居上。[①]

一　“文化+科技”生机勃勃，探索产业发展新路

党的十八大报告提出，推进社会主义文化强国建设，要“促进文化和科技融合，发展新型文化业态，提高文化产业规模化、集约化、专业化水平……推动文化事业全面繁荣、文化产业快速发展”[②]。伴随着5G、人工智能、AR/VR等新技术的发展，数字内容、动漫游戏、视频直播、互联网文化、数字出版、社交媒体等新兴文化业态发展强劲，已成为文化产业发展的新增长点。

深圳并非文化资源大市，但文化建设能够“弯道超车”[③]，关键是较早形成了文化科技自觉意识，坚持文化与科技的高度融合，建立创新型文化形态。从更深层次看，这符合“文化是流动的”基本规律，“流动性是文化的一个重要品性，是文化发展的原动力”[④]。“深圳作为迅速崛起的移民城市，缺少历史悠久的城市文化记忆，但并不缺少个体多元的文化记忆”[⑤]，便于进行大胆创新，迅速占领文化发展的制高点。深圳不仅创造了经济奇迹，也创造了文化奇迹，取得了文化发展上令人瞩目的“深圳速度”和“深圳质量”。在“文化+科技”发展战略的指引下，深圳涌现出一批以高新技术为依托、以数字内容为主体、以自主知识产权为核心的高成长型文化科技企业。其中，互联网游戏领域拥有腾讯、创梦天地、雷霆信

---

① 翁惠娟、林洲璐：《文化产业强势崛起　创新发展路径清晰》，《深圳特区报》2019年12月3日。

② 胡锦涛：《坚定不移沿着中国特色社会主义道路前进　为全面建成小康社会而奋斗》，《人民日报》2012年11月18日。

③ 王京生：《文化与科技结合的深圳之路》，《人民论坛》2012年第34期。

④ 王京生：《文化是流动的》，《人民日报》（海外版）2014年8月13日。

⑤ 于平：《深圳观念：朝气蓬勃的文化记忆——现阶段文化建设需要传扬“深圳观念”》，《艺术百家》2012年第4期。

息、冰川网络等一批龙头企业；影视动漫数字内容服务领域拥有华强方特、环球数码等一批专注内容生产的明星企业；数字视听领域拥有以A8数字音乐为代表的网络音乐生产企业，以及懒人听书为代表的网络音频企业①。“文化+科技”的深度融合，实现了跨越式发展的喜人景象，成为深圳文化产业发展的突出特征和重要标志。

2019年9月，在全国文化和科技融合工作研讨会议上，深圳南山区的华强方特文化科技集团作为文化科技创新典型，成为深圳市唯一企业获评单体类“国家文化和科技融合示范基地”。这是继“国家文化产业示范基地”后，华强方特在文化科技领域深耕细作的又一重要成果。在文化领域，利用高新科技提升技术水平和生产效率，有利于快速扩大产业规模，降低成本，提升市场占有率和影响力。早在2007年，华强方特就积极探索前沿科技与文化产业的创新融合，积极构建“文化科技主题乐园”和以特种电影、数字动漫、主题演艺等为主的“文化内容产品及服务”的产业链布局②，创造表现形式丰富的文化产品，提升文化表现力和附加值，拓展新业态。目前，华强方特拥有影视仿真科技、超感体验、虚拟交互设备系统等核心技术；引入流程管理和制片管理，采用人工智能、数据库管理等先进手段，开发360度瞬间扫描建模系统等技术，打造工业化创作开发体系；研发BIM建筑信息模型技术，实现建筑设计、预算成本、物料库存及项目管理的协作，提升产品品质和生产效率。

华强方特能在当今日趋激烈的市场竞争中脱颖而出，是源于其在利用科技创新引领文化产业发展的同时，高度重视以科技打造强势原创IP。方特原创IP体量丰富、题材丰富，2012年推出的动画《熊出没》，收视率、点播量及电影票房均位居国产动画首位。目前，方特动漫出品30余部动画作品在国内200多家电视台及新媒体平台热播，发行至100多个国家和地区，登陆尼克、迪斯尼、Netflix、Discovery等国际主流平台，在亚洲、拉丁美洲、中东、非洲等

---

① 焦子宇：《深圳打造文化高质量发展典范》，《深圳特区报》2022年5月9日。

② 李小甘：《深圳文化创新之路》，中国社会科学出版社2018年版，第229—231页。

地全面铺开。《熊出没》系列动画电影以26亿元总票房位居国产合家欢动画电影榜首，在土耳其、墨西哥等30多个国家的影院上映，打响了中国动画IP的国际知名度。此外，积极将“熊出没”等IP元素植入动漫系列主题园，开发以IP为核心内容的文化体验项目，有还原熊出没场景的《熊出没山谷》、主题项目《熊出没剧场》、熊出没舞台剧等，赋予乐园项目更多IP文化价值，实现优质文化内容IP与主题乐园、酒店、旅游小镇等文旅景区融合发展，延展IP生态圈，推动文化产业高质量和内涵式发展。

在助推共建“一带一路”合作方面，华强方特也可圈可点，将共建“一带一路”合作国家的文化元素和中国地域文化资源与自主高新科技结合，形成东盟十国文化主题的南宁“方特东盟神画”、丝绸之路主题的嘉峪关“方特丝路神画”等独具特色的文化主题园群。带给游客焕然一新的游玩体验，厚重的文化内涵通过科技的手段渗透民心，促进文化交流和民心相通，提升中华文化自信。“东方欲晓”主题乐园是华强方特最新开发的主题乐园，乐园以中国近代史为背景，通过高科技手段创造沉浸式互动体验，创新展现中华民族寻求国家独立、民族复兴的壮阔历程。科技赋能，文化铸魂，多年来，华强方特一直坚持“文化+科技”的发展道路，成长为全国知名的文化科技领域领军型企业。

在数字化时代，深圳的文化产业也紧跟数字创意发展趋势。位于龙华区的1980油松漫城产业园，自2019年正式运营以来，就致力于营造数字创意产业成长的生态。从事数字视觉创意的企业“和创互动”，入驻园区时还只是一个40人的小团队，如今已经在智慧体育研发方面异军突起，并被认定为国家高新技术企业。未来3年，深圳将大力发展数字文化产业和创意文化产业，到2025年，将率先健全现代文旅产业体系和文旅市场体系，争取进入文化旅游发达城市行列。

二　“文化+创意”魅力四射，擦亮“深圳设计”品牌

漫步深圳街头，从时尚前卫的珠宝服饰到结构精妙的智能设备，创新创意已经融入这座城市的每个角落。“深圳创意设计的发展历

程与这座城市的历史轨迹高度吻合，不但开启了当代中国设计的一个全新时代，而且在自主设计、本土意识形成等方面，走出了一条属于深圳、属于中国的设计之路”①。2008 年，深圳经过两年的“申都”，被授予“设计之都”称号，成为继柏林、布宜诺斯艾利斯、蒙特利尔、名古屋、神户之后，全球第 6 个设计之都。同时，也成为“全球创意城市网络”的第 16 个成员，是中国第一个加入该网络的城市。近年来，继“深圳速度”“深圳质量”之后，“深圳设计”这一城市品牌被不断擦亮，通过促进创意设计与实体经济深度融合，把提高创意设计整体质量水平放在重要位置，持续提升城市综合实力和市民生活品质，打造具有世界影响力的创新创意之都。

设计是一种精神，更是一种力量。深圳坚持设计创新引领，把文化资源变成尖端生产力。作为国内第一个被授予“设计之都”的城市，深圳在平面设计、建筑设计、工业设计、珠宝设计、服装设计等领域占据国内较大市场份额。② 据统计，“深圳目前有 6000 多家较大设计企业和近 20 万名专业设计人员，设计产业每年产值约 230 亿元，带动工业产值数千亿元”③。值得关注的是，作为中国现代平面设计运动的策源地，深圳的平面设计力量扮演着中国现代设计产业启蒙者、探路者和思想者的角色。深圳建筑设计一直被誉为国内设计界的龙头之一，国内有近半数标志性建筑设计作品出自深圳。深圳工业设计领跑全国，总产值占全国半壁江山，带动上下游产业产值超千亿元，被誉为国内工业设计“第一城”。“世界珠宝看中国，中国珠宝看深圳”，作为全国最大的黄金珠宝产业聚集地，深圳形成完整的产业链条，并呈现出集研发设计、生产制造、展示交易于一体的发展趋势，在全国珠宝首饰加工行业中处于领先地位。深圳的服装设计产值长期以来一直在中国大中型城市中名列前

---

① 杨阳腾：《创意之都展现文化自信——深圳市创意设计产业发展调查》，《经济日报》2021 年 9 月 26 日。

② 马璇：《深圳文化产业增加值年均增速近 15%》，《深圳特区报》2022 年 6 月 14 日。

③ 翁惠娟、林洲璐：《文化产业强势崛起　创新发展路径清晰》，《深圳特区报》2019 年 12 月 3 日。

茅，牢牢占据全国女装产业绝对引领地位。中国设计业的领军人物和最具影响力的设计师很多都出自深圳。

2022 年 1 月 3 日，第五届深圳设计周闭幕。本次设计周首次走出展馆，全城联动，首次实行联合策展人制度，全部任用深圳本土设计师做策展人，仅仅 10 天内观展人数突破 40 万人次。通过持续优化“设计 + 研发 + 服务”的设计体系，以及“深圳设计周”等平台推动国际交流，使得设计工具、设计标准、成果转化等服务能力和水平不断提升。“设计驱动创新，创意共赢未来”。内衣、钟表、服装、珠宝等深圳传统优势产业，正是通过“设计驱动创新”转型升级为时尚创意产业，加速向国内外市场输出“深圳设计”，重塑深圳品牌的全球价值，展现出设计之都的魅力、动力、活力和创新力，助力文化产业走出一条由传统型产业向价值链高端跨越发展的转型之路。自 2017 年创办以来，深圳设计周用五年时间完成了一次质的飞跃，尝试站在国际先锋城市的最前沿，构建中国设计的话语体系，将中国顶层设计与顶级设计视觉化、形象化、场景化、生活化。深圳设计周是深圳从文化自觉走向文化自信的真实体现，锻造了城市形象与符号体系，让深圳凸显先行示范区的象征意味。

田面设计之都、华侨城 LOFT、南海意库、F518 时尚创意园、国家动漫产业基地……一个个深圳人耳熟能详的创意园区构建起一张深圳的“创意地图”。“这张地图犹如根系繁密的植被，渗透于城市的各个角落，重要的是，这些‘植被’在不停地蔓延、增长。”①截至 2022 年 8 月，深圳共有 71 家文化产业园区获得“市级文化产业园区”称号（较 2019 年增加 10 家）。文化产业园区已逐步发展成为推动深圳文化领域创新的综合载体。在这些创意园及一些繁华的商业区，定期举办各类“艺术展”“设计展”，将创意与设计融入深圳市民日常生活。“创意十二月”是创新深圳的城市形象符号，也是深圳全体市民参与的创意狂欢节。如今，“创意十二月”已成为深圳市民追踪文化潮流、享受创意理念及参与创意设计的文化盛宴。

---

① 刘琼：《深圳“给力”创意文化》，《深圳商报》2010 年 12 月 6 日。

深圳还先后在意大利米兰、芬兰赫尔辛基等世界知名设计城市推介“深圳设计”，反响强烈。在推动中国设计文化“走出去”的道路上，深圳持续举办中国设计大展、联合国教科文组织深圳创意设计新锐奖、深港城市/建筑双城双年展等系列重点创意设计活动，主动与世界进行文化交流，不断提升“深圳设计”在全球设计领域的话语权。此外，深圳还积极成立深港澳创意设计联盟，推动设立深港澳数字创意设计三城展，并开工建设深圳创意设计馆，加快筹建深圳创新创意设计学院等。据统计，深圳企业和个人获德国红点设计奖、iF 设计大奖的数量，连续 8 年居国内城市首位。“深圳设计”在国际文化舞台上绽放出独有的光芒。

三　“文化 + 旅游”迸发魅力，点亮美好文化生活

随着体验经济时代的到来，越来越多的游客不再满足于单纯看景，对旅游景区提供的休闲度假方式和愉悦感受有了更高要求[①]。提及深圳旅游，主题公园无疑是享誉数十载的“金招牌”，已成为文旅融合最典型、最突出、最不容忽视的内容，它提供了一条促进文旅产业融合发展的重要途径。1989 年，深圳建成国内第一座主题公园——锦绣中华，点燃了主题公园时代的第一把火。随后，锦绣中华、世界之窗、欢乐谷、东部华侨城等一大批全国闻名遐迩的主题公园陆续建成。这些主题公园通过深度挖掘国内外各地区、各民族悠久而独特的文化，打造了独具特色的文化旅游目的地，使旅游业成为深圳文化产业化发展的一种典型形式。主题公园不仅能够连接上游的文学、电影、动漫等文化产品，又可以衔接下游的会展、教育培训、餐饮、住宿等产业。深圳顺应市民对美好生活的向往，将主题公园作为“美丽深圳”建设的重要内容，作为民生实事落实推进。主题公园产生了一定的聚集效应，带动整个深圳文旅产业的发展，进而对整个区域经济产生了影响，提升了深圳城市竞争力。

作为以文旅产业为主营业务的大型中央企业——华侨城集团有限公司（简称“华侨城”），始终坚持以文塑旅、以旅彰文，以高质

---

① 袁俊、张萌：《深圳市旅游业与文化产业互动发展的模式构造》，《深圳大学学报》（人文社会科学版）2011 年第 2 期。

量的文旅供给不断满足人民日益增长的美好生活需要，以丰富的多业态经营管理经验和强大的文旅综合开发能力，助力深圳乃至大湾区城市发展，目前已在粤港澳大湾区开拓近 30 个文旅综合项目。2011 年，时值建党 100 周年，为塑造“红色文旅品牌”，推动红色文旅产业发展，华侨城集团深入挖掘红色资源，围绕“重温红色历史、传承红色基因”“走近改革前沿、感受时代发展”等主题，在深圳推出了多条极具特色的红色文旅路线，打造出一批红色文旅项目。华侨城深东集团整合旗下文旅资源推出了“红色文旅专线”，涵盖大鹏所城刘黑仔纪念馆、新桥世居、汕尾陆河·螺溪谷等红色站点，这也是华侨城首条红色文旅路线。其中，大鹏所城刘黑仔纪念馆和新桥世居已成为深圳重要的红色文化符号。2021 年，深圳大鹏所城文化旅游区借助“红色文化”吸引了近 450 万名游客，大鹏所城刘黑仔纪念馆等成为不少市民游客慕名而来的“红色打卡点”。此外，华侨城深东集团还打造了“大鹏戴氏·红色印记纪念馆”等红色文旅项目，2022 年进一步拓展升级红色文旅路线，重点打造党建 VR 馆、党群服务中心，扩展红色讲解员队伍，探索“红色文旅＋培训”业务。通过深挖红色资源、非遗文化与客家文化，深圳华侨城文化集团有限公司打造出集红色教育、文化展示、体验互动等为一体的红色路线——甘坑红色之路。该路线集合了深圳甘坑客家小镇甘坑炮楼、家风家训馆、甘坑博物馆、小凉帽农场等多个红色主题场所，为深圳市民和游客带来全新的红色旅游体验。华侨城深西集团/酒店集团串联“湾区之星”欢乐港湾党群服务中心、“湾区之光”摩天轮“红色时空舱”和“湾区之声”演艺中心，打造了一条参与性强、体验性强的红色文旅路线。其中，“湾区之星”欢乐港湾党群服务中心作为深圳首个建在城市新地标上的党群服务中心，以国内外游客、入驻商户、各级党组织和党员群众为主要服务对象，成为党性教育“加油站”、资源服务集聚地、游客群众会客厅和开放成果展示区。

文化是城市的灵魂，是一个城市“软实力”的集中体现。大鹏所城，全称为“大鹏守御千户所城”位于深圳市大鹏新区，是明清两代中国海防的军事要塞，有“沿海所城，大鹏为最”之称，深圳别称“鹏城”即源于此。作为深圳目前规模最大、保存最为完好、保护级别最高的历史遗产，大鹏所城拥有丰富的海防文化、非遗文化等历史文化资源，为使这些资源得到更好的保护与活化利用，华侨城集团自2016年起一直着手于大鹏所城的更新改造。如今，深圳大鹏所城已成为一个传统与现代并存的开放文化街区，涵盖方知书院、大鹏所城海防博物馆、大鹏所城十字街等多项文旅业态，成为深圳最重要的历史文化旅游“打卡地”之一。

甘坑是一个有着悠久历史的客家古村落，为“深圳十大客家古村落”之一。甘坑客家小镇曾是客家人聚居地，古建筑众多，房连巷通。有历经120余年沧桑的南香楼；有建于雍正年间的状元府；有徽派风情建筑群凤凰谷；还有炮楼、碉楼、吊脚楼等建筑，与百年客家排屋形成了独特的客家文化载体，也是了解深圳原住民文化的一个重要窗口。2016年，华侨城集团入驻甘坑古镇，通过深挖当地非物质文化遗产客家凉帽，孵化出极富本土文化特色的IP形象——小凉帽，并将古镇打造成为集深圳本土客家民俗、客家民居建筑、客家民间艺术、客家传统美食、客家田园风光为一体的文化旅游景区。深圳甘坑客家小镇先后被评选为首批八家中国文化旅游融合先导区（基地）试点之一、广东省文化旅游融合发展示范区、首批深圳特色文化街区，累计接待游客超千万人次，成为深圳文化新地标。

深圳作为一个南方沿海城市，拥有美丽的海岸线，为发展海洋旅游提供了得天独厚的优势。全长约4公里的西涌海滩，绵白细软，这是深圳最长的海滩，也是“中国最美八大海岸线”之一——“东西涌海岸线”的起点。2020年5月，华侨城深东集团正式进驻深圳西涌海滩，秉持“生态为本、文化赋能、面向市场”的原则，一方面，在滨海公园营造“慢、静、雅”的旅游环境；另一方面，通过挖掘与传承大鹏半岛，尤其是西涌本地特色文化，将其打造成深圳西涌滨海旅游度假区。而位于大梅沙湾畔的深圳东部华侨城国家级旅游度假区，则依托独特的滨海山地旅游资源，打造出包含生态景区、主题酒店、健康水疗、山地球场等一系列丰富的旅游度假项目，是集休闲度假、观光旅游、户外运动、科普教育、生态探险等多个主题于一体的大型综合性国家生态旅游示范区。

浪漫的摩天轮，每日上演的绚烂光影秀，还有海滨滑板营、港湾沙滩以及沿海慢跑步道……作为华侨城集团新一代“文化 + 旅游 + 商业”示范作品，深圳欢乐港湾将商业活动融入自然景观，打造出深圳最具滨海气质的公园街区、最具当代艺术特色的文化街区和最具景观特点的体验式商业街区，自 2020 年 8 月开园以来，累计接待游客超过 160 万人次，助力开启湾区滨海生活新时代。坐落于深圳湾商圈核心的深圳欢乐海岸，不断将深圳年轻的因子、创新的智慧、燃梦的想象融入场域，以文化发掘商业潜力，结合多维业态开创全新商业体系，比如在 2021 年全新升级推出大疆唯一全国直营旗舰店、全球第一家 QQ family 旗舰店……创新引领国内文旅商娱综合体模式的发展。

伴随着全民旅游时代的来临，深圳积极深入发掘文化资源，加快文旅融合发展，提升打造“十大特色文化街区①”，形成创意的栖息地、艺术家的乐土、文化旅游的新高地。“文化 + 旅游”的新业态影响日益增强，推动了旅游产业转型升级，引领着新型文化消费方式，为市民带来更加丰富多彩、时尚创意、轻松休闲的文化新体验。②

四　文博盛会，为文化产业腾飞插上“翅膀”

推动文化贸易提质增效、量质齐升，助力文化远航。深圳文化产业不仅做优做强，更阔步“走出去”。成立于 2004 年的文博会，是全国唯一一个国家级、国际化、综合性的文化产业博览交易会。多年来，文博会以博览和交易为核心，成长为引领中国文化产业发展的重要引擎和推动中华文化走出去的重要平台。文博会是中国文化产业发展质量的“晴雨表”。通过每年一届的文博会，可以看到

① 十大特色文化街区指深圳大鹏所城、南头古城、大芬油画村、观澜版画基地、甘坑客家小镇、大浪时尚创意小镇、大万世居、蛇口海上世界、华侨城创意街区、华强北科技时尚文化街区。

② 翁惠娟、林洲璐：《深圳文化产业为什么可跻身全国“第一方阵”?》，读特，2019 年 12 月 3 日，https://www.dutenews.com/p/213178.html。

中国文化产业发展的方兴未艾，也看到国家对文化产业日益重视的程度以及文化产业在整个国民经济当中地位的提升。

2004 年，首届文博会应运而生，在中央领导作出重要指示后，文博会的主办单位一年之内升格 3 次。起初由深圳市政府主办，后来由文化部产业司与深圳市政府合办，再到文化部与广东省政府和深圳市政府三方主办，最终调整为由文化部、国家广播电视总局、新闻出版总署、广东省政府和深圳市政府五方共同主办，并升格为国家级文博会；同年，中共深圳市委、深圳市政府经过充分讨论酝酿后，确立了文博会的办展方针——“政府办会、企业办展、市场运作、打造平台、以展兴业”；2005 年 4 月，组建专业化、市场化的承办主体，成立深圳国际文化产业博览交易会有限公司，进一步提高文博会市场化水平；2006 年，文博会被列入《国家“十一五”时期文化发展规划纲要》，更名为“中国（深圳）国际文化产业博览会”。[①] 2007 年，举办两届后的文博会获得全球展览业协会（UFI）认证，文博会公司成为 UFI 会员，这一年文博会更名为“中国（深圳）国际文化产业博览交易会”并沿用至今[②]。同年，商务部致函深圳市政府，同意作为中国（深圳）国际文化产业博览交易会主办单位。文博会成为第一个由国家四部委共同主办的文化产业博览交易会，其作为国家级文化产品和服务出口贸易平台的功能得到进一步提升和强化[③]。

在文博会 17 年发展历程中，还有一系列标志性事件。例如，2008 年，文博会首次引入创意设计内容，引领“文化 + 创意”的发展模式；同年，文博会承办单位深圳国际文化产业博览会有限公司获文化部、商务部、国家广播电视总局、新闻出版总署联合授予的首届中国文化产业创新奖。2009 年，为促进大陆和台湾地区两岸文化交流及文化产业合作，首次设置台湾地区文创展区；2009 年，

① 谢湘南：《提升中国文化软实力　文博会十五年发展功不可没》，南方网，2019 年 5 月 16 日，https：//news. southcn. com/node_17a07e5926/6b57fff83f. shtml。

② 李小甘：《深圳文化创新之路》，中国社会科学出版社 2018 年版，第 226—228 页。

③ 《商务部加盟主办文博会》，《晶报》2007 年 1 月 15 日。

中国国际贸易促进委员会正式加盟主办文博会，文博会促进国内外文化产业资源得到进一步整合。2010 年，中宣部牵头成立“文博会协调领导小组”，建立了主办单位指导承办、深圳市直部门协调承办、文博会公司等承办单位具体承办的三级联动机制，第六届文博会首次实现“满堂红”，即全国 31 个省、自治区、直辖市及港澳台地区政府及机构组团全部参展；采用“1 + N”模式，逐渐推出冬季工艺美术精品展、艺术深圳等一系列专业类展会，在全国各地、世界各地举办文化展会和活动。2011 年，为推动非遗项目的市场化发展与保护，文博会首设非物质文化遗产馆。基于文化新业态蓬勃兴起，2013 年，文博会首设文化新业态展区，集中展示 16 家首批国家级文化与科技融合示范基地，体现“文化 +”的展会特色；2014 年，文博会对标国际品牌展会，首次将展览日期分为“专业观众日”和“市民开放日”，首次实现广东省 21 个地市全部参展，并一直延续至今。

风雨砥砺，岁月如歌。17 年来，文博会积极顺应国家战略及文化产业的发展及时对展示内容进行调整。如 2015 年，响应“一带一路”倡议，首设“一带一路”·国际馆，当年参展国家从首设的 15 个增加至 50 个。2016 年，首设文化创客馆，着力打造文化创客展示交易平台。2017 年，开发“文博会版权通”平台，为全馆客商提供快速授权、版权查询、版权保护、监测维权等全面的版权服务，打造全新的文博会文化产品授权、保护、交易平台。2018 年，文博会海外参会国家数量首次突破 100 个，同时文博会第一个落地项目——深圳文博城正式落地深圳宝安新桥。2019 年，首设粤港澳大湾区文化产业馆与文化和旅游融合发展馆，努力将文博会打造成为推动人文湾区建设的重要平台，突出融合发展的最新趋势。2020 年，受新冠疫情影响，第十六届文博会首次以“云上文博会”的形式在线上开幕，利用新一代信息技术、人工智能等高新技术手段，通过开展“五个云”建设（云开幕、云展厅、云招商、云签约、云大数据），为世界各地参展单位搭建展示与交易平台。第十七届文博会是中国共产党成立 100 周年和“十四五”开局之年举办的一届重要展会，也是疫情防控形势下举办的首次线下与线上互动结合的展会①，采用“6 +2”展馆设置，线下设置6个展馆（文化产业综合馆A馆和B馆、工艺美术·时尚生活馆、粤港澳大湾区馆、文化旅游非遗及艺术品馆、媒体融合·智慧广电·电影工业馆）；通过云上文博会平台同步将6个展馆展览内容、产品交易等情况向海内外客商展示，并对线下展示和交易进行大数据分析；线上增设2个馆，分别为互联网馆和“一带一路”·国际馆。

由光明日报社和经济日报社联合举办的“全国文化企业30强”，现已成为中国文化产业领域的权威评选活动，也是反映中国文化产业发展和文化企业规模实力的重要品牌。从2008年起，每年的文博会期间，都会发布当年的30强。在这里，中国文化企业的第一梯队，在文博会上展示着中国文化旗舰的最新航程。以30强为代表的骨干文化企业以新发展理念引领文化改革发展，为经济转型升级注入源源不断的新动能。

文博会的精彩呈现与卓越成效再次证明，“文博巨轮”在中国文化产业发展中的坚实力量与文化担当，并且通过不断创新办展办会机制，朝着“打造国际知名展会品牌”的目标坚定迈进。站在“中国文化产业第一展”的舞台上，使得广大人民群众得以近距离观察全国文化体制改革、文化产业发展的新成就、新亮点、新趋势。②

五　与资本共舞，探索文化与金融合作模式创新

近年来，深圳高度重视文化与金融合作，“文化 + 金融”已成为文化产业高质量发展的重要动力。人们所熟知的腾讯、天威视讯、A8音乐、创梦天地、中手游等50多家文化企业在境内外上市，深圳市政府投资引导基金成立多家涉及文化产业的子基金，文创产业投资基金联盟和一批有较大影响的文化产业类基金纷纷成立。继中国建设银行深圳市分行成立深圳首家“文化银行”，各银行金融机构积极开展文化金融服务，金融创新举措陆续推出。各类社会资

① 杜翔翔：《第十七届文博会今日开幕》，《深圳商报》2021年9月23日。

② 韩文嘉、林洲璐：《“文博巨轮”为中国文化产业注入坚实力量》，《深圳特区报》2019年5月22日。

本投资文化产业热情高涨，有效推动深圳文化产业高质量发展，已逐步形成多层次、多渠道、多元化的文化产业投融资体系。

当前，深圳正加快建设中国特色社会主义先行示范区，确立了发展更具竞争力的文化产业的目标，中共深圳市委、深圳市政府对文化、金融工作作出了系列重要部署，对文化与金融合作提出了新要求。为进一步加强文化与金融融合发展的统筹协调，拓展文化与金融合作渠道，优化文化与金融合作环境。2022 年 5 月，深圳市文化广电旅游体育局、深圳市地方金融监督管理局联合印发《关于推进文化与金融深度融合发展的意见》的通知，明确了金融支持文化产业的重点方向和实施路径，有力促进了深圳文化产业金融业协同发展、共生共赢。该文件吸纳近年来深圳文化金融合作的经验与成果，结合当前国家关于深圳建设中国特色社会主义先行示范区的要求，以及深圳市金融创新和文化产业高质量发展的需要，从加强文化与金融融合发展的统筹协调、创新文化金融体制机制、拓展文化与金融合作渠道、优化文化与金融合作环境四个方面，提出深入推进文化金融合作的举措。它是深圳推进文化与金融合作的首个专项政策，较为系统地部署了推进文化与金融合作的具体举措，对深圳发展更具竞争力的文化产业和金融业、解决文化企业融资难、融资贵的问题有重大意义。

文化产业与资本深度融合，不断催生出新的经济增长点。① 通过拓宽文化产业融资渠道，文化产业快速发展，总量规模稳步增长，质量效益显著提升，有力推动了文化产业迈入新发展阶段。2009 年 11 月，深圳文化产权交易所正式挂牌成立，是全资国有的两家国家级文化产权交易所之一（另一家为上海文化产权交易所）。秉承中央文化振兴政策精神，深圳文化产权交易所以“文化对接资本、交易创造价值”为经营理念，主要职能是搭建面向全国及全球的文化产权交易平台、文化产业投融资平台、文化企业孵化平台与文化产权登记托管平台；致力于建立多层次资本市场和金融服务体系，为文化与资本“联姻”提供广阔的平台，成为“永不落幕的文

① 《以文化金融创新促进文化产业高质量发展》，《中国文化报》2021 年 12 月 1 日。

博会”。2022年3月，深圳文化产权交易所便获批建设“全国文化大数据交易中心”试点，这在全国范围内是独一家。相较于成立时，目前深圳文交所的业务主要由平台业务、投行业务、文化金融城市学院三个业务板块构成。

2022年1月，深圳市地方金融监督管理局等发布《深圳市金融业高质量发展“十四五”规划》，提出深圳要积极创建国家文化与金融合作示范区：推动金融机构结合深圳文创市场的实际需求，探索文化信贷、文化债券、文化基金、文化保险等文化金融产品；以创意设计、文化科技、动漫游戏、珠宝首饰等文化产业园区为重点，加快创建文化金融空间载体；支持组建由各类金融机构组成的深圳市文化金融合作联盟，提供资源对接服务。[①] 2022年5月，中共中央办公厅　国务院办公厅印发了《关于推进实施国家文化数字化战略的意见》，要求“文化产权交易机构要充分发挥在场、在线交易平台优势，推动标识解析与区块链、大数据等技术融合创新，为文化资源数据和数字文化内容的确权、评估、匹配、交易、分发等提供专业服务”[②]。在国家文化数字化过程中，得有交易平台，还得有区块链确权技术，还得靠大数据晶振匹配、分发。未来深圳文交所的任务便是在以上几个方向进行探索，承担其国家文化数字化体系中的“中介”角色，服务于文化资源数据供给与需求，以及文化数字内容生产和消费。

六　拓展平台，绽放文化产业独特魅力

2013年，深圳启动国家对外文化贸易基地的创建工作，2014年正式获批。至此，深圳拥有了继文博会、深圳文交所、中国文化产业投资基金后的第四个国家级文化平台，成为继北京、上海之后，中国第三个、华南地区唯一一个国家对外文化贸易基地。成功

---

① 《深圳市地方金融监督管理局　深圳市发展和改革委员会关于印发〈深圳市金融业高质量发展“十四五”规划〉的通知》，《深圳市人民政府公报》2022年第7期，第23—52页。

② 《中共中央办公厅　国务院办公厅印发〈关于推进实施国家文化数字化战略的意见〉》，《广播电视网络》2022年第6期。

申办基地，是深圳贯彻落实习近平总书记在2013年8月19日全国宣传思想工作会议上的讲话精神、开创中华文化“走出去”新局面的重要举措。国家对外文化贸易基地立足深圳、辐射华南、面向国际，陆续承办了中国文化产品国际营销年会、粤港澳大湾区文化产业合作论坛、中国—中东欧国家文化创意产业论坛等系列高端论坛活动及品牌展会，搭建了文化产业交流合作的新平台，使得深圳在国家对外文化贸易发展中担负起引领、示范、探索的责任。

对外文化贸易是推动中华文化走出去，促进中国经济贸易高质量发展的重要路径。为积极推动文化产品走出去，深圳先后出台了多项政策措施。例如，组织和支持文化创意企业参加国际展会，鼓励与海外相关机构合作举办文化产业投资贸易推介活动，每年认定“文化创意企业出口十强”，并对进入国家重点文化出口目录的企业和项目给予支持等。[①] 近几年，深圳逐渐发展壮大了一批重点出口基地和龙头企业，充分发挥典型示范引领作用，成为推动中华文化“走出去”的重要力量。第十七届文博会实现了全国31个省、自治区、直辖市及港澳台地区全部参展的“满堂红”，展出文化产品近10万件，近4000个文化产业投融资项目在现场进行了展示与交易。深圳市龙岗区大芬村被誉为“中国油画第一村”，是全国最大的商品油画生产、交易基地，也是全球重要的油画交易集散地。截至2020年，已连续四年实现全年总产值超40余亿元。“中国珠宝看深圳，深圳珠宝看水贝”，深圳珠宝产业对中国有多重要，水贝—布心片区的珠宝产业对深圳就有多重要。在方圆1.1平方公里的水贝—布心珠宝产业集聚区内，分布着27个专业市场、各类黄金珠宝企业超过7000家，年批发货值1600多亿元，约占全国批发市场份额的半壁江山。深圳市罗湖区笋岗工艺礼品城已成为国内最大的工艺礼品展示基地、交易基地、出口基地、物流基地，形成了成熟的经销商群体和规模巨大的销售网络。环球数码、创梦天地、华夏动漫、永丰源等企业也都凭借独创产品与知识产权，成为中国文化产

---

① 《深圳跃升中华文化“出口大港”》，《人民日报》（海外版）2014年3月19日。

品走出去的前锋，赢得国际业界的充分肯定。①

作为中国对外文化贸易的黄金口岸，深圳的核心文化产品和服务出口占全国的六分之一，已跃升成为中国文化产品“出口大港”。习近平总书记在中共中央政治局第三十次集体学习时强调：“要更好推动中华文化走出去，以文载道、以文传声、以文化人，向世界阐释推介更多具有中国特色、体现中国精神、蕴藏中国智慧的优秀文化。”② 在推动中华文化“走出去”，提升中华文化影响力的道路上，深圳企业留了坚实的足迹……雅昌、中华商务等荣获全球印刷界最高奖“班尼”金奖100多座；华强方特实现了中国自主品牌文化主题公园向国际市场的成功输出，《熊出没》等系列动漫产品出口到100多个国家和地区；深圳博林文创打造中华文化的形象IP“Hello Kongzi”，在美国、加拿大等国家的十余座城市文化巡展……“深圳品牌”“深圳设计”正成为国际文化市场上的一支新生劲旅。

文化产业园区和基地是深圳文化产业发展的基础和引擎。深圳现有市级文化产业园区71家，省级文化产业示范园区达9家，国家文化和科技融合示范基地5家。其中，集聚类基地有深圳国家级文化和科技融合示范基地（首批）、深圳南山国家文化和科技融合示范基地（第三批）；单体类基地有利亚德光电股份有限公司（第三批）、华强方特文化科技集团（第三批）、雅昌文化集团（第四批）。深圳还整合全市资源，积极推进国家文化科技融合示范区（南山区）、国家文化产业示范园区（龙岗数字创意走廊）、国家文化和旅游消费试点城市创建工作，国家旅游创新中心南方分中心落户盐田，通过创建集聚产业要素资源，引领文化产业高质量发展。

升级探索中不难发现，数字创意产业正逐渐成为深圳产业发展的战略性方向和文化产业新的增长点，也是促进深圳加快转变经济发展方式的重要驱动力之一。“文化+”已逐渐从浅层相加迈向深度相融。深圳众多文化企业以“文化+”作为驱动力，促进文化与科技、互联网、金融、商业、旅游、体育、时尚等产业的深度融

① 翁惠娟、林洲璐：《文化产业强势崛起　创新发展路径清晰》，《深圳特区报》2019年12月3日。

② 《习近平谈治国理政》第4卷，人民出版社2022年版，第317页。

合，不断培育文化新业态，为文化产业提质增效、转型升级“开疆拓土”。这个一度被称为“文化沙漠”的地方，在探索中蹚出了一条具有深圳个性的文化产业之路。在高质量发展的征程中，深圳创新升级的步伐还在继续。

第三节　文化自信与新时代文化产业的功能定位

文化产业是满足人民群众多样化精神文化需求的重要载体。发展文化产业，是“建设社会主义文化强国的重要内容，也推动着文艺作品内容与技术、模式、业态等融合发展，实现社会效益和经济效益的有机统一”。[①] 在党的十九届五中全会上，首次明确了全面建成文化强国的时间表以及实施路径和任务，提出“公共文化服务体系和文化产业体系更加健全、人民的精神生活日益丰富、中华文化的影响力进一步提升、中华民族的凝聚力进一步增强的要求”[②]。健全文化产业体系是“十三五”至“十四五”时期文化建设的重要任务，也是新发展阶段的时代要求。作为国家文化“软实力”提升路径和社会主流价值观传播的重要载体，文化产业的发达程度将直接关乎“文化强国”建设的底色和可持续发展能力[③]。

依托数字技术发达和文化创意资源集聚的优势，深圳大力推动文化产业数字化，数字创意产业快速发展，业态、规模和发展水平全国领先，培育了一批数字创意领军企业，也催生了一些新兴文化企业，初步形成了较为完整的产业链条[④]。当前，深圳文化产业发展到了新阶段，同时也面临一系列新机遇新挑战。2021 年 6 月，深

---

① 李凤亮、潘道远：《文化自信与新时代文化产业的功能定位》，《深圳社会科学》2018 年第 1 期。

② 《中国共产党第十九届中央委员会第五次全体会议公报》，《中国人大》2020 年第 21 期。

③ 范玉刚：《健全体系是文化产业迈入新发展阶段的时代要求》，《深圳大学学报》（人文社会科学版）2021 年第 1 期。

④ 赵鑫、周国和：《深圳：以创新思维推动城市文明典范建设》，《深圳特区报》2022 年 7 月 26 日。

圳市发展和改革委员会发布的《深圳市第七届人民代表大会第一次会议关于深圳市国民经济和社会发展第十四个五年规划和二〇三五年远景目标纲要的决议》明确提出，“要把数字化发展作为深圳‘十四五’时期的重大战略和重要抓手……抢抓数字技术产业变革机遇，通过构建以质量型内涵式发展为特征的高水平现代文化产业体系，跑出深圳文化产业转型升级发展‘加速度’”①。在构建新发展格局的过程中，文化需求空前旺盛。站在新起点，深圳应如何提升文化产业竞争力，打造文化产业高质量发展的新高地？新征程中，唯改革者进，唯创新者强，唯改革创新者胜！

一　以政策规划为导向，引领文化产业创新发展

文化产业的蓬勃发展，有赖于政策的保驾护航。深圳已建立包括组织保障、政策支持、资金扶持等较为完备的文化产业支持体系，并及时出台涵盖金融扶持、税收优惠、产业空间以及细分行业领域的相关专项扶持政策，有效引导着传统文化产业转型升级，尤其是近五年来，深圳依托数字技术发达和文化创意资源集聚的优势，大力推动文化产业数字化，数字创意产业快速发展，其业态、规模和发展水平全国领先，高起点布局游戏电竞、影视动漫、智能文化装备制造等数字创意产业前瞻领域，培育了一批数字创意领军企业，也催生了一些新兴文化企业，初步形成了较为完整的产业链条。② 进入新发展阶段，要紧紧把握和顺应数字化发展趋势，文化产业发展规划的制定、政策和资金配套的扶持要与国家文化数字化战略部署相契合，加快文化产业数字化布局，重塑文化产业发展模式。

一是要加强顶层制度设计，完善政策及规划。立足深圳进入粤港澳大湾区、中国特色社会主义先行示范区“双区”驱动，深圳经济特区、中国特色社会主义先行示范区“双区”叠加的黄金发展

① 《深圳市第七届人民代表大会第一次会议关于深圳市国民经济和社会发展第十四个五年规划和二〇三五年远景目标纲要的决议》，《深圳市人民政府公报》2021 年第 22 期，第 1—75 页。

② 周元春：《紧抓机遇推动数字文化产业跨越性发展》，《深圳特区报》2021 年 7 月 23 日。

期，深入贯彻落实《深圳市文化产业高质量发展规划（2021—2025)》，打造十大增长极①，抢抓“数字创意产业集群”等重大项目或数字产业园区集聚区建设新机遇，在适度交叉、优势互动基础上，有效引导各区重点支持一批最具代表性的数字创意产业发展，“推进产业要素和资源要素向重点区域、重点组团布局，形成协同并进新优势”②。

二是要持续做好精准施策，促进产业转型升级。在经济提质换挡和高质量发展背景下，针对新时期深圳文化产业实践中出现的新业态、新情况和新问题，尽快修订完善现有的文化产业分项资金政策；出台并实施文化扶持数字创意产业的专项发展规划及配套扶持政策，通过制定系列优惠政策等实际举措，有效吸引资本对新兴产业的导入，缓解数字文化产业发展中的资金瓶颈，做优做强深圳现有优势数字创意产业。与此同时，要进一步加强对传统文化产业数字化的政策扶持力度，通过适当的政策“倾斜”和资金扶持，推动传统文化产业现有产业链向高端环节转换，助力传统文化产业数字化、智能化转型升级。③

二　以科技创新为着力点，推动文化产业的转型升级

文化需要科技助力，科技需要文化引领，科技赋能文化产业创新发展已成大势所趋。习近平总书记在湖南长沙考察调研时指出，“文化和科技融合，既催生了新的文化业态、延伸了文化产业链，又集聚了大量创新人才，是朝阳产业，大有前途”④。文化资源的生产、创造、传播和保存都与科技息息相关，同时，在文化这个极为宽广、丰厚的领域，科技的力量也是大有可为。2021 年 6 月，文化

① 十大增长极：国家文化和科技融合示范基地、时尚创意产业圈、数字创意走廊、文化装备研发中心、大湾区影视产业基地、国际艺术品交易中心、湾区演艺之都、国际知名黄金珠宝产业中心、全球游戏电竞之都以及高端工艺美术集聚区。

② 《跑出深圳文化产业高质量发展“加速度”》，《深圳特区报》2021 年 12 月 14 日。

③ 彭思思、王敏：《深圳文化产业创新发展路径研究》，《特区实践与理论》2021 年第 1 期。

④ 《在湖南考察，习近平强调新征程上要做好这几件事》，《人民日报》2021 年 9 月 18 日。

和旅游部发布《“十四五”文化产业发展规划》指出，“顺应数字产业化和产业数字化发展趋势，深度应用5G、大数据、云计算、人工智能、超高清、物联网、虚拟现实、增强现实等技术，推动数字文化产业高质量发展，培育壮大线上演播、数字创意、数字艺术、数字娱乐、沉浸式体验等新型文化业态”[①]。这为当前乃至今后一个时期的新型文化业态发展指明了方向。

一是构建技术创新体系，加强共性关键技术研究。实践证明，领军企业对世界科技前沿技术研发有着不可替代的重要作用，鼓励和支持华为、腾讯等领军企业在重大技术研发与“卡脖子”关键核心技术实现新突破，通过加速推进国家级实验室、文化企业孵化器、国际创意产业中心等载体或平台建设等有效举措，推动文化科技深度融合。

二是强化科技赋能，推动文化产业转型升级。充分把握数字经济发展趋势和规律，发挥数字技术在传统文化产业内容创作、产品研发、模式创新的深度渗透和核心支撑作用；加快推进高新技术最新成果转化到传统文化产业领域，增强高端印刷、文化装备制造、传统工艺品等传统文化产业科技含量，[②] 通过“上云、用数、赋智”，提升文化产品和服务的附加值，增强传统优势文化产业核心竞争力，持续优化产业结构。

三是强化原创，加强文化版权打造和转化。一个城市拥有的原创文化产业IP数量、IP产出能力，直接决定了这个城市文化产业原创能力水准与产出量度。优秀文化产业IP状况则更决定了城市文化产业发展质量与实力状态。通过新的技术手段和业态，将丰厚的中国优秀传统文化资源转化为文化产品、文化资本，打造中国自己的文化IP，更好地弘扬中国文化。在建设“国家文化与科技融合示范基地”基础上，构建深圳中国最佳“原创文化产业IP育成基地”，

---

① 《文化和旅游部关于印发〈“十四五”文化产业发展规划〉的通知》，中华人民共和国文化和旅游部，2021年5月6日，https：//zwgk. mct. gov. cn/zfxxgkml/cyfz/202106/t20210607_925033. html。

② 彭思思、王敏：《深圳文化产业创新发展路径研究》，《特区实践与理论》2021年第1期。

建设“中国原创文化 IP 网络运行平台”、数字文化产业 IP 孵化平台、培育文化产业 IP 大师，以“深圳原创”打造文化产业高质量发展的新高地。

三　以文化龙头企业为牵引，加大市场主体培育和服务力度

龙头企业能有效带动产业链运转，引领相关行业发展，是经济稳定运行的“定海神针”，更是推动产业集聚发展的“核心引擎”，因此要充分发挥其辐射示范带动效应。“专精特新”[①] 小微企业是所有小微企业当中的中坚力量，专注于产业链上某个环节，是强链补链的主力军，更是对推动文化产业数字化转型、推进数字创意产业发展的重要引擎。在市场主体的培育力度上，要坚持“两手都要抓，两手都要硬”，为文化产业发展提供有利的载体支撑，助推文化和旅游产业升级。

一是着力聚焦文化龙头企业创新、开放、转型发展，充分发挥腾讯、华强方特、环球数码等一批在国际市场颇具竞争力的龙头企业对行业的带动引领辐射作用，加强研发机构和研发团队建设，提升企业创新能力，推动更多文化产业产品进入国内大循环的中高端、成为关键环，不断增强核心竞争力；有效吸引数字创意产业上下游企业，做强做优产业链“四链”（产业链、创新链、人才链、教育链）建设，发挥龙头企业的带动、集聚作用；培育一批骨干文创企业和活跃在文化产业前沿的引导型企业，在培育壮大实力雄厚、竞争力强的“文化航母”上下大工夫，不断提升产业融合规模化水平和“走出去”的能力；帮助中小微文化企业开展数字化转型，利用产业链龙头企业的优势，通过订单协同、产能共享、供应链互通等合作模式，解决中小微文化企业订单少、成本高、融资难等问题。

二是高度重视“专精特新”小微企业对培育数字经济新动能、实现文化产业高质量发展的重要意义。“专精特新”小微企业长期深耕于某一细分产业领域，聚焦主业，强化技术创新。扶持文化小微企业深耕某一领域，做专做强，为进一步跨界融合奠定基础。

---

① “专精特新”是指中小企业具备专业化、精细化、特色化、新颖化的特征。

《深圳市第七届人民代表大会第一次会议关于深圳市国民经济和社会发展第十四个五年规划和二〇三五年远景目标纲要的决议》明确提出，“实施文化产业数字化战略……扶持优秀动漫作品创作生产，鼓励研发具有自主知识产权的网络游戏，促进电竞业健康发展，打造全球动漫游戏原创中心”。[①] 对于中小微文化企业来说，尤其要顺应数字产业化和产业数字化发展趋势，推动新兴信息技术在文创产品生产、传播、消费等各环节的应用，尤其是要加大对墨麟游戏、韶音科技等一批专注于细分市场、拥有核心竞争力企业的扶持力度，引导中小微企业围绕数字创意产业细分领域强化“专精特新”方向，形成产业梯次发展格局。利用数字技术，促进文化产业不同门类、环节之间的交融，构建产业创新链，实现大中小企业创新协同、互利共赢的新局面。要积极发挥企业在业态创新、技术创新、内容创新、管理创新、模式创新、标准创新上的主体作用，不断培育壮大市场主体。

四　以产业园区增量创新为抓手，加快推进文化产业集聚化建设

伴随产业发展和技术升级，文化产业边界越来越模糊，融合业态的逐渐增量，产业新生态也展现出新的生机，园区建设与运行创新势在必行。产业集群化可以推动文化产业的发展，文化创意的商业化、系统化离不开产业集群系统作用。引导产业集群化发展有利于文化企业间的资源共享，形成产品内容互补、产品档次齐全、上下游产业衔接紧密的良性发展格局。目前，深圳经认定公布的市级以上（含市级）文化产业园区达 71 家（含国家级文化产业示范园区 1 家，省级文化产业示范园区 7 家，省文化和旅游融合示范区 2 家）。这些文化产业园区遍布全市各区，优质资源汇聚能力强，但也存在部分产业园区管理运营落后，产业业态单一，园区内集聚企业关联度低、生态产业链效果不明显等问题。因此，要以“坚持市场化导向、树牢产业链思维；坚持政府扶持，支持和引导资本规范

---

① 《深圳市第七届人民代表大会第一次会议关于深圳市国民经济和社会发展第十四个五年规划和二〇三五年远景目标纲要的决议》，《深圳市人民政府公报》2021 年第 22 期，第 1—75 页。

健康发展；坚持产业开放发展，拓展合作新路径”为指导，因地制宜地制定推动文化产业集聚发展的对策举措，形成文化产业集聚的错位竞争、协同发展、联动发展。

一是建设一批高起点文化产业园区和重大文化产业项目。加快国家文化和科技融合示范基地建设，推进文化原创研发和文化科技系统集成；优化影视产业扶持机制，吸引一批影视行业龙头企业落户深圳，打造影视产业园；提高园区软硬件建设和服务标准，打造全球知名文化创意区域。积极开展市级文化产业园区认定，支持各区创建各具特色的文化产业示范园区。

二是加强数字创意产业载体的增量创新。加快推进龙岗数字创意产业走廊、前海深港设计创意产业园、国家级数字基地等一批重大园区示范项目建设，有效拓展数字创意产业空间载体，打造数字创意产业新高地。鼓励各区在“十四五”时期，根据自身文化资源禀赋、综合区位优势及整体需求，规划、置换出一批新的文化产业发展新空间，加强数字创意产业重点领域园区布局，建设数字视听类、影视动漫类、电子竞技类等现代新型文化产业园区。促进数字创意产业结构优化，形成完善的数字创意产业内部价值链。

三是加速传统文化产业园区向智慧化园区转型。强化园区品牌化、连锁化发展。加大对园区管理运营方的激励奖励，引导园区投资运营方创新现有运营管理模式，搭建公共服务信息技术平台，推动园区逐渐从要素驱动向创新驱动转变，推动实现差异化、特色化、内循环式发展，使园区实现从“聚合”到“聚变”，增强园区的聚集效应和孵化功能。

五　以文化金融创新为推手，促进文化产业快速发展

文化金融是指文化生产领域金融服务与资本市场的产业形态和运行体系。[①] 可见，文化金融本质上是文化产业金融，是文化产业对金融资本的市场化配置。不同于一般性金融资本的逐利，文化金融要受制于文化原初视野的制约，即受到国家文化治理能力的监

① 西沐：《文化金融：文化产业新的发展架构与视野》，《北京联合大学学报》（人文社会科学版）2014 年第 1 期。

管。说到底，因为内容产业是文化产业的核心，“只有促进内容产业发展、有助于文化产业的文化价值增长而实施的文化金融行为才有产业意义”①。当前，数字创意企业普遍存在融资能力弱、抵押物不够、难以满足贷款条件等融资难题，产业建设格局亟待优化。

一是拓宽融资渠道，构建多元化投融资体系。完善金融机构对以知识产权为主的无形资产的风险补偿和政策激励，有效发挥文化银行在金融产品创新方面的积极作用。加大探索金融资本、社会资本与文化资源相结合的融资模式，推进知识产权证券化先行示范，解决文化企业融资难、融资贵的问题。加快国家级文化产业平台建设，争创全国文化金融合作试验区。尝试探索以园区为抓手的金融支持模式建设，建立以文化产业园区为载体的文化金融创新试点，支持运营方为企业提供综合化金融服务。

二是完善投融资平台，推进文化信用数据库建设。发挥深圳市文化产权交易所、粤港澳版权登记大厅等文化平台，提升文化平台为文化产品提供确权、评估和融资等服务水平。推出文化大数据服务平台，为文化企业提供文化数字化、版权质押、流转等服务。建设文化信用数据库，有效降低信息不对称带来的信贷风险。在文化数据采集、加工、交易、分发、呈现等领域培育一批新型文化企业。加强文化金融宣传，发挥行业协会等社会组织力量，增强企业的文化金融知识认知。

与纽约、东京、旧金山等世界著名湾区相比较，粤港澳大湾区文化元素更加多元、文化意象更加丰富、文化创新前景广阔。作为粤港澳大湾区的核心引擎城市，深圳应当立足本身优势，“以文化产业的高质量发展为切入点，共建人文湾区，推动粤港澳大湾区文化创新协同发展，汇聚全国乃至全球人才资源、艺术资源、创意资源、文化资本资金，创新观念，扩大文化开放的力度，引领湾区，走向国际，打造新型文化业态发达区、对外文化贸易先导区、文化金融融合试验区、国际文化交流示范区”②。

① 《以文化金融创新促进文化产业高质量发展》，《中国文化报》2021年12月1日。

② 赵鑫、周国和：《深圳：以创新思维推动城市文明典范建设》，《深圳特区报》2022年7月25日。

第五章　守好“南大门”：确保文化安全与发展

“文运同国运相牵，文脉同国脉相连。”①纵观古今中外，文化建设领域始终是没有硝烟的“战场”，涉及民心向背、身份认同、执政合法性等问题。当今世界，随着百年未有之大变局加速演进，文化安全日益成为全球各国高度重视、普遍关注的重要议题。特别是进入21世纪以来，世界多极化、经济全球化深入发展，文化多样性、社会信息化持续推进，各种思想文化交流交融交锋更加频繁，给各国文化建设和文化产业带来发展机遇的同时，也带来了文化霸权、文化渗透、文化掠夺等诸多问题。新形势下，如何确保文化安全与发展、维护“文化主权”，是全党全国上下必须回答好的一项重大理论和实践问题。党的十八大以来，中国特色社会主义进入新时代，习近平总书记站在战略和全局的高度就维护国家文化安全发表了一系列重要讲话，深刻阐释了加强文化安全工作的重大意义、目标任务、重大举措及工作要求，目光远大、立意宏阔，思想深刻、内涵丰富，具有很强的政治性、理论性、创新性和指导性，为我们确保文化安全与发展提供了根本遵循和行动指南。

深圳毗邻港澳，地处改革开放和意识形态斗争最前沿，在确保国家文化安全上肩负着重大使命，也面临着更大的压力和挑战。近十年来，深圳深入学习贯彻习近平总书记关于加强文化安全的重要讲话和重要批示指示精神，强化理论武装，勇担职责使命，敢于斗争、善于作为，战胜了诸多复杂敏感的重大风险挑战，并以改革创新精神在推动文化安全与发展上探索实践、先行示范，取得了一系

① 人民日报评论部：《习近平讲故事》，人民出版社2017年版，第92页。

列理论成果、制度成果和实践成果，在守好国家文化安全“南大门”上彰显了深圳担当、贡献了深圳力量。

第一节　全球化背景下深圳文化安全面临的挑战与理论创新

国家文化安全是一个系统性、宏观性、非独立存在的动态体系概念，是一个随着社会进步而不断发展和丰富的动态过程。在国际社会，文化安全是指一国的民族精神、理想信念、主流价值体系等观念形态的“文化特征”“文化主权”相对处于没有危险和不受内外威胁的状态，以及保障持续安全状态的能力。[①] 进入新时代，国家文化安全受到多元化因素的影响，其环境与局势更加复杂，迫切需要树立和发展适应新常态而区别于传统安全观的新型文化安全理念。党的十八大后，以习近平同志为核心的党中央将文化安全纳入国家安全的总体体系中来谋划和部署，提出了一系列新理念新思想新战略。2014 年 4 月，习近平总书记在中央国家安全委员会第一次全体会议上首次提出了“总体国家安全观”理论，并指出要“构建集政治安全、国土安全、军事安全、经济安全、文化安全、社会安全、科技安全、信息安全、生态安全、资源安全、核安全等于一体的国家安全体系”。[②] 2015 年，第十二届全国人民代表大会常务委员会第十五次会议通过《中华人民共和国国家安全法》，以法律的形式明确将“坚持总体国家安全观”在《国家安全法》中确定下来，作为指导国家安全法治建设的法律依据。“文化安全”被写入《国家安全法》，成为《国家安全法》的重要内容。2017 年，党的十九大报告明确将“坚持总体国家安全观”纳入新时代坚持和发展中国特色社会主义的基本方略。2018 年 4 月 17 日，在十九届中央国家安全委员会召开的第一次会议上，习近平总书记进一步立足世

① 中央国家安全委员会办公室：《国家文化安全知识百问》，人民出版社 2022 年版，第 3 页。

② 《习近平谈治国理政》第 1 卷，外文出版社 2018 年版，第 201 页。

界百年未有之大变局和中华民族伟大复兴的战略全局，系统阐述了总体国家安全观的丰富内涵，强调："前进的道路不可能一帆风顺，越是前景光明，越是要增强忧患意识，做到居安思危，全面认识和有力应对一些重大风险挑战。要聚焦重点，抓纲带目，着力防范各类风险挑战内外联动、累积叠加，不断提高国家安全能力。"① 这些重要思想标志着习近平总书记关于国家文化安全的论述与马克思主义哲学的理论自信和实践自觉达到了新的历史高度，是马克思主义文化安全理论中国化的最新理论成果②，体现了历史逻辑、理论逻辑和实践逻辑的有机统一，为深圳做好新时代文化安全工作提供了根本遵循和行动指南。

一　新时代文化安全观形成的时代背景

任何一个科学理论都不是凭空产生的，一定有其特定的时代背景与现实挑战。伴随全球化、多极化、信息化的深入发展，不同文明之间交流的时空障碍被打破，世界文明交流的规模正以前所未有的速度向前推进，西方国家凭借强大的资本优势和技术优势加紧了文化扩张使得包括中国在内的广大发展中国家面临着严重的文化安全挑战。特别是当前中国正处在大发展大变革大调整时期，国际国内形势的深刻变化使中国意识形态领域面临着空前复杂的情况和挑战，进一步凸显了思想文化力量在综合国力竞争中的战略地位，文化安全成为国家安全的重要领域。

（一）国家文化安全意识淡薄

恩格斯就曾指出："随着每一次社会制度的巨大历史变革，人们的观点和观念也会发生变革。"③ 伴随全球化进程，中国开始了市场经济体制改革的新征程，在不断拓展改革的深度和广度成为全球第二大经济体的同时，也为多元价值观念、不同社会思潮的传播与

---

① 《习近平：全面贯彻落实总体国家安全观　开创新时代国家安全工作新局面》，《人民日报》2018 年 4 月 18 日。

② 李凤亮、杨辉：《习近平总书记关于国家文化安全论述的哲学底蕴探析》，《学术研究》2021 年第 1 期。

③ 《马克思恩格斯全集》（第 7 卷），人民出版社 1959 年版，第 240 页。

交流提供了更广阔的平台。但是，由于不同文化、思潮、价值观鱼龙混杂、泥沙俱下，加之一些国家、集团别有用心进行隐性渗透，使得中国部分民众、学者甚至有些党员干部逐渐失去警惕性，文化安全意识比较淡薄。进入新时代，中国全面深化改革进入了攻坚期和深水区，社会转型步伐加快，利益主体、投资主体更加多元化，一些阶级阶层的固有利益被消解，价值观冲突将会在不同领域更为激烈地爆发出来。一方面，部分民众在多元价值观的冲击下，逐渐失去判断力，文化安全意识逐渐淡薄；另一方面，仍有部分专家、学者忽视巩固意识形态的主阵地，过分强调思想的多元化，没有看到其对中国文化安全带来的威胁和挑战。从深圳情况看，这是一座典型的以经济建设为中心的经济特区，市场经济繁荣活跃，资本市场发达，市民群众和社会各界对如何发展经济、获取经济收益的关注度高，而维护文化安全的观念和意识相对比较薄弱。

（二）主流意识形态传播失范

文化安全的核心是意识形态安全，西化、分化、丑化是西方资本主义向中国意识形态阵地侵袭渗透的惯用伎俩。邓小平同志曾一针见血地指出，自“冷战”结束以后，“西方国家正在打一场没有硝烟的第三次世界大战。所谓没有硝烟，就是要社会主义国家和平演变”。[①] 改革开放以来，尤其是冷战结束后，中国成为世界上最大、持续发展最快的社会主义国家。以美国为首的一些资本主义国家罔顾事实，把中国的和平发展视为对其价值观、制度模式的挑战，并凭借在全球文化中的主导地位和话语权，采取明暗结合的方式和手段，处心积虑妄图消解中国的主流意识形态。特别是随着西方新自由主义、历史虚无主义等相继涌入、相互激荡，意识形态更加多元多变。有一些人分不清主流意识形态和非主流意识形态的界限，进而质疑主流意识形态的主体地位，引发理想信念动摇，价值判断混乱。有些国内外自由化骨干分子，他们无视改革开放以来中国经济社会发展取得的巨大成就，抓住中国当前存在的贫富差距等问题，攻其一点不及其余，借机全面否定中国共产党的领导，导致

---

① 《邓小平文选》第 3 卷，人民出版社 1993 年版，第 344 页。

主流意识形态传播失范，严重威胁国家文化安全。从深圳情况看，这座城市毗邻港澳，地处改革开放和意识形态斗争“两个前沿”，在应对西方各种不良思潮方面首当其冲，特别是深圳作为超大型城市、移民城市、年轻城市，社会结构十分复杂，人口平均年龄32岁左右，思想活跃、观点多元，容易受西方不良社会思潮的影响和渗透，给主流意识形态的传播和教育工作带来了更大的考验和挑战。

（三）文化产业创新供给不足

当今世界，经济全球化在加大全球文化交流的同时也大大推进了文化产业国际化进程，形成了强势国家文化和弱势国家文化的冲突场域，使发展中国家尤其是社会主义中国的意识形态安全受到严重威胁。作为拥有悠久灿烂文化的文明古国，中国是文化资源大国，但不是文化产业强国。以美国为首的西方资本主义国家凭借其文化产业的实力，使其文化产品充斥整个中国市场，尤其是通过好莱坞电影大片、网络文化等手段美化其生活方式，侵蚀中国的意识形态与价值观念，推动其世界文化霸权。① 与此同时，由于各种历史和经济原因，中国文化生产力发展明显滞后，文化产能不足，核心原创能力缺乏，产业链整合能力较低，参与国际竞争的能力较弱，不仅无法满足国内市场日益增长的文化需求，更难以在海外市场“开疆拓土”。具体表现在体现中华文化精神、反映中国人审美追求的精品力作还比较少，还不能满足广大人民群众多样化、多层次、多方面的精神文化需求。少数企业不顾中国文化安全，一味迎合市场、制造文化垃圾，致使大量剧情雷同的IP剧，宫斗、玄幻、抗日神剧等题材电视剧长期霸屏，非常不利于我们讲好中国故事、传播中国文化。从深圳情况看，这是一座年轻的移民城市，是中国特色社会主义在一张白纸上的精彩演绎，用40年时间走过了国外一些国际化大都市上百年走完的历程，在创造经济发展奇迹的同时，也面临传统文化的历史积淀相对较少、文化资源要素不够丰厚等挑战，在文化产业创新和讲好中国文化故事等方面存在短板和弱项。

---

① 有资料显示，日本几乎垄断了全球唱片业和动漫卡通业，美国则占据了世界电影市场80%的份额，控制了世界75%的电视节目和60%以上的广播电视节目的生产和制作。

（四）互联网已成为意识形态斗争的主战场

当今世界，信息技术革命日新月异，网络和数字技术裂变式发展，带来媒体格局深刻变革。互联网使人们获取信息的方式和舆论生成的方式发生了重大变化，同传统媒介相比，网络具有时空开放性。与中国已成为世界网络第一大国①相对应的是全球互联网信息85%以上来自美国，这必然对中国文化安全构成严重挑战。正如习近平总书记所言：“过不了互联网这一关，就过不了长期执政这一关。”②“在互联网这个战场上，我们能否顶得住、打得赢，直接关系我国意识形态安全和政权安全。”③ 近些年来，美国为了实现其称霸全球的目标，利用发达的科技手段、先进的网络技术、多元的媒体工具传播西方价值观念，继续占据全球话语权的主导权。从阿桑奇创建“维基解密网站”和斯诺登揭露出来的“棱镜门事件”的情况看，其对互联网的控制和危害远远超出世人想象。与此同时，中国社会发展中的许多新情况，新问题也往往因网而生，因网而增，许多错误思潮也都以网络为温床生成发酵。由此可见，互联网日益成为意识形态斗争的主阵地、主战场、最前沿。从深圳情况看，这是一座被称为中国“最互联网”的城市，网民数量达1200多万人，网络社情民意关注度高、燃点低，加之互联网技术发达，网络新技术新应用快速迭代，网络意识形态安全不可控因素、不可知变量更多，网络安全威胁和风险形势日趋复杂，管网治网的压力大，网络意识形态斗争面临着更大的挑战。

问题是理论创新的起点，也是推动理论创新的动力源。总的来看，以上四个方面的突出问题，是新时代国家文化安全面临的主要挑战，在深圳这座改革开放的前沿城市也有一定程度的体现和反映。这既是习近平总书记文化安全观形成的时代背景和社会环境，也充分说明破解文化安全的问题挑战和实践难题亟待理论上的守正

① 目前，中国网民、手机、微博、微信用户数量均属世界第一。

② 中共中央党史和文献研究院编：《习近平关于网络强国论述摘编》，中央文献出版社2021年版，第43页。

③ 中共中央党史和文献研究院编：《习近平关于社会主义文化建设论述摘编》，中央文献出版社2017年版，第29页。

创新和科学指引。

二　新时代关于国家文化安全论述的四重维度

拥有马克思主义科学理论指导是我们确保新时代文化安全的强大政治优势。面对西方意识形态渗透及多元化社会思潮的冲击给中国的文化安全工作带来的严峻挑战，习近平总书记以伟大的历史主动精神和政治勇气，深刻阐释了新时代国家文化安全的重大理论和实践问题，深刻阐明了未来一个时期党和国家文化安全发展的大政方针和行动纲领，具有很强的政治性、理论性、指导性。特别是习近平总书记在继承中国古代先贤治理国家的哲学智慧和中华优秀传统文化精髓的基础上，积极吸纳了中国共产党历届中央领导集体治理国家安全的有益做法和宝贵经验，站在中华文化和世界文明的制高点，统筹兼顾发展和安全、国内和国际两个大局，就如何维护国家文化安全等提出了一系列战略性、前瞻性、创造性观点，擘画了新时代维护国家文化安全的战略蓝图与整体布局，拓展了党关于国家文化安全问题的理论视野和实践领域。我们要从更宽的视野、更多的维度来系统把握好习近平总书记关于文化安全的重要讲话中蕴含的世界观和方法论，坚持好、运用好贯穿其中的立场观点方法，在新时代伟大实践中不断开辟文化安全发展的新境界。具体而言，要求我们从以下“四个维度”来认识和把握。

（一）习近平总书记关于国家文化安全重要论述的时代之维

时代是思想之母。早在人类文明的轴心时代，东西方的圣人孔子和柏拉图就提出了各自文明背景下的“国家文化安全理论”。孔子的以“仁”治天下和柏拉图的“理想国”构想，都蕴涵着丰富的国家文化安全思想。国家文化安全命题具有极强的时代性。伴随全球化、信息化的迅猛发展，不同民族间的文化交流日益频繁，在此期间必然潜藏着由文化差异而引起的文化矛盾甚至文化冲突。众所周知，21 世纪以来，随着全球化和信息化的拓展深化，国家安全的构成要素和威胁因素都在发生变化，政治、军事等传统安全要素的地位开始下降，文化安全作为非传统安全要素表现出更为重要的地位和作用。一方面，文化安全为其他安全要素提供稳定的发展环境；另一方面，文化具有隐蔽性、强渗透性、长期性、融合性等特征。习近平总书记关于国家文化安全的系列重要讲话正是在准确研判了国内外文化安全形势的突出变化上、深刻分析了文化在国家间力量对比中的重要地位上、认真总结社会主义文化建设经验并着眼于国家文化发展实际需要的基础上提出的，是马克思主义中国化时代化最新成果的重要组成部分，对于新时代深圳建设彰显国家文化软实力的现代文明之城、维护国家文化安全“南大门”具有很强的指导意义。

（二）习近平总书记关于国家文化安全重要论述的国际之维

大航海时代以后世界历史的发展方向主要是在西方资本主义国家主导下进行的，殖民地的扩张加速了西方资本主义文化的传播，这种强势文化不断销蚀着其他文化的民族自主性，也消弭着各国文化生态的多样性。随着英语成为世界性语言，英语元素的节日文化在世界范围内广为流行，许多地方性文化消失或成为被观赏的“文化标本”。如果说早期西方文化霸权具有某种“自发性”的话，那么，“后冷战”时代西方的文化输出却越来越表现出主动性的特征。从亨廷顿的“文明冲突论”，到西方推动的各种“颜色革命”，我们可以管窥到西方文化霸权的顶层设计和霸权逻辑。[①] 对于一个国家和民族而言，缺乏安全屏障的文化开放，非常容易丧失文化发展自主性。世界文明交流史证明，文化越开放，越要提高文化安全意识。习近平总书记很早就对西方文化霸权的危害进行过深刻的阐述，明确指出：“由于西方长期掌握着‘文化霸权’、进行宣传鼓动，当代中国价值观念存在太多被扭曲的解释、被屏蔽的真相、被颠倒的事实。”[②] 进入新时代，面对经济全球化遭遇逆流，保护主义、单边主义上升等动荡变革的国际局势，习近平总书记准确把握中国在国际社会中所处的地位和在全球化及全球治理中所扮演的角色变化，进一步提出了要“着力推进国际传播能力建设，创新对外宣传方式，加强话语体系建设，着力打造融通中外的新概念新范畴

---

① 邢云文：《在文化开放中维护国家文化安全》，《光明日报》2019 年 4 月 12 日。

② 中共中央党史和文献研究院编：《习近平关于社会主义文化建设论述摘编》，中央文献出版社 2017 年版，第 199 页。

新表达，讲好中国故事，传播好中国声音，增强在国际上的话语权"[①] 的重要论述。这就为我们适应国际政治经济格局和全球传播秩序深刻变革提供了提纲挈领的方法论指导。从深圳情况看，这是一座现代化国际化的大都市，是国家改革开放的重要窗口，国际交往密切频繁，更加需要将文化安全工作放在全球化的大视野、大坐标中来谋划定位和推进实施，为向世界讲好中华文化故事、增强文化自信贡献智慧力量。

（三）习近平总书记关于国家文化安全重要论述的理论之维

回溯历史，有关文化安全的理论研究早在15世纪时已有西方学者开始涉略。冷战结束以后，为了适应新的国际格局的变化，西方学者更进一步从非传统安全的视角探索国家文化安全问题。这一时期，最具代表性的文化理论是弗朗西斯·福山提出的"历史终结论"、约瑟夫·奈提出的"文化软实力"论和萨缪尔·亨廷顿提出的"文明的冲突"等理论，他们从不同的视角出发探究了全球化、信息化背景下文化的本质和作用，并在一定程度上宣扬了资本主义的优越性。相比西方，文化安全作为非传统安全领域在中国获得重视的时间较晚，相对而言理论研究落后于西方国家。一直到20世纪90年代，中国学者才逐步开始对国家文化安全的产生背景、主要概念、威胁因素、解决途径等方面进行探讨，而且多数学者还存在着研究内容过于表层化、分散化等问题。进入新时代，习近平总书记在深刻洞察国际文化格局剧烈变迁的基础上，高屋建瓴提出了国家文化安全观，既丰富了中国化马克思主义的理论成果，又拓展了国家文化安全的理论领域。习近平总书记关于国家文化安全观的系列重要讲话，涉及了文化建设、文化发展、非物质文化保护等与文化安全领域相关的理论观点。具体而言，关于"一带一路"倡议、"构建人类命运共同体""文明互鉴""网络安全观"等一系列重要论述，都极大地丰富和发展了国家文化安全研究，使中国国家文化安全研究从此进入了一个全新的新时代中国特色国家文化安全研究阶段，其中不少论述对于中国国家文化安全研究具有重要的学术引

① 《习近平：深化文化体制改革，加强社会主义核心价值体系建设》，《人民日报》2014年8月8日。

领性，也对深圳建设文明典范城市具有重大的实践指导价值。

（四）习近平总书记关于国家文化安全重要论述的实践之维

实践是理论之源。进入新时代，习近平总书记从中国特色社会主义的伟大实践出发全面论述了国家文化安全的新思想，概括起来主要有四个方面：第一，意识形态安全是核心要义。意识形态是文化的核心，决定文化前进方向和发展道路。意识形态安全关乎道路安全，关乎政治安全，关乎政权安全，关乎制度安全。马克思曾说：“如果从观念上来考察，那么一定的意识形态的解体足以使整个时代覆灭。”[①] 实践表明，作为一个拥有 14 亿多人口、幅员辽阔的社会主义大国，形势越是复杂，社会思潮越是多元，越是需要保障意识形态安全。正如习近平总书记曾一针见血的指出：“在集中精力进行经济建设的同时，一刻也不能放松和削弱意识形态工作，必须把意识形态工作的领导权、管理权、话语权牢牢掌握在手中，任何时候都不能旁落，否则就要犯无可挽回的历史性错误。”[②] 第二，重心所在是社会主义核心价值观。众所周知，核心价值观念在社会文化中起中轴作用，社会主义价值观是人民价值认同的“最大公约数”。2014 年 2 月 24 日，习近平总书记在主持十八届中央政治局第十三次集体学习时指出：“核心价值观是文化软实力的灵魂、文化软实力建设的重点。这是决定文化性质和方向的最深层次要素。一个国家的文化软实力，从根本上说，取决于其核心价值观的生命力、凝聚力、感召力。”[③] 因此，建设社会主义文化强国，重心所在就是培育和践行社会主义核心价值观，这是确保我国文化安全和国家安全的价值根基。第三，力量源泉是优秀传统文化传承。中华优秀传统文化是中华民族最深厚的文化力量，有利于提升文化自信、增强文化认同、推动国家文化发展、增强文化影响力。习近平总书记指出：“世世代代的中华儿女培育和发展了独具特色、博大精深的中华文化，为中华民族克服困难、生生不息提供了强大精神

① 《马克思恩格斯全集》（第 46 卷），人民出版社 1979 年版，第 35 页。

② 习近平：《论党的宣传思想工作》，中共文献出版社 2020 年版，第 21 页。

③ 习近平：《关于社会主义文化建设论述摘编》，中央文献出版社 2017 年版，第 124 页。

支撑。”[①] 目前，在新的历史起点上推进社会主义文化强国建设，必须从实践层面推动中华优秀传统文化创造性转化、创新性发展，不断增强中华优秀传统文化的生命力和影响力，铸就中华文化新辉煌。第四，关键领域是网络文化安全。网络安全已经成为中国面临的最复杂、最现实、最严峻的非传统安全问题之一。截至 2022 年 6 月，我国网民规模已达 10.51 亿人。互联网成为中国事业发展的最大增量，也是我们面临的最大变量。正如习近平总书记所指出：“没有网络安全就没有国家安全，就没有经济社会稳定运行，广大人民群众利益也难以得到保障。”[②] 因此，立足总体国家安全观，加速实现网络文化安全已经成为维护中国文化安全的关键所在。

三　深圳经济特区确保文化安全的内在逻辑与“守正创新”

文者，贯道之器也。文化自信是一个国家、一个民族发展中最基本、最深沉、最持久的力量。[③] 文化创新也是当今世界城市竞争中最具发展潜力和深远影响的要素之一。21 世纪以来，在全球化不断演进的格局中，全球信息流动、文化传播的方式以前所未有的速度和力度发生变化，意识形态领域斗争更趋复杂和尖锐。在各种思想文化相互激荡、不同文明交流交融交锋更加频繁的今天，如何有效维护中国文化安全、牢牢掌握意识形态领域主导权，是我们必须面对和解决的重大时代课题。习近平总书记指出：“我们必须既积极主动阐释好中国道路、中国特色，又有效维护我国政治安全和文化安全。”[④] 深圳坚持以先行示范区的使命担当，大力弘扬“闯”的精神、“创”的劲头、“干”的作风，在理论和实践上守正创新、深入探索，努力打造国家文化安全与发展的高地和样板。

① 《习近平在文艺工作座谈会上的讲话》，《人民日报》2015 年 10 月 15 日。

② 《习近平：敏锐抓住信息化发展历史机遇　自主创新推进网络强国建设》，《人民日报》2018 年 4 月 22 日。

③ 《习近平在中国共产党第十九次全国代表大会上的报告》，《人民日报》2017 年 10 月 28 日。

④ 《习近平：举旗帜聚民心育新人兴文化展形象　更好完成新形势下宣传思想工作使命任务》，《人民日报》2018 年 8 月 23 日。

（一）守意识形态之正，创思想领引之新

“万里长征不计程，指津自有北辰星。”随着经济社会深刻变革，意识形态领域局部多元多变的趋势日益明显，人们的思想更加活跃，各种思潮交织，各种力量竞相发声，在互联网传播的催化下，意识形态领域的许多新情况新问题往往因网而生、因网而增，给主流意识形态建设带来了极大冲击和挑战。这十年来，中共深圳市委和深圳市政府旗帜鲜明坚持党管宣传、党管意识形态，严格落实意识形态工作责任制，抓好各类阵地建设管理，建立健全意识形态工作机制，敢于举旗亮剑、勇于激浊扬清、坚决守好意识形态安全的“南大门”。同时，坚持以习近平新时代中国特色社会主义思想为指导，加强刚性理论供给，构建“全球视野、民族立场、时代精神、深圳表达”的哲学社会科学，巩固壮大主流思想舆论，不断增强意识形态领域主导权和话语权，牢牢占据舆论引导、思想引领、文化传承、服务人民的传播制高点。特别是，深圳作为经济特区和中国特色社会主义先行示范区，坚持用习近平总书记关于文化安全的系列重要讲话武装头脑、指导实践、推动工作，并结合实际深入开展理论阐释，充分发挥广东省习近平新时代中国特色社会主义思想研究中心深圳调研基地、宣传基地作用，创刊《深圳社会科学》，制定实施《深圳市哲学社会科学“十四五”发展规划》，实施哲学社会科学年度专项课题，着力加强对意识形态和文化安全等重点领域的理论研究，不断提高思想的引领力和学术的影响力，牢牢掌握意识形态工作领导权、管理权和话语权。

（二）守舆论导向之正，创媒体融合之新

“先立乎其大者，则其小者弗能夺也。”随着5G技术的应用和互联网技术的发展，舆论生态、媒体格局、传播方式开始发生深刻变化，推动传统媒体与新兴媒体逐步迈向了融合发展的新阶段，尽管融媒体的快速发展为国家文化传播和安全建设带来了一定的机遇，但是融媒体的虚拟性和开放性等特征也增加了国家在主流意识形态和主流文化引导上的控制难度，导致中国面临新的文化安全威胁和挑战。这十年来，深圳市坚持正确政治方向、舆论导向、价值取向，立足深圳这座改革之城，最大限度凝聚改革正能量，发展最

强音，久久为功。同时，广大新闻工作者又坚持先行先试，把握移动化、社交化、可视化、智能化的传播优势，以互联网思维推出了一系列有传播力、影响力的主流文化产品矩阵，以自我改革、资源共享为突破口构建全媒体传播格局，顺应信息时代新媒体技术发展态势，优化生产要素、更新业务体系、重构商业模式，探索出一条传统媒体与新兴媒体共融互通、此长彼长的深度融合之路，从而有效维护国家文化产业安全。特别是，持续深化国有传媒集团改革，高标准建设各级融媒体中心，全面推进各类媒体深度融合，深入实施全媒体传播工程，做大做强新型主流媒体，创新新闻发布机制，浓墨重彩开展各项主题宣传和专题宣传，全面提升新闻舆论的传播力、引导力、影响力、公信力，更好地用正面宣传强信心、暖人心、聚民心。

（三）守价值取向之正，创文化产业之新

“聚向善之力，享文明之风。”随着经济全球化、政治多极化、文化多样化和科技信息化迅猛发展，多元文化的紧密交织、各种主义和价值观的激烈碰撞，在网络新媒体平台中，海量的热点信息、实时评论、影音视频泥沙俱下，让不少青年人无所适从。这十年来，深圳市始终坚持马克思主义在意识形态领域的指导地位，用社会主义核心价值体系引领整合社会思潮，最大限度地形成社会思想共识，在多元中立主导，在多样中谋共识，实现文化多样性与核心价值观的内在契合。同时，深圳依托数字技术发达和文化创意资源汇聚的优势，坚持因势而谋、应势而动、顺势而为，大力推动文化产业数字化，数字创意产业化，初步形成了覆盖创作生产、传播运营、消费服务、衍生品制造等较为完整的产业链条，持之以恒推出一批中国风格、中国元素、中国品质的文创产品，促进中华优秀传统文化的创造性转化、创新性发展。特别是，扎实推进文化领域综合改革试点，高标准打造系列文艺精品，以线上线下相结合模式创新举办文博会等文化品牌活动，编制实施《深圳市文化产业高质量发展规划（2021—2025）（征求意见稿）》，奋力开创深圳文化强市新局面，不断提升城市文化软实力，率先塑造展现社会主义文化繁荣兴盛的现代城市文明。

（四）守中华文化之正，创国际传播之新

“不忘本来、吸收外来、面向未来。”随着经济全球化遭遇逆流，保护主义、单边主义上升，世界经济秩序、政治秩序和文化秩序都出现某种程度的失序和重构，使众多民族国家的文化传统和民族意识面临新的比以往任何时候都更为严峻的挑战。这十年来，深圳市坚持延续城市历史文脉，厚培传统文化沃土，丰富传统文化内涵，实施传统文化传承工程，引导传统文化融入市民生活，突出以文化人、以史育人的教育作用，进一步增强历史自觉、坚定文化自信。同时，深圳市聚焦提升国际传播力，代言“两个重要窗口”，以“深圳先行示范生动实践”讲好中国故事、不断增强“深圳声音”“湾区声音”在国际舞台的舆论影响力，打造新时代国际传播的典范城市。特别是推进国际传播能力建设，构建大外宣工作格局，实施外宣提升“采访线工程”，构建“3+3+2”对外宣传矩阵，推动建立深圳国际传播联合会，整合外宣资源，在国际舞台上唱响“深圳声音”，提升深圳对外文化传播影响力，全方位塑造国际化城市新形象，通过深圳这个“窗口”彰显中国改革开放的伟大成就和中国特色社会主义的巨大优越性。

第二节　对外开放视域下深圳维护文化安全的创新实践

文化兴国运兴，文化强民族强。伴随着中国成为世界第二大经济体和中华民族的伟大复兴进入不可逆的历史过程，在各种思想文化开始在世界范围内激烈交锋和深度交融的历史背景之下，中国的文化发展正在进入一个以民族复兴和国家崛起“双重历史任务”的战略发展新阶段。习近平总书记高度重视文化建设，对深圳精神文明建设更是寄予厚望，要求深圳：“要深入开展群众性精神文明创建活动，广泛开展社会公德、职业道德、家庭美德、个人品德教育，不断提升人民文明素养和社会文明程度。要加强公共文化设施建设，推动文化产业高质量发展，更好满足人民精神文化生活新期待。要推动物质文明和精神文明协调发展，不断提升人民文明素养和社会文明程度。”[①] 在全球化背景下，意识形态安全越发重要。马克思、恩格斯曾总结道：“过去那种地方的和民族的自给自足和闭关自守状态，被各民族的各方面的互相往来和各方面的互相依赖所代替了。物质的生产是如此，精神的生产也是如此。”[②] 现代的资本主义输出的不单单是有形的实物产品，它还输出无形的精神产品；不仅抢占商品市场，还逐步统治精神领域。与经济全球化相伴随的是文化全球化。文化全球化是发达国家推行的文化渗透的方式，发达国家主导了文化输出，通过电影、互联网等媒介将意识形态强加给其他不同文化的国家。看似平等的国家文化交流，实际上是极度不平等的，主导权是掌握在发达国家手中的。作为中国特色社会主义的生动实践地、精彩演绎地，深圳深刻领会习近平总书记关于文化安全重要论述的重大意义、逻辑意涵与实践指向，牢固树立窗口意识、前沿意识、阵地意识、忧患意识，坚持在“全球视野、国家战略、广东大局、深圳特色”四维空间中谋划深圳工作定位，坚决守好文化安全“南大门”，为确保国家文化安全贡献深圳力量。

一　“攻守兼备”：坚持底线思维与提高意识形态风险防范能力

意识形态属于上层建筑的社会意识形式，意识形态是一定阶级或集团的思想家对特定社会关系自觉反映后而形成的完整的思想体系……它包括一定的政治、法律、哲学、艺术、宗教、道德等社会学说、观点。[③] 意识形态是作为社会物质关系的经济基础的直接反应，同时，意识形态对社会物质经济生活具有能动的反作用：先进的意识形态促进社会的发展，落后的意识形态阻碍和延缓社会的发展。而从结构上看，意识形态可分为政治意识形态、经济意识形态

---

① 《习近平在深圳经济特区建立40周年庆祝大会上的讲话》，《人民日报》2020年10月15日。

② 《马克思恩格斯文集》第2卷，人民出版社2009年版，第35页。

③ 徐海波：《中国社会转型与意识形态问题》，中国社会科学出版社2003年版，第86页。

和文化意识形态。[①] 意识形态关乎旗帜、关乎道路、关乎国家政治安全。党的十八大以来，习近平总书记多次强调国家意识形态安全的重要性，并明确作出“意识形态领域斗争依然复杂，国家安全面临新情况”“我们必须把意识形态工作的领导权、管理权、话语权牢牢掌握在手中，任何时候都不能旁落，否则就要犯无可挽回的历史性错误”[②] 等一系列重大政治研判。作为改革开放的前沿城市，基于地缘政治与经济发展的双重原因，深圳一直处于意识形态斗争的前沿阵地。近十年来，面对重大主题和敏感节点的风险频发以及因经济下行压力导致的风险上升等诸多复杂局面，深圳按照习近平总书记对广东、深圳意识形态工作的重要指示要求，严格落实意识形态工作责任制，构筑起攻守兼备、缜密有效的意识形态安全防火墙。

首先，提高站位，强化意识形态风险防范意识。深圳旗帜鲜明坚持党管宣传、党管意识形态，历次市委全会都把意识形态工作作为重要内容进行部署，全市各级政府认真履行主体责任，属地责任，履职责任和网格责任，多次召开意识形态分析研判会，成立舆情处置工作小组，强化重点部位，敏感节点意识形态安全防控，及时有效化解苗头性、倾向性的问题，稳妥处置多起重大敏感事件。

其次，精准破题，完善意识形态风险防范机制。经国序民，正其制度。从运行机制角度看，意识形态风险防范是一个动态的客观过程，依据风险潜伏、积聚与爆发的过程，将依次需要风险预警机制、风险管控机制以及贯穿始终的风险评估机制发挥协同作用。近年来，深圳认真研究意识形态风险防范的各个环节，修订印发深圳市党委（党组）意识形态工作责任制实施方案，印发《〈党委（党组）网络意识形态工作责任制实施细则〉分工方案》，从体制机制上切实提高意识形态风险防范能力。

最后，技术治网，提升网络意识形态斗争能力。“任何一种文

---

① 徐海波、黄冬玲：《意识形态视域下的大众文化》，《深圳大学学报》（人文社会科学版）2006 年第 6 期。

② 中共中央宣传部：《习近平总书记系列重要讲话读本》，学习出版社 2016 年版，第 193 页。

化都不可避免地要成为一种意识形态，对其批斗的差异和其文化的影响也必然引起文化讨论和争辩。”[①] 意识形态是“人们在自己生活的社会生产中发生的一定的、必然的、不以他们意志为转移的关系，这种生产关系的总和构成社会的经济结构，即有法律的和政治的上层建筑树立其上，并有一定的社会意识形态与之相适应的现实基础”。[②] 大众文化承载着意识形态功能，成为建构当代社会文化体系的一个重要内容。它在中国的产生和发展为中国社会主义意识形态重建自身的作用机制，实现由传统的“严肃”“正统”政治文化形式向“娱乐”文化形式转变创造了新的载体。[③] 当前，互联网的迅猛发展，深刻改变着舆论生成方式，给不同文化观念的交流交锋带来前所未有的影响，面对互联网日益成为意识形态斗争的主阵地、主战场、最前沿的新形势，深圳市各级部门主动担当、创新作为，一方面充分利用5G、物联网、人工智能和量子通信等信息技术革命性成果，改进创新网络治理方式，提升网络治理效能；另一方面，依托云计算、大数据等平台，加强网上舆情信息的识别、采集、分析，提高对风险因素的感知、预测、防范能力，提升网络安全防护水平，抢占意识形态工作的关键阵地。

二　“道正声远”：壮大主流思想舆论与创新文化产品输出

舆论历来是影响社会发展的重要力量。重视党的新闻舆论工作，是我们党的优良传统。党的十八大以来，习近平总书记把新闻舆论工作摆在全局工作的重要位置作出一系列重大部署。在2013年8月19日召开的全国宣传思想工作会议上，习近平总书记强调，“必须坚持巩固壮大主流思想舆论，弘扬主旋律，传播正能量，激发全社会团结奋进的强大力量”。[④] 2018年8月21日，习近平总书记在全

① 孟繁华：《众神狂欢—中国的文化冲突问题》，今日中国出版社1997年版，第65页。

② 《马克思恩格斯选集》第2卷，人民出版社1995年版，第2页。

③ 樊瑞科：《大众文化视域下的社会主义意识形态建设研究》，《成都理工大学学报》2016年第6期。

④ 《习近平：胸怀大局把握大势着眼大事　努力把宣传思想工作做得更好》，《人民日报》2013年8月21日。

国宣传思想工作会议上又指出，“要把握正确舆论导向，提高新闻舆论传播力、引导力、影响力、公信力，巩固壮大主流思想舆论”①。

面对全球思想文化不断交流、交融、交锋的新格局，面对大众文化成为深圳市民文化消费的主要产品，如何处理好大众文化与主流思想舆论的引导，创新文化产品的输出成为深圳市在文化安全和发展中必须关注的问题。深圳市宣传工作以高度的政治站位与政治自觉，恪守“党管媒体”的政治原则，不断壮大主流舆论阵地，奏响特区“正能量”、舆论最强音。第一，坚持“主流领引、精准发力”。深圳市宣传部门主动作为，一方面统筹协调读特、读创、壹深圳、深圳新闻网等主流网络媒体和政务新媒体，在网站首页、客户端首屏等重点位置，持续开设“在习近平新时代中国特色社会主义思想指引下”“奋斗百年路　启航新征程”“不忘初心　牢记使命”等专题话题，转载、发布网络传播作品；另一方面，结合党的十九大的召开、建党百年、香港回归25周年等重要时间节点，统筹网络媒体、平台推出新媒体精品，持续形成网上宣传声势，共开设“先行示范华章”“这一年的答卷，圳‘靓’!”“牢记嘱托　续写更多‘春天的故事’”等专题话题，转载、发布相关信息，其中有一系列重磅原创新媒体作品。

第二，坚持“守正聚力、媒体融合”。这十年来，深圳市宣传部门打破传统思维定式，积极适应移动互联网带来的传播格局的变化，满足受众需求的升级，有的放矢推动新媒体与传统媒体影响力融合交汇、构建壮大主流思想舆论全媒体传播格局，培育融媒体生力军。例如，《深圳特区报》深度构建了一体发展、深度融合的全媒体传播体系，打造以“深圳特区报+读特客户端+深圳新闻网”领衔、“纸媒+网站+客户端+官微+自媒体+政务新媒体运营+传媒智库”全覆盖的融媒体矩阵，形成独具特色的“改革开放第一报、第一端、第一网”媒体方阵和品牌识别体系，成为媒体融合发展的实力新锐。深圳广播电影电视集团为保障疫情期间的社会正能

① 中共中央党史和文献研究院编：《论党的宣传思想工作》，中央文献出版社2020年版，第340页。

量宣传，推出全新的媒体传播模式，联合集团电视、广播、新媒体统筹策划执行时长超过168小时的电视频道+广播频率+新媒体平台+户外广告屏的《慢生活·在一起》融合联动直播活动，让直播信息“入眼”“入耳”“入心”，多渠道触达深圳市民。

第三，坚持“推陈出新、创意赋能”。近十年来，深圳市立足超大城市和年轻城市的特点，强化主流思想舆论传播的创意赋能、技术赋能、平台赋能，一批兼具“技术+美学+灵感”的融媒体产品迅速“出圈”、不断爆红，让好声音成为更强音，让正能量产生大流量。例如，读特客户端推出原创党史系列定格动画《深圳红》以黏土捏成小泥人作为人物实体形象，讲述深圳党史和革命史，弘扬深圳红色文化；再如，《深圳晚报》的互动沉浸式H5产品《永不消逝的电波》，营造交互游戏感，向革命先辈致敬。还有，深圳市宣传部门在先行示范区建设两周年之际，以海报、漫画、短视频等形式持续推出《图文漫画｜披荆斩棘勇立潮头深圳特区yyds!》《短视频｜8月18日，让我们与深圳一同起舞》等系列作品，推动“春天的故事”成为网红IP。

三　“共享共治”：筑牢网络防火墙与共绘网络“同心圆”

近年来，随着互联网技术的不断发展，网络时代的来临，网络已经融入进了人民群众生活的方方面面，这不仅在一定程度上改变了人们的生产和生活方式，也改变了国内的整体思想文化环境，已经成为意识形态斗争的前沿和主战场。因此在网络时代下，意识形态构建的工作就成为了重中之重，而中国目前在内外部的网络意识形态安全方面依然存在着不少问题和挑战。随着信息网络技术的快速发展，网络世界已经变成了一个与客观世界相对应的新陆地，一个与海洋等有着同等地位的虚拟新领域，活跃在虚拟网络世界中的广大网民就是客观现实世界中的人民群众，网络群众路线就是现实生活中的群众路线在网络世界中的再现，网络意识形态安全就是现实生活中的意识形态安全在网络世界中的反映。网络目前已经成为了人民群众获取信息、发表看法、传播舆论的主要场所，也是意识形态传播的新领域，而这就要求我们确保并维护好中国主流意识形态在网络领域的安全，在网络中构建好意识形态安全体系。

当前，新一轮科技革命和产业变革加速演进，人工智能、大数据、物联网等新技术新应用新业态方兴未艾，互联网迎来了更加强劲的发展动能和更加广阔的发展空间。与此同时，网络监听、黑客攻击等非传统安全威胁也开始不断凸显。党的十八大以来，习近平总书记准确把握时代脉搏，洞察技术变革大势，围绕筑牢国家网络安全屏障发表了一系列重要论述，曾一针见血地指出：“没有网络安全就没有国家安全，就没有经济社会稳定运行，广大人民群众利益也难以得到保障。”[①] 这十年来，面对网络安全不断面临的挑战，“最互联网城市”深圳[②]深入贯彻习近平总书记关于维护网络安全的一系列指示精神，牢固树立问题导向和底线思维，充分发挥其特有的技术优势、平台优势和关防优势，先行先试为全国探索如何构筑网络安全“防火墙”树立了新型城市文明典范。在网络时代下，中国意识形态领域的安全受到了西方思潮的挑战，这就需要深圳不断地去创新运用马克思主义理论，将马克思主义理论与当前网络意识形态安全形势相结合，增强我们主流意识形态在网络领域下的战斗力。网络意识形态安全问题与传统的意识形态安全问题相比具有很大的差异，网络上发生的某些事件在一些自媒体的有意推动下，极有可能演变成影响较大的意识形态安全事件。因此，深圳在文化安全和发展的过程中就更加需要我们实事求是地掌握网络意识形态安全的形势，增强马克思主义理论的科学性。党的十九大以来，习近平总书记对于意识形态工作的重要讲话，以及习近平新时代中国特色社会主义思想的形成，更是进一步地推动了马克思主义理论的发展，巩固了马克思主义在网络意识形态中的指导地位，为中国有效地应对网络意识形态中西方敌对势力的挑战提供了强有力的理论指导。在这基础上，还需要强化马克思主义主流意识形态在网络

① 中共中央党史和文献研究院编：《论党的宣传思想工作》，中央文献出版社 2020 年版，第 301 页。

② 截至 2019 年 12 月，深圳全市互联网网站数量 29.1 万家，网民数量超过 1100 万人，普及率超过 88%，这个数据高于全国同期普及率大概有 23.5 个百分点，深圳被称为“最互联网城市”。

中的话语权。当前，由于西方的话语霸权以及网络意识形态话语的去中心化挤压和弱化了马克思主义主流意识形态在网络上的权威性。因此，牢牢掌握马克思主义主流意识形态在网络的话语权成为当前工作的重中之重。正如习近平总书记所指出，“要精心做好对外宣传工作，创新对外宣传方式，着力打造融通中外的新概念新范畴新表述，讲好中国故事，传播好中国声音”①。在网络加强主流意识形态的话语权需要创新对外宣传方式，加强马克思主义意识形态话语的解释力。而创新主流意识形态的宣传方式，就是要利用好网络这一平台，在网络上将中国的指导思想、革命史、英雄故事等主流意识形态的产物，用新的、有趣味的、能够吸引网民们的形式进行宣传，用优秀的文化作品在网络上进行主流意识形态的输出，以此来对抗西方思潮的侵蚀。

第一，坚持主动作为、治理先行。近年来，随着网络信息的快速发展，特别是新媒体移动工具的广泛应用，互联网正在以人们难以想象的方式深刻而广泛地影响着人类的生产和生活。与传统的功能与特征不同，文化安全问题在网络时代具有虚拟隐蔽性、多元复杂性、舆论导向型等特征。面对西方各种文化借助网络纷至沓来以及国内各种文化思潮在网络上不断涌现，社会主义意识形态也面临话语权遭受冲击、西方错误思潮渗透中国主流意识形态、社会主义核心价值观引领地位受到冲击的挑战。对此，要加强党对网络世界意识形态的领导，发挥社会主义核心价值观的引领作用，在网络世界中形成一种积极健康的意识形态，这对巩固马克思主义在中国意识形态的指导地位、国家的文化安全问题构建和谐社会主义社会尤为重要。为了有效应对近些年来出现的各种网络治理问题，深圳市先后成立了深圳市委网络安全和信息化委员会、深圳市网络安全应急指挥中心，编制《深圳市网络安全和信息发展“十四五”规划》，创新开发“深圳市属地网络监管平台”，成立深圳市委互联网企业党工委。2021 年 7 月，《深圳经济特区数据条例》公布，首次提出了数据权益的法律框架体系，在全国率先探索自然人依法享有个人

① 《学习习近平总书记 8·19 重要讲话》，人民出版社 2013 年版，第 5 页。

数据的人格权益，并确立了最小必要、知情同意、准确完整和确保安全等处理个人数据的基本原则，以及公共数据最大限度免费、平等开放的基本原则。同年在乌镇举行的世界互联网大会网络数据治理论坛上，深圳因近年来在数据治理上取得的成效，受邀在会上进行了经验分享，受到多方的关注和好评。

第二，坚持科技发力、产业赋能。近年来，深圳依托网络安全产业发达的先发优势，持续发力，建设了鹏城实验室、国家超级计算深圳中心、深圳湾实验室等一批网络安全创新载体，培育了华为、腾讯、平安等一批网络安全企业，为深圳市维护网络安全提供有力产业支撑。据《深圳市网络安全行业形势分析及行业调查报告（2020—2021）》显示，深圳市网络安全产品已经从传统网络安全领域延伸到了云安全、大数据安全、移动安全等不同应用场景，市场规模约为212.09亿元，网络安全产品国产化率水平较高，平均达96%。2020年，全市共有10个网络安全项目入选“工业和信息化部2020年网络安全技术应用试点示范项目名单”。

第三，坚持云上亮剑、净网清网。文化安全工作是党的一项极其重要的工作。习近平总书记指出，“必须坚持党管宣传、党管意识形态、党管媒体，切实抓好意识形态工作责任制落实，决不能让意识形态工作领导权旁落”①。因此，必须高度重视党对社会主流意识形态的领导地位，切实做好网络空间意识形态工作，加强党对网络空间意识形态的全面指导。一方面要严格落实党在网络空间意识形态工作责任制，各级党委要以政治建设为统领，增强“四个意识”，把党管意识形态的原则深入贯彻到网络空间意识形态建设中去；另一方面，由于网络世界意识形态具有隐蔽性和复杂性等特征，各级党员要提高自身政治觉悟，加强理论学习，并积极参与网络世界意识形态的建设，要敢于担当，旗帜鲜明地支持网络世界正确的价值观和生活方式，也要勇于批评西方在网络世界中宣传的错误的观念和思想。网络空间不是“法外之地”。针对近些年网络乱象频发的社会现实，深圳市通过加大网络安全的顶层设计和持续开

① 《党的十九大报告辅导读本》，人民出版社2017年版，第319页。

展各类专项网络安全治理行动，依法严厉打击各类违法活动，全面清理互联网和手机媒体中的有害内容和淫秽色情信息，打击制作、传播有害内容和淫秽色情信息违法犯罪活动。特别是，对网络（手机）游戏、网络（手机）动漫、网络音乐、网络视听节目、视频网站、手机视频、网络出版物等网络文化产品中存在的突出问题进行专项整治，形成了持续高压态势，营造了安全有序的网络生态。

四　“立心铸魂”：守护学校思政课主阵地与厚植学生爱国情

思想政治工作是我们党的一切工作的生命线和完成各项任务的中心环节。高等院校作为全面培养人才的地方，思想政治工作尤为重要。因为在人的素质中，思想政治素质始终是最根本的素质。在新时代，国际国内形势发生深刻变化，给高校思想政治教育带来有利条件的同时也给其提出了新的问题、带来了新的矛盾，以前传统的思想灌输教育方法已不能适应高校思想政治教育的需要。我们要研究新问题，解决新矛盾，就要用一套更有效率，在操作层面更行之有效的工作方法来增强思想政治教育的功能，提高思想政治工作的实效性。

立德树人是学校教育的根本任务，思政课作为主渠道、主阵地，担当着为培育时代新人铸魂的重要责任。2022 年 4 月 25 日，习近平总书记在中国人民大学考察调研时强调：“思政课的本质是讲道理，要注重方式方法，把道理讲深、讲透、讲活，老师要用心教，学生要用心悟，达到沟通心灵、启智润心、激扬斗志。”[①] 这段重要论述深刻回答了高校思想政治理论课的本质内容、方式方法、队伍建设等一系列重大理论和现实问题，为高校落实立德树人的根本任务、守护学校思政课主阵地提供了根本遵循。进入新时代，面对外界“乱花渐欲迷人眼”的各种社会思潮，作为全国最年轻的超大城市，深圳深入学习贯彻习近平总书记关于“大思政课”建设的重要指示精神，全面推进思想政治理论课教学创新，坚持以社会主义意识形态凝聚和引领大学生的理想信念，使广大师生保持了“乱云飞渡仍从

① 《坚持党的领导传承红色基因扎根中国大地　走出一条建设中国特色世界一流大学新路》，《人民日报》2022 年 4 月 25 日。

容”的政治定力。为培养中国特色社会主义道路的接班人，深圳市高校进行了一系列探索创新工作。

第一，坚持高位推进，建立领导讲授思政课的三级制度体系。为贯彻落实2019年习近平总书记在学校思想政治理论课教师座谈会上关于“上好大中小学校思政课”的重要部署，深圳市率先落实市委常委到高校讲授思政课，市、区两级教育行政部门领导到中小学讲授思政课，大中小学党组织书记、校长和高校院（系）党组织书记、院长（系主任）带头讲授思政“第一课”的三级制度体系。

第二，坚持积厚成势，组织思政课“金课”评选。为了充分发挥课堂主渠道作用，深圳开展了全市首届思政课改革创新系列优秀成果暨思政“金课”征集评选，遴选出89节“思政金课”课例；创新思政教研机制，打造首批习近平新时代中国特色社会主义思想精品课程、示范课堂、示范活动和教学案例；探索市、区、校三级集体备课制度，建立课程思政教学操作规范。以思政课为载体，向学生介绍主流观点、权威看法，使得大学生有了思想的“定盘星”和行动的“指南针”，增强对非社会主义意识形态的免疫力、抵抗力、战斗力。

第三，坚持赓续红色基因，加强大学生的理想信念教育和革命传统教育。中国革命历史是最好的营养剂。传播红色历史，传承红色基因，有利于坚定中国文化自信，提升文化软实力，更好地实现维护国家文化安全的战略目的。中华人民共和国成立后，我党一直都在重视运用先进文化来引领社会前进方向、凝聚社会力量，团结带领全国各族人民为共产主义远大理想和中国特色社会主义共同理想而奋斗。这种文化所带来的信念和信心，支撑着一代又一代人为之奋斗。中国优秀传统文化正是社会主义文化大发展大繁荣的源头活水。在思政课程中融入中国优秀传统文化必须体现文化的时代性和民族性。只有这样做，才能让大学生正确认识中国传统文化与他国的差异，并全面客观认识当代中国、看待外部世界。文化的时代性让我们明确了时代责任，文化的民族性让我们肩负了历史使命。为了实现中华民族伟大复兴的中国梦，深圳市各学校充分利用“东江纵队纪念馆、改革开放史博物馆、前海石公园、莲花山公园等爱国主义教育基地和大潮起珠江——广东改革开放40周年展览”“从先行先试到先行示范——庆祝深圳经济特区建立40周年展览”“先行之路——深圳经济特区档案文献展”等各种展览，在“沉浸式”教育中汲取正能量、厚植爱国情。

五　“固本培元”：传承中国优秀传统文化与赓续城市文脉

文化和意识形态之间是辩证统一的关系。一方面，文化和意识形态都是人类社会实践的产物或是对社会生活的反映，二者都具有社会整合作用，意识形态的发展有赖于文化的承载与滋润，而文化的发展有赖于意识形态的指导与评价；另一方面，文化研究是发现社会发展的经验机制，具有多维性与多样性；意识形态研究是发现社会发展的政治观念和社会心理机制，则具有稳定性与统一性。[①]意识形态对文化的指导具有强制性，它是自上而下的控制形式和操纵结果，具有单向度特征。文化对社会的整合则常通过个人与个人之间、个人与社会之间双向互动来进行，具有泛化与非线性特征。文化与意识形态的关系决定了深圳在文化安全和发展的战略布局中必然要考虑中华优秀传统文化的功能和作用。

“求木之长者，必固其根本；欲流之远者，必浚其泉源”。中华优秀传统文化是中华民族的“根”和“魂”。习近平总书记深谙中华优秀传统文化深厚的内涵和底蕴，高度重视中华优秀传统文化的传承与创新，在传承中华优秀传统文化上有许多重要的精辟论述。习近平总书记指出：“中华优秀传统文化是中华民族的文化根脉，其蕴含的思想观念、人文精神、道德规范，不仅是我们中国人思想和精神的内核，对解决人类问题也有重要价值。要把优秀传统文化的精神标识提炼出来、展示出来，把优秀传统文化中具有当代价值、世界意义的文化精髓提炼出来、展示出来。”[②]深圳作为一座年轻的城市，传统文化根基相对较浅、积淀相对较少，但正因如此，

---

① 樊瑞科：《大众文化视域下的社会主义意识形态建设研究》，《成都理工大学学报》（社会科学版）2010年第2期。

② 《习近平：举旗帜聚民心育新人兴文化展形象　更好完成新形势下宣传思想工作使命任务》，《人民日报》2018年8月23日。

深圳有着更加强烈的文化自觉和传承意识。党的十八大以来，深圳市全面贯彻落实习近平总书记关于传承发展中华优秀传统文化的重要指示和中共中央办公厅、国务院办公厅《关于实施中华优秀传统文化传承发展工程的意见》，多路径传承中国优秀传统文化与赓续城市文脉。

第一，科技赋能、多元表达。这十年来，深圳宣传部门积极适应深圳“网生代”“Z世代”等青少年群体的关注焦点和认知习惯，顺应社交化、移动化、智能化、可视化的网络传播趋势，推出一批动漫、微视频、视频直播等网络文化产品。例如，“大国工匠的力量——2021深圳（福田）非遗艺术节”，以线下体验+线上直播相结合的方式呈现，整体活动持续5个月，共有1场开幕式+2场展览+5场线上讲座活动+20场线下专场活动+现场直播，邀请非遗传承人、工艺美术大师等非遗工匠，通过现场演绎、主题展览、互动体验的方式，以精妙绝伦的创意再现非遗艺术的高超技法与中国非遗文化的独特魅力。

第二，节日文化、浸润人心。传统节日是社会主义核心价值观与优秀传统文化相融合的途径之一。传统节日本身就是优秀传统文化的重要组成部分，蕴藏着优秀传统文化的精华。传统节日与社会主义核心价值观在理想目标、价值标准和社会影响等方面有着本质上的一致性。传统节日通过节日的仪式性活动，在人们心中培养仪式感，树立规范意识。比如春节的拜年仪式，为人们之间的互动提供平台和机会，在人与人之间的节日互动中，人们学会了和谐相处。又比如在清明节和端午节，通过祭拜祖先和英雄人物，在人们心中树立起了“孝顺”与“忠义”的价值理念。传统节日凝结了中华优秀传统文化的价值追求，蕴含了老百姓家庭和睦、国家富强、年年有余、社会和谐的期望。传统节日的风俗习惯表现了中国人推崇道德、热爱和平、遵纪守法的伦理观，同时也表现了中国人不一样的民族思维。传统节日注重人际关系和谐，通过亲朋好友的互相拜访培养情感，促进人们之间树立相同的认知。这种相互交流的模式从政治立场、社会理想和道德规范三个方面传承发展优秀传统文化，弘扬社会主义核心价值观，有利于消弭人际关系的隔阂，形塑人们的价值追求，对维护国家统一和社会和谐有着重要的作用。

深圳市以人民群众喜闻乐见的方式展示和宣传马克思主义思想，帮助人民群众提高马克思主义理论素养，从而增强马克思主义意识形态的吸引力。同时根据当前人民群众的精神需要，充分利用各种不同的网络技术和手段，为群众答疑解惑，不断提升马克思主义主流意识形态的话语权。这是构建马克思主义主流意识形态话语权非常关键的环节。

这十年来，深圳市以春节、元宵节、清明节、端午节、七夕节、中秋节、重阳节等中华民族传统节日为载体，策划开展了一系列“网络中国节·我在深圳过大年”“我们的节日—欢乐闹元宵”“大沙河生态长廊龙舟赛”等活动，内涵丰富、形式多样，使许多曾热衷过“洋节”的年轻人领略到传统节日的魅力。2022 年，深圳市在南头古城举行第十四届欢乐闹元宵非遗展演展示暨非遗沉浸式虚拟直播活动，非遗文创中心视频号、深圳市文化遗产保护中心、深圳市民间文艺家协会、i 游深圳四个公众平台同步开启直播，线上累计收获 433. 21 万人次观看量。

第三，创新载体、汇聚平台。中国文化传承的历史非常久远，在中国五千年的文明发展历程中，各族人民紧密团结共同创造出博大精深的中华文化，为中华民族的发展提供了强大的精神支撑。中国优秀传统文化在时代的变迁中之所以能够历久弥新，也正是由于这种强烈的时代性和民族性。文化的民族性决定了文化所具有的鲜明特色，而文化的时代性则反映了不同时期人们对文化的需求程度。2018 年 5 月，深圳首个优秀传统文化传承创意产业园正式开园，开启了以园区为载体推动中华优秀传统文化的创造性转化的新探索。同年 12 月，深圳首个民俗文化园——合成号·深圳民俗文化产业园开园，园区以文化园作为平台，引进电商、设计、深圳老字号、广东老字号企业，探索民俗文化产业化的发展路径。

六　“文以传声”：讲好中国故事与提升国际话语权

2013 年 8 月，习近平总书记在全国宣传思想工作会议上提出“四个讲清楚”的重要论断指出：“宣传阐释中国特色，要讲清楚每个国家和民族的历史传统、文化积淀、基本国情不同，其发展道路必然有着自己的特色；讲清楚中华文化积淀着中华民族最深沉的精神追求，是中华民族生生不息、发展壮大的丰厚滋养；讲清楚中华优秀传统文化是中华民族的突出优势，是我们最深厚的文化软实力；讲清楚中国特色社会主义根植于中华文化沃土、反映中国人民意愿、适应中国和时代发展进步要求，有着深厚历史渊源和广泛现实基础。”① 这“四个讲清楚”很好地诠释了传统文化的重要地位和作用，是对传统文化认识的总结与提升。在当代国际社会中，文化竞争已超越经济和军事竞争而具有特殊的战略意义。全球化促使中国文化市场与国际文化市场的相互渗透日益深入，强大的国际资本对中国文化市场的渗透，对国内的文化产业造成了威胁。可以说，国家文化市场的竞争同经济贸易的竞争一样残酷。因此，对发达国家的文化产品的进入给予必要的限制只是权宜之计，治本求源的方法是高度重视和发展中国自己的大众文化，对其从政策上和资金上给予扶持，从而使有竞争力的大众文化产品占领国内和国外市场。在世界百年变局和世纪疫情叠加的国际动荡变革期，提升国际话语权已然成为维护中国文化安全的题中之义。党的十八大以来，习近平总书记统筹国内国际两个大局，多次强调要加强国际传播能力建设，提升中国国际话语权，为中国改革发展稳定营造有利外部舆论环境。这些论述高屋建瓴，意涵丰富，为深圳提升中国国际话语权指明了战略方向和实践要求。这十年来，深圳认真贯彻落实习近平总书记关于加强国际传播能力建设的重要讲话以及在“读懂中国”国际会议（广州）开幕式上的视频致辞精神，充分利用地缘优势、技术优势、平台优势、代言“两个重要窗口”，不断增强“中国声音”在国际上的舆论影响力、评述力、传播力，从国际维度进一步夯实国家文化安全的根基。

第一，高端链接，讲好中国故事。这十年来，深圳积极发挥地处内地、香港、国际“三个舆论场”连接点的区位优势，链接国家资源，打好“外宣”主动仗。庆祝建党100周年，深圳广播电影电

① 《全国宣传思想工作会议在北京召开》，《人民日报》2013年8月21日。

视集团与新华社国际传播融合平台积极展开深度合作，联合推出了《为了人民的美好生活——庆祝中国共产党成立100周年系列全媒体直播》，携手打造“讲好中国故事”的传播新高地。全网总播放量近一亿次。2021年，深圳还积极参与外交部牵头组织的“100天讲述中国共产党对外交往100个故事”主题宣介活动。与央视合作推出的外宣纪录片《毛南之歌》获评第27届中国纪录片学术盛典十优作品。

第二，创新载体，声悦国际舞台。深圳历时6年精心打磨创作了大型儒家文化交响乐《人文颂》。《人文颂》全长60分钟，包括“仁、义、礼、智、信”5个乐章，使用了编钟、编磬、古琴等古代乐器，与西洋管弦乐相结合，同时加入了人声吟诵，历史韵律与现代节奏水乳交融，极具艺术感染力。《人文颂》自问世以来，获得国内外学术界及音乐界的高度评价，也得到了联合国教科文组织的充分认可。2014年，《人文颂》受邀前往法国巴黎进行海外首秀，引起热烈反响，获得空前成功，真正实现了“全球视野、国家立场、深圳表达”。

第三，同宗同源，深港文脉相亲。作为毗邻香港的经济特区，深圳在经济上有一定的主导权与话语权。经济基础决定上层建筑，建设好“深圳先行示范区”，打好经济基础，才能讲好“深圳故事”。香港作为粤港澳大湾区的核心城市之一，其必定会投入科技与人才力量，实现资源共享。所以深圳这十年来以粤港澳大湾区为桥梁，不断巩固粤港澳“文化共生”，着力提升大湾区发展的归属感和参与感，以经济“驱动”带动两地的文化交流和发展凝合，促进了大湾区多元文化共生。自香港回归祖国以来，深圳一直秉持“主流媒体、主流价值、主流视角”的理念，利用多种形式呈现“一国两制”的强大生命力，尤其是在香港回归25周年之际，深圳各界更是用心用情策划“深港双城记论坛”“粤港澳大湾区创新成果展”“香港回归25周年线上音乐会”“深港‘双城故事’融通大湾区同心向未来大型特别联动报道”等一系列活动，推动香港人心回归。

第四，常态交流，文明开放互鉴。近些年来，深圳市不断加强与联合国教科文组织在文化、教育、城市规划等领域的合作，有效建立了与友城、共建“一带一路”合作的主要城市以及其他世界文化名城之间的常态交流机制，不但在海外开展了“阅读深圳工程”“深圳文化周”等一系列活动，还积极参与世界城市文化论坛和“世界博物馆日”。文化因开放而兴盛，文明因对话而强胜，只有在开放中互鉴擅长和兼收并蓄的文化才有生命力，国家文化安全也才有坚实保障。[①] 由此，深圳入选了新华社评选的十大“中国国际传播综合影响力先锋城市”，为讲好中国故事与提升国际话语权贡献了深圳力量、深圳智慧、深圳方案，使中华文化在对外开放中强基固本，在对话互鉴中根深叶茂，在守正创新中焕发旺盛生机。

综上所述，党的十八大以来，深圳市坚持以习近平新时代中国特色社会主义思想为指引，深入学习贯彻习近平总书记关于文化安全的重要讲话精神，突出问题导向、目标导向和效果导向，立足实际与时俱进推进理论创新、实践创新，带头培育和践行社会主义核心价值观，不断深化中国特色社会主义和中国梦宣传教育，切实掌握文化交流交融交锋主动权，有效防范和抵御不良文化的影响，依法加强文化阵地规范管理，为全方位构筑维护文化安全防线、守好国家文化安全“南大门”贡献了深圳智慧、深圳担当、深圳经验。具体而言，包括以下六点：第一，注重统筹文化安全与意识形态安全之间的辩证关系。文化和意识形态之间是辩证统一的关系。一方面，文化和意识形态都是人类社会实践的产物，二者都具有社会整合作用，意识形态的发展有赖于文化的承载与滋润，而文化的发展有赖于意识形态的指导与评价；另一方面，文化是发现社会发展的经验机制，具有多维性与多样性；意识形态是发现社会发展的政治观念和社会心理机制，则具有稳定性与统一性。作为有着较强移民基因与包容多元文化的城市，深圳在意识形态管理上不只是片面强调自上而下的单向度控制，更在具体实践中注重统筹文化安全与意识形态安全的辩证关系，实现两者良性互动。第二，注重社会主义核心价值观引导。深圳是一座典型的以经济建设为中心的经济特

① 蔡晨：《新时代提高对外开放视域中构建文化安全的路径研究》，《经济师》2021 年第 5 期。

区。改革开放以来，深圳不断挣脱计划经济的禁锢，率先建立了社会主义市场经济体系，为深圳现代化建设提供了重要支持。但是与此同时，市场经济的发展过程中也会有弊病，亟须一种新的价值观去引领人民的思想动态和市场活动。在改革开放过程中，西方意识形态的渗透和市场经济的规律导致了价值观多元化，进而导致人民群众的价值观产生迷茫。社会主义核心价值观将为中国特色社会主义市场经济平稳运行提供精神支撑。这十年来，深圳经济特区建设的一个重要经验就是尤其注重市民在社会主义核心价值观上的引导。第三，注重科技赋能文化安全维护。这十年来，深圳作为全国数字经济的领先地，一直依托大数据、云计算等技术融合，在探索科技赋能文化安全模式上先行先试，催生了不少可供国内其他城市学习复制的新应用、新业态、新服务。第四，注重用足用好经济特区立法权。这十年来，深圳市更加注重用足用好经济特区立法权，发挥法治在国家治理和社会管理中的重要作用，特别是注重运用法治方式、法治手段来解决政治安全、意识形态安全、文化安全等方面的问题，取得了更大更好的治理成效。第五，注重以产业助推文化安全建设。这十年来，深圳依托以创意设计、数字文化产业、高端文化制造业、文化旅游等为优势产业的现代文化产业体系，在实现从“文化加工—文化制造—文化创造”的产业升级迭代发展的同时，不断探索如何以文化产业发展来助推文化安全建设，为讲好中国故事、维护国家文化安全、彰显文化自信作出了重要探索和贡献。第六，注重在全球视野中谋划深圳定位。深圳是一座现代化国际化的大都市，是国家改革开放的重要窗口，也是国家资源链接的重要节点城市。这十年来，深圳一直将文化安全工作放在全球化的大视野、大坐标中来谋划定位和推进实施，为向世界讲好中国故事、增强文化自信贡献智慧和力量。

第三节　构建“面向未来、深圳特色”的文化安全治理体系

“行而不辍，未来可期。”城市是文明的产物，是文明的标志，

更是文明的载体和表征。纵观历史，一个国家的文化主权，很多时候又是通过这个国家的超大型城市和有文化代表意义的城市去实现的。比如，纽约之于美国，伦敦之于英国，东京之于日本。这些城市在各自文化与时代背景下成为城市文明的全球标杆城市。面向未来，随着新一轮以智能化主导、融合式聚变、多点性突破等特点的科技革命和产业变革深入发展，人类的文明形态正以前所未有的速度和烈度发生剧变，国际安全格局已经发生了无法逆转的深刻变动。深圳作为一座先锋之城，理应先行先试、敢为人先，带头践行社会主义核心价值观，成为新时代举旗帜、聚民心、育新人、兴文化、展形象的引领者，成为引领未来国家文化安全的文明典范。

一　形势与挑战：深圳建设文化安全典范城市的现实处境

当今世界，国际格局进入动荡变革期，中美战略博弈进入对峙升级期，国内意识形态处于风险叠加期，深圳作为地处改革开放和意识形态斗争“两个前沿”的城市，文化安全领域面临的风险和挑战将会更为复杂严峻。具体表现为：第一是在世界聚光灯下，深圳舆情发生“蝴蝶效应”的风险更大。作为肩负着新时代历史使命和一系列国家重大战略的中国特色社会主义先行示范区，深圳各项工作都举世瞩目，是自带流量的“顶流 IP”，任何一点事情都可能引发蝴蝶效应、连锁反应。面向未来，要特别警惕敌对势力从深圳这里打开缺口，放大所谓的“中国问题”，歪曲、否定和攻击中国社会主义现代化事业。第二是作为“最互联网城市”，深圳管网治网面临的风险更大。截至2020年12月，深圳网民规模达1200万，互联网普及率高达93.2%，位居全国第一，比全国平均水平高出22.8个百分点。全市拥有属地网站约30万家，属地 App 约18万个，这些平台每天产生大量信息，给管网治网带来了巨大挑战。随着深圳市5G网络普及商用，网络新技术跨境使用使得有害信息清除难度加大，网络舆情风险不断增加。网络新技术新应用快速迭代发展，网络意识形态安全不可控因素、不可知变量增多，给意识形态安全带来更大风险。某些西方国家利用技术优势对中国进行网络攻击，网络安全威胁和风险形势严峻。第三是作为超大城市和年轻城市，深圳城市治理问题向意识形态领域传导的风险更大。当前，深圳实际管理人口超过2000万人，经济、社会、生态等各领域治理承压明显，同时深圳人口平均年龄32.5岁，思想活跃、观点多元，针对教育、医疗、住房等民生领域的社情民意关注度高、燃点低，相关舆情风险极易向意识形态领域传导。同时，疫情防控与经济社会热点难点问题交织叠加风险加大。第四是在经济发展的三重压力之下，深圳经济问题向意识形态领域传导的风险更大。在我国经济发展面临需求收缩、供给冲击、预期转弱三重压力的国内大背景下，深圳经济运行高位过坎压力较大，某些西方国家持续围堵深圳市高新技术企业，深圳市经济发展有关数据及重点企业的发展动向容易成为敌对势力炒作攻击的对象。特别是西方敌对势力把香港作为对中国进行意识形态渗透的桥头堡和前沿阵地，支持反中乱港势力公开叫板特区政府，妄图从香港首先打开缺口。这也给深圳意识形态斗争带来很大的外部压力和挑战。

二　理念与愿景：创建“文化安全典范”的深圳样本

如椽巨笔绘奇峰。深圳生而负有使命。改革开放40多年来，作为国家战略最有力的承接者、实施者和推进者，深圳始终沿着文化自觉、文化自信、文化自强的轨道砥砺前行，种种文化创新在先行先试中不断刷新人们对城市文明的人文想象。观大势思大局，深圳的进阶之路，暗含着中国道路的文明典范。面向未来，作为改革开放的“试验田”“排头兵”，更应率先探索、抢占先机，在文化安全的“外源性—内生性”和“实体性—虚拟性”的四维矩阵中寻求突破，下好“战略棋”，确立“多元赋能”的系统性认知框架和实践定位。

（一）科技赋能

当前，新一轮科技革命和产业变革突飞猛进，科学研究范式正在发生深刻变革，学科交叉融合不断发展，科学技术和经济社会发展加速渗透融合。[①] 随着5G、云计算、大数据、人工智能、元宇宙

① 《在中国科学院第二十次院士大会、中国工程院第十五次院士大会、中国科协第十次全国代表大会上的讲话》，《人民日报》2021年5月29日。

等迅猛发展，为维护文化安全提供了全新的技术手段。目前，深圳已成为在全球率先实现5G独立组网全市域覆盖的先锋城市，并与大数据、云计算等技术融合创新的5G赋能各行各业，催生“超乎想象”的新应用、新业态、新服务，这些都将为维护文化安全插上科技的翅膀。面向未来，数字技术与文化之间的双向赋能正成为文化安全发展的强劲动力。“数字深圳、智变未来”。深圳应依托数字经济的先发优势，瞄准世界信息技术发展的战略前沿和制高点，在科技赋能文化安全上先行先试，包括探索建立市级互联网综合管理平台，形成具备更强实战能力的互联网技术监管体系；研究运用大数据、人工智能等新技术对信息内容进行巡查监看，建设适应移动互联网发展的网络内容监管平台；加强前沿技术应对措施研究和技术储备，探索适应5G、区块链、云计算等新一代信息技术特点的监管手段；加强面向网络音视频、网络直播、网络游戏、网络动漫等新兴领域监管系统的开发建设；探索将人工智能技术运用在新闻采集、生产、分发、接收、反馈中，全面提高舆论引导能力。

（二）改革赋能

“唯改革者进、唯创新者强。”改革开放是决定当代中国命运的关键一招，也是推动中国发展的根本动力，更是破解文化安全难题的重要方式。深圳是一座因改革开放而生、因改革开放而兴、因改革开放而强的城市，始终坚持敢闯敢试、敢为人先，不断以思想破冰引领改革突围，为全国创新意识形态以及文化安全管理体制机制也作出了重要探索。改革只有进行时，没有完成时。面向未来，深圳肩负着建设中国特色社会主义先行示范区的重要使命，必须继续发扬改革创新精神，准确把握新发展新环境，增强识变之智、应变之方、求变之勇，坚持摸着石头过河和加强顶层设计相结合，不失时机、蹄疾步稳深化文化领域改革，在各个领域和关键环节精准发力，补短板，强弱项，以改革倒逼转型创新，撬动文化创新活力，把城市发展的改革优势更好转化为确保文化安全发展的胜势。具体包括深入抓好文化体制改革，进一步整合优化文化资源，加快推进传统媒体和新兴媒体在内容、渠道、技术、经营、管理等方面深度融合，打造一批在国内外有较强影响力公信力竞争力的新型主流媒体和传播平台；做强做大深圳新闻网，构建“一主报、融媒体、多平台”发展新格局，实现新媒体用户大幅增长；努力打造以深圳卫视、CUTV（城市联合网络电视台）为龙头的传播体系，强化地面频道频率差异化发展，实施“两微一端”布局、“电视传播力提升”工程和“百万超清”计划，做精视听内容和文化服务，形成“双核心矩阵式多元化”发展模式。

（三）法治赋能

“法治兴则国兴，法治强则国强”。全面依法治国是做好国家文化安全工作的必然要求，也是维护国家文化安全的制度保障。深圳拥有经济特区立法权和较大市立法权，不断在法治建设上先行先试、破冰探路，法治城市制度体系日趋完善，形成了与国家法律体系相配套、与国际惯例相衔接、与深圳经济社会发展相适应的法规框架，为法治先行示范城市建设积累了宝贵经验，也为率先以法治方式赋能文化安全打下了良好基础。立良法谋善治。作为一直将务实尚法视为城市精神的深圳，面向未来，必须领风气之先，用足用好经济特区立法权，不断拓宽经济特区立法空间，在新技术新应用新业态带来的文化安全挑战领域开展创新性、试验性立法。具体包括深化联合执法工作机制，完善网络执法工作规范；加强与公安、国安、文旅、市监和通管等部门联合执法；依法推进网络信息内容生态治理，加大各类网站平台的监管执法力度，坚决查处各类违法违规行为；加强全市网信行政执法队伍建设，推进网信行政执法向区级延伸，充实执法力量，强化执法培训；探索建立网络信息内容服务严重失信联合惩戒机制；推进网信普法守法工作，加强重要法律法规宣传解读，将青少年作为网络法治宣传教育重点。

（四）产业赋能

“以文化人、以文惠民、以文兴业。”文化产业不仅具有经济属性，而且具备意识形态属性。因此，文化产业已经成为国家特殊的文化主权形态，只有大力发展文化产业，国家文化安全才能得到有效保障。[①] 面对新形势，深圳作为粤港澳大湾区核心引擎，需要立

---

① 胡惠林：《国家文化安全研究导论》，上海人民出版社 2013 年版，第 108—109 页。

足于全球文化坐标，继续深度整合各种文化产业资源，优化“文化+科技”“文化+旅游”“文化+金融”“文化+创意”等产业融合发展新模式，为深圳建设文化安全典范城市创造更多可推广的经验模式。具体包括加快推进各类理论资源数字化、网络化、智能化传播和应用，打造内容鲜活、形式新颖的理论产品；充分运用新一代网络信息技术，构建起覆盖影视、动漫、游戏及其衍生产品的文化 IP 全产业链，让更多彰显中国精神、中国价值、中国力量的文化 IP 脱颖而出；充分发挥深圳报业集团港澳台中心对外传播主渠道作用，积极利用新媒体平台开展多语种、融媒体、多终端的对外传播，组织生产一批契合海外受众话语特点的海报、图文、短视频、动漫产品；深入挖掘、开发优秀文化资源，支持融媒体利用中华优秀传统文化、改革开放文化、岭南文化、非物质文化遗产等文化资源进行数字化转化和开发；加快推进文化企业“上云、用数、赋智”，培育壮大线上演播、线上展览、数字艺术、数字娱乐、沉浸式体验等新型文化业态；加强文化共性关键技术研究，支持大数据、云计算、增强现实、虚拟现实、人工智能、物联网和 5G、4K/8K 等先进技术研发和在文化产业中的应用，加快发展数字文化产业，巩固提升深圳在文化科技领域的领先地位。

三　路径与选择：实施文化安全六大工程

城市文明典范，深圳先行示范。2022 年 2 月 11 日，广东省扎实推进文化强省建设大会在广州召开，广东省委书记李希在会上指出：“要从统筹发展和安全的高度把握文化强省建设的新担当，强化底线思维，增强忧患意识，坚决维护文化安全，守好意识形态安全南大门。”[①] 面向未来，深圳要紧抓“双区”驱动、“双区”叠加、“双改”示范的重大历史机遇，把习近平新时代中国特色社会主义思想作为“压舱石”，以《粤港澳大湾区发展规划纲要》《中共中央　国务院关于支持深圳建设中国特色社会主义先行示范区的

---

① 《扎实推进文化强省建设大会在广州召开，聚力实施“六大工程”奋力开创文化强省建设新局面》，广东省人民政府，2022 年 2 月 12 日，https://www.gd.gov.cn/xxts/content/post_3813722.html。

意见》《深圳建设中国特色社会主义先行示范区综合改革试点实施方案（2020—2025年）》作为三大支撑，实施六大工程，打造新时代文化安全的典范，为现代文明之城培根铸魂，为先行示范区建设夯基立柱。

习近平总书记指出："我们必须既积极主动阐释好中国道路、中国特色，又有效维护我国政治安全和文化安全。"① 深圳坚持以先行示范区的使命担当，大力弘扬"闯"的精神、"创"的劲头、"干"的作风，在理论和实践上守正创新、深入探索，努力打造国家文化安全与发展的高地和样板。

（一）切实防范意识形态安全，建设"防火墙"工程

意识形态工作是党的一项极端重要的工作，是为国家立心、为民族立魂的工作。做好意识形态工作，事关党的前途命运，事关国家长治久安，事关民族凝聚力和向心力。随着我国进入新发展阶段，"两个大局"相互交织，"两个百年"历史交汇，意识形态领域面临的形势越来越严峻。面向未来，深圳要立足打造新时代意识形态安全典范城市，坚持底线思维、强化风险意识，既铸牢"盾"，又磨利"矛"，把握主动权，打好主动仗，全方位筑牢意识形态安全"护城河"。第一是强化政治意识，充分认清新形势下意识形态领域斗争的复杂性、尖锐性，把守好意识形态安全、维护舆论和社会环境稳定摆在宣传思想工作首要位置。坚定扛起政治责任，提高警惕性、敏感性，时刻绷紧意识形态斗争这根弦，调动各类资源和力量，建立完善舆情应对处置工作机制，提升施政能力，维护社会稳定和人心安定。第二是压实主体责任，构建党委集中统一领导、党政齐抓共管、宣传部门组织协调、各部门履职尽责、各方面共同参与的"大宣传"工作格局，推动各区各部门落实意识形态工作责任制、网络意识形态工作责任制、网络安全责任制，按照属地管理、分级负责、谁主管主办谁负责的原则，加强各自阵地管理，强化"一盘棋"意识。第三是树立底线思维，坚持底线思维，增强忧患意识，用大概率思维应对小概率事件，对各种潜在舆情风险，宁

① 《习近平：举旗帜聚民心育新人兴文化展形象　更好完成新形势下宣传思想工作使命任务》，《人民日报》2018年8月23日。

可信其有、不可信其无，宁可信其大、不可信其小；做足预案准备，从最坏处打算、向最好处努力，宁可备而不用、不可用而无备，努力下好先手棋、打好主动仗，力争把风险化解在源头，下好事前风险评估、权威信息发布、精准引导管控“一盘棋”，构建管理闭环，形成工作合力。第四是加强技术赋能，作为数字经济的先行地，深圳应充分挖掘大数据技术对意识形态风险防范的助推作用，积极探索利用大数据技术实时监控并随时获取意识形态领域的相关信息，进行科学的数据分析，第一时间发现潜在的风险因素，发出安全警示，将意识形态风险消灭在萌芽状态；也可以利用海量数据分析预测风险源与风险高发区，提前做好应急预案，防止风险的扩散与蔓延。

（二）切实壮大主流舆论引导，实施“圳能量”工程

“道正声远”，壮大主流思想舆论，形成强大主流舆论场，必须要提高新闻舆论传播力、引导力、影响力、公信力。深圳作为开放的城市，历来是各种思潮交锋交融的场所。面对新形势，深圳需要立足最互联网城市和超大城市、年轻城市的背景，在世界聚光灯下，坚持正确的舆论导向，凝心铸魂进一步壮大主流舆论，为奋进新征程强信心聚民心暖人心筑同心唱响主旋律，壮大正能量。第一，强化党媒政治责任、提高正能量刚性供给。党媒历来是一切舆论的定音哨、校准器。特别是在互联网时代，海量信息泥沙俱下，党媒要更加善于分析、阐述、挖掘，澄清真相、还原事实。今后，主流媒体要立足党媒姓党的“高度”，挖掘地方党媒的“深度”，拓展舆论引导的“力度”，培植服务群众的“温度”，做精政务报道、做优理论评论、做响品牌栏目、做强深度报道、做活特色报道，加强重大主题重磅策划报道，最大限度提升主流媒体的传播力、引导力、影响力、公信力。与此同时，还要着眼彰显党的创新理论的思维维度、历史高度、思想深度，继续深入学习宣传贯彻习近平新时代中国特色社会主义思想，不断健全完善理论舆论、内宣外宣、网上网下相贯通的理论武装工作体系，创作推出一批通俗易懂、生动活泼的通俗理论读物和新媒体产品，把理论观点变成生动道理，把政治话语变成群众语言。第二，增强前沿意识，打造新型媒体。深

圳市应顺应目前传播格局的深刻变化，充分把握融媒体中蕴含的前沿意识、技术意识、创新意识、边缘意识，充分利用新媒体在文化传播过程中的即时性、高效性、分众化和互动化的优势，以媒介融合为契机整合媒介资源，增强社会主义先进文化的影响力、感召力和导向性。推动深圳报业集团、广电集团转型融合创新发展，打造在全国具有强大“四力”的一流新型主流传媒集团。开展全媒体传播“影响力工程”，全力提升读特、深圳新闻网、壹深圳等主流网络平台影响力，发挥腾讯、华为等超级平台优势，打通中央、省、市、区 4 个层级的网络推送渠道，拓展政务新媒体矩阵，建强用好区级融媒体中心，做强做大系列品牌栏目，做优做精系列互动引导活动。探索推进全链条“传播力监测工程”，开展对网络内容产品的生产、分发、传播、反馈等全链条轨迹追踪分析。全力支持融媒体在内容生产、党媒算法、技术赋能、融媒生态全面升级等方面持续更新迭代，建成自主可控、开放共享、传播力强，融合“新闻+政务+服务+商务”，建设与深圳经济社会发展相匹配的传媒新锐。第三，不断推陈出新，打造创意产品。目前，随着信息爆炸、产品过剩、渠道多元，人们对舆论传播的期待阈值也在不断“水涨船高”，呼唤更好的作品、更新的形式、更亲切的话语，受众诉求差异化、分众化趋势越来越明显。深圳需要立足超大城市和年轻城市的特点，发挥内容优势、资源优势与品牌优势，通过流程优化、平台再造，新旧媒体一体化发展，各种媒介资源、生产要素有效整合，信息内容、技术应用、平台终端、管理手段共融互通，不断生产“出圈”的精品、爆款，多声部、全方位、立体化的加快构建舆论引导新格局，不断扩大主流媒体的传播版图。

（三）切实提高思政课教学水平，实施“主阵地”工程

“师者，传道授业解惑也。”青少年是祖国的未来、民族的希望。习近平总书记曾指出：“做好高校思想政治工作，要因事而化、因时而进、因势而新。要遵循思想政治工作规律，遵循教书育人规律，遵循学生成长规律，不断提高工作能力和水平。”[①] 众所周知，

---

① 《习近平：把思想政治工作贯穿教育教学全过程 开创我国高等教育事业发展新局面》，《人民日报》2016 年 12 月 9 日。

切实提高思政课教学水平，加强高校意识形态阵地建设，是一项战略工程、固本工程、铸魂工程，事关党对高校的领导，事关全面贯彻党的教育方针，事关中国特色社会主义事业后继有人。深圳是各种文化交流交融交锋的前沿地带，深圳各高校更应该切实提高思政课教学水平，实施“主阵地”工程。第一，要突出思想引领，坚定社会主义办学方向。高校要积极参与马克思主义理论研究和建设工程，发挥高校马克思主义理论研究、普及宣传的龙头作用、基础作用和主力作用，把马克思主义中国化的最新成果贯穿到高校哲学社会科学的学科建设、教材建设、科学研究和人才培养全过程，理直气壮地用马克思主义的立场观点方法分析问题、创新学术、培养人才。第二，要突出创新载体，增强大学生思想政治教育的亲和力。思想政治教育一定要着眼于人，围绕学生，引导学生正确认识世界和中国发展大势、中国特色和国际比较。要抓好课堂育人的改革创新，推动“思政课程”向“课程思政”转变，增强互联网意识，善用学生喜爱的新话语、新平台、新方式。第三，要突出价值导向，加强社会主义核心观教育。思想政治教育一方面要尊重学生的主体地位，转变教育方式，坚持正面教育与潜移默化相结合，引导和鼓励学生进行自我教育、自我提高、自我完善；另一方面，要增强青年学生对社会主义核心价值观的亲和与认同，在教育理念、教育内容、教育方法、教育环境等方面进行立体化、全方位的创新和与时俱进，讲清楚、讲透彻社会主义核心价值观的丰富内涵、重大意义和实践要求，使大学生在不知不觉、潜移默化中接受并认同，使社会主义核心价值观入脑入耳、内化于心、外化于行。第四，要突出立德树人，着力提升教师队伍思想政治素质。思想政治教育要把高校教师思想政治工作摆在突出位置，引导广大教师坚持教书和育人相统一、坚持言传和身教相统一、坚持潜心问道和关注社会相统一、坚持学术自由和学术规范相统一，引导广大教师以德立身、以德立学、以德施教。

（四）切实提高网络管理水平，构筑网络“同心圆”工程

当今世界，网络信息技术日新月异，全面融入社会生产生活，深刻改变着全球经济格局、利益格局、安全格局，网络文化安全已

经成为国家文化安全的战略考量。习近平总书记强调："网上网下要同心聚力、齐抓共管，形成共同防范社会风险、共同构筑同心圆的良好局面。"① 深圳作为互联网发展和应用大市，一定要提高政治站位，树立鲜明的问题导向和底线思维，发挥技术优势、平台优势和关防优势，推动网络最大变量成为增进国家文化安全的最强能量和最优增量。第一，奏响网络空间正能量。深圳市要坚持以习近平新时代中国特色社会主义思想统领互联网内容建设，牢牢把握正确的政治方向、舆论导向、价值取向，高度重视网络空间的思想引领、价值感召、精神凝聚、文化滋养，激发广大网民思想共振、情感共鸣、行动共进，真正有效实现党在网络空间的政治领导力、思想引领力、群众组织力和社会号召力。第二，守卫网络安全新阵地。深圳市要持续提升网络意识形态领域风险防范化解能力，建立健全网上风险会商研判、网络舆情信息报送和重大事项报告等工作机制，及时发现和处置网络意识形态领域苗头性问题。大力弘扬斗争精神，敢于向各种错误言论思潮亮剑，严密防范和抑制网上攻击渗透，澄清谬误、正本清源，使网络负面论调降下来、正面声音强起来，使网络空间更加清朗、更加风清气正。第三，营造综合治理新生态。深圳市应加快建立健全网络综合治理体系，统筹推进系统治理、依法治理、综合治理、源头治理。规范网上内容生产、信息发布和传播流程，深入推进公众账号分级分类管理，加强中国互联网联合辟谣平台建设，健全全国网络辟谣联动机制。深入推进"清朗""净网"系列专项行动，加大对网络暴力、"饭圈"乱象等网络不文明行为的整治力度，加快构建关键信息基础设施安全保障体系，全天候全方位感知网络安全态势，增强网络安全防御能力和威慑能力。

（五）切实传承中华传统文化，打造"中华魂"工程

"不忘本来才能更好面向未来。"中华优秀传统文化是中华民族的精神命脉。源远流长、博大精深的中华优秀传统文化，积淀着中华民族最深层的精神追求，包含着中华民族最根本的精神基因，为

① 《习近平：加快推进网络信息技术自主创新　朝着建设网络强国目标不懈努力》，《人民日报》2016 年 10 月 10 日。

中华民族生生不息、发展壮大提供了强大精神支撑。地处国际文化交融交汇之地的深圳，更需要切实传承中华优秀传统文化、坚定文化自信，从根本上筑牢国家安全的文化屏障。第一，多元赋能，弘扬中华优秀传统文化。面向未来，深圳应该进一步大胆创新，继续探索“文化＋科技”“文化＋金融”“文化＋旅游”“文化＋创意”等产业发展新模式，涵育文明风尚，擦亮文化品牌，为深圳创造新奇迹提供强大价值引导力、文化凝聚力、精神推动力。第二，赓续文脉，建设传统文化传承基地。为了更深入挖掘深圳传统文化内涵，促进传统文化在区域内自觉、活态传承，深圳市将启动传统文化传承基地建设工作，并通过不断挖掘区域资源，开展传统文化传承基地的选拔、建设工作，将代表性、公益性、群众性、广泛性作为考察的重点，确定一批传统文化传承基地，厚培文化文明，守好精神家园。第三，沁润人心，打造传承中华节令文化。古人有云：纸上得来终觉浅，绝知此事要躬行。深圳市要进一步大力弘扬传统节令文化的活动——“我们的节日”。具体而言，以春节、元宵节、清明节、端午节、七夕节、中秋节、重阳节等中华民族传统节日为载体，组织开展主题鲜明、内容丰富、形式多样的群众性节日民俗文化活动，引导市民对中华优秀传统文化的认知认同，充分发挥文化怡情养志、涵育文明的重要作用。

（六）切实提升国际话语权传播能力，打造“万里行”工程

明霞澄天地，潮音悦海外。党的十九大报告指出：“推进国际传播能力建设，讲好中国故事，展现真实、立体、全面的中国，提高国家文化软实力。”[①] 当下，向世界讲好中国故事，既是中国作为世界大国的责任和担当，也是中国参与世界事务维护自身权益的客观要求，更是中国维护国家文化安全的现实需要。深圳作为改革开放的前沿与链接国际资源的节点城市，建设全球文明典范城市，理应切实提升国际话语权传播能力，不断增强“中国声音”在国际上的舆论影响力、评述力、传播力，打造成为维护国家文化安全的“战略前哨”和“前沿基地”。第一，整合资源、打造基地。深圳需

① 《党的十九大报告辅导读本》，人民出版社 2017 年版，第 43 页。

要整合港澳、侨务、口岸、商务、贸促、研究等国际传播资源，构建“3+3+3+N”对外宣传矩阵，搭建全媒体外宣、大湾区新媒体传播、港澳本地化传播三大平台，畅通国家级对外传播、个人化对外传播、外媒传播三个渠道，以全方位、多层次、立体化的声势创新国际传播，力争为国家对外宣传作出深圳贡献。第二，深港同心、双城联动。通民心、惠民生，是深港合作的主基调。“双城联动”不仅是地理上的无缝衔接、产业上的高度互补，也是心理上的认同依存。作为濒临香港的“桥头堡”，深圳必须主动作为，进一步推动深港互动互学互鉴，深化资源共享、推动文化交融，增进两地人民的身份认同和情感共鸣，为完善“一国两制”的战略构想贡献深圳力量。第三，中国立场、深圳表达。作为代表中国改革精神的先锋城市，深圳应进一步发挥城市的既有优势以及名企、名人、地标等作用，打造具有全球辨识度的深圳IP，凝练中国的文化优势话语，努力争夺对基本价值观的解释权，提升国际舆论引导能力，从被动的跟从转变为主动设置议题，逐步掌握与意识形态相关的国际话语权，提高社会主义核心价值观在世界的传播能力，磨砺出更多融合国际视野、时代精神和民族立场“深圳表达”的精品之作。第四，面向海外，同频共振。深圳应立足丰富的外事侨务资源，打造立体式、集成化的传播阵地，实施“国际传播网红孵化工程”，精心设置活动载体，邀请国际网络文化传播使者（志愿者）参与活动，增强国际友人对中国文化的情感认同。在国内新媒体平台和国外主流社交平台同步开展系列传播活动，全力壮大国际网络传播声势，实现海内外同频共振。

“新形势需要新担当、呼唤新作为。”东方风来，大潮奔涌；千帆竞发，时不我待。当前，世界百年未有之大变局加速演进，国际力量对比深刻调整，国际环境日趋复杂，不稳定性不确定性明显增加。国内改革发展稳定任务艰巨繁重，中华民族伟大复兴进入关键时期，前进道路上仍然面临许多难关和挑战，必须以一往无前的奋斗姿态、风雨无阻的精神状态开拓前行。2020年10月14日，习近平总书记站在深圳莲花山山顶平台上，俯瞰深圳全貌，深情地说道：“经过40年的发展，深圳还是一个年轻的城市，蓬勃向上、欣欣向荣”“到新中国成立 100 年时，我们将建成社会主义现代化强国，实现第二个百年奋斗目标，那时的深圳又将是另外一番景象”。[①] 习近平总书记的殷殷寄语昭示的是中国特色社会主义无可比拟的显著优势，瞻望的是深圳建设全球文明典范城市的光明前景。站在新的历史起点上，深圳要以粤港澳大湾区建设为纲，以深圳先行示范区建设为总牵引，紧紧围绕建设中国特色社会主义先行示范区的“五大战略定位”，在不忘初心中汲取前行力量，在牢记使命中展现担当作为，为保障国家文化安全贡献深圳智慧、深圳力量、深圳担当！

---

① 《广东：走好高质量发展之路　南粤大地谱写崭新篇章》，光明网，2022 年 8 月 8 日，https：//m. gmw. cn/baijia/2022 - 08/08/35940530. html。

第六章　深扩"朋友圈"：持续加强世界文明交流互鉴

当今世界文明版图，是各国、各民族文明交流互鉴并不断融合演进的结果，每一种文明都有各自的历史逻辑和传统，正是特色各异的不同文明，共同构成了丰富多彩的世界文明。习近平总书记在中国共产党与世界政党高层对话会上的主旨演讲中指出："我们应该坚持世界是丰富多彩的、文明是多样的理念，让人类创造的各种文明交相辉映，编织出斑斓绚丽的图画，共同消除现实生活中的文化壁垒，共同抵制妨碍人类心灵互动的观念纰缪，共同打破阻碍人类交往的精神隔阂，让各种文明和谐共存，让人人享有文化滋养。"① 吸取世界各国先进文明，是中华文明发扬光大的必由之路。打造城市文明典范，也需要与世界各国先进城市的文明交流互鉴。深圳需要通过多种方式的努力，提高城市的国际化水平，提升国际形象，彰显城市和国家软实力，为进一步丰富和探索人类文明新形态作出自己的独特贡献。

第一节　交流互鉴是推动城市文明建设的重要动力

2014 年 3 月 27 日，国家主席习近平在联合国教科文组织总部发表重要演讲，提出了重要论述："文明交流互鉴是推动人类文明进步和世界和平发展的重要动力""对待不同文明，我们需要比天空更宽阔的胸怀。文明如水，润物无声。我们应该推动不同文明相

① 《十九大以来重要文献选编（上）》，中央文献出版社 2019 年版，第 111 页。

互尊重、和谐共处，让文明交流互鉴成为增进各国人民友谊的桥梁、推动人类社会进步的动力、维护世界和平的纽带"。[①] 习近平主席运用东方文明的智慧在国际社会旗帜鲜明地提出文明交流互鉴思想，这是拥有五千年文明发展史的中国领导人面向未来发表关于人类文明发展的新思考和新思想。文明交流是指相同或不同文明形态的社会主体之间，以平等友好的态度进行双方或多方动态持续的交往活动。文明互鉴表现为不同文明之间的对话、交流，相互借鉴与融合。"深圳，与世界没有距离。"深圳是中国的，也是世界的。当我们以世界文明的宏阔视野观照纽约、伦敦等代表性全球城市的发展历程，会发现文明交流互鉴正是全球城市的重要标志，也是全球城市成就其自身的魅力所在。

一　全球城市：在文明交流互鉴中走向世界

人类文明史的总体进程其实就是互相学习、交流互鉴的发展过程。建设全球视野的都市文化，自然需要了解多元化的世界。改革开放40多年来，中国综合国力显著增强，实现中华民族伟大复兴的需求和呼声越来越高，而文化的复兴尤为重要。"我们不可能成为在文化精神意义上的西方人，我们不可能把西方的灵魂引入我们的内心深处。放弃中华文化精神的唯一结果，就是中国人丧失文化生命。没有文化生命，我们就不会有德性和创造性。……因此，可以相信，在当代情势下复兴中华文化，重新寻找中国人安身立命的精神家园，必将成为一个普遍的要求。"[②] 但人类文明繁荣发展的历史告诉我们，中国的发展和中华民族的伟大复兴需要走一条和平崛起、对话共赢的道路，唯有不同文明之间相互解读、对话和交融，各美其美，美美与共，各个国家和民族的文化才能在多元包容中共同发展，为人类社会的进步绘制色彩斑斓的人文图景。

城市是人类文明发展到一定阶段的产物，城市文明是人类社会

---

① 习近平：《文明交流互鉴是推动人类文明进步和世界和平发展的重要动力》，《求是》2019年第9期。

② 王德峰：《简论中国文化精神及其在当代复兴的可能性》，《哲学研究》2005年第5期。

在各个历史阶段文明发展的重要成果。在现代社会，城市文明对社会文明整体的作用更为重要和无可替代。“城市文明作为社会文明、社会和谐的聚焦，它在根本上标示着人类社会的发展所能达到的一种和谐、文明状态。”① 因此，当代文明的发展成果集中体现为城市文明的演变和进步，城市文明也越来越多地在各个国家和民族的文明交流互鉴中扮演更为重要的角色。

世界性大都市的城市文明往往都是多元文化交流碰撞和融合发展的结果。多元文化活动是一个城市的心跳和脉动，是激发城市文化创新创意的内在动力。多民族的居民构成、多元化的文化碰撞会极大地提高城市的文化活力，以当前世界公认的全球城市——纽约和伦敦为例。纽约是美国第一大城市，也是全球著名的经济、贸易、文化和教育中心城市。在纽约789平方公里的土地上，生活着来自97个国家和地区的移民，其中白人约占68%，其他族裔占32%。多族裔聚居使纽约成为一个“小地球村”，多个国家和民族文化在此汇聚、交融，呈现万花筒式的缤纷色彩。纽约的城市文化活动非常丰富，“圣帕特里克”迎春大游行、“城市之夜”免费音乐会、“哈林周”文化庆典、“纽约书展”“纽约电影节”等各种文化活动在一年中次第举行，其中许多活动甚至吸纳全球参与，展示了城市的开放包容和世界胸襟。和纽约一样，伦敦是英国的政治、经济、文化、金融中心，也是全球知名的文化、教育和旅游中心城市。伦敦700多万名居民同样来自世界各地，其中白人约占71%，其他居民约占29%。多民族、多语言的特点，使伦敦的文化活动充满创意和活力。每年的新年大游行、伦敦时装周、诺丁山嘉年华会、伦敦电影节等文化活动层出不穷，对城市的知名度和国际影响力起到了重要的提升作用。

相似的例子不胜枚举，可以毫不夸张地说，当今世界每一个具有全球影响的城市文明，无不是多个民族文化交流、传播和融合的结果。近年来，随着全球化进程的加快和科技的飞速发展，各国的文化交流更加广泛和深入。在西方国家的城市中，中国美食、日本

① 鲍宗豪：《当代中国文明论》，东方出版中心2019年版，第24页。

料理和韩国泡菜十分常见，而在中国、印度、日本等东方国家，麦当劳、必胜客、咖啡等西式餐饮也屡见不鲜。随着文化旅游业的兴盛和网络技术的推广，城市文明的辐射力将会越来越强，中华民族五千年文明史也将越来越多地为世界人民所认识。

开放性是国际化城市共有的特征。文明的交流互鉴，是城市开放性的应有之义，也是城市文明建设重要的推动力量。作为中国对外开放的"窗口"，深圳在建设国际化城市上具备独特的优势。在新的发展时期，在"双区"驱动的战略背景下，深圳更应坚持对外开放，保持海纳百川、开放包容的宽广胸怀，不断提升城市的经济水平和文明程度，以高质量的城市发展来增强"承载力"。

应该注意的是，每一座城市的发展，必然根植于一定的地域特征和文化背景，应当在吸收借鉴不同文明营养的同时，体现自身的特质和个性。有人说："越是民族的，就越是世界的！"一座彰显自身个性和文化脉搏的国际化城市，才能赢得更广泛的尊重、拥有长久的生命力。因此，推进深圳的现代化国际化先进城市建设，需要开放的胸怀，也需要我们更为坚定的努力和自信，给国际化增添一抹中国的亮色，通过海纳百川、继承创新，将深圳建设成为一座充分体现中国特色、中国风格、中国气派的国际化城市。

二　城市文明是国家软实力的集中体现

当前世界国与国之间的关系既有合作，也有竞争。在经济全球化和政治多极化的背景下，和平与发展是时代的主题，软实力的作用显得更为突出。随着中国综合实力的迅速提升，维护国家文化安全的任务更加艰巨，中国特殊的国际环境也使得增强国家文化软实力、提升中华文化影响力的需求显得更为迫切。约瑟夫·奈在《硬权力和软权力》一书中指出："如果该国的文化和意识形态具有吸引力，则其他国家更愿意追随其左右。如果它能建立与其社会一致的国际规范，它就有可能更少地改变自己。……简言之，一个国家文化的普适性及其建立的有利的规则或制度、控制国际行为的能力是关键的权力之源。在当今世界政治中，这些软性权力之源正变得越来越重要。”[①] 软实力这个概念于1991年进入中国学者的研究视野，并在2005年之后形成了一股研究热潮。当前，围绕“软实力”的讨论和研究，已逐步引向深入。其中很重要的一个方面，便是“软实力”概念被扩展到区域、城市、企业等层面，尤其是城市软实力。作为国家软实力的重要组成部分，城市软实力正在受到更多的重视和关注。城市的发展质量与治理水平是衡量一个国家现代化水平的重要尺度，国家之间的竞争也越来越多地表现为中心城市之间的竞争。拥有发达或先进的城市文明无疑是社会生产力迈入高度发达阶段、社会文明程度达到新高度的产物，是增强国家综合竞争力和提升魅力的一种新期待。因此，加快发展城市文明，塑造充满包容、创造和活力的城市文化品牌，是增强一个国家国际话语权的必然要求，也是保障国家文化安全和提高国家软实力的重要手段。

世界许多发达国家的代表性城市在发展自身的城市文化品牌时，无不将维护国家文化独立性和传播本国文化作为重要考量，以实现文化输出和提升国家文化软实力为目标取向。首先，城市具有人文属性，能够释放人文效应，提升城市乃至国家的文化软实力。法国巴黎是世界著名的艺术之都，巴黎每年投入巨资对卢浮宫、香榭丽舍大街、凯旋门、国家图书馆、蓬皮杜文化中心、印象派艺术博物馆等代表性城市文化设施进行修缮和维护，使之持续成为市民接受历史文化熏陶的重要场所，同时也是吸引世界各地游客观光交流的重要平台。海明威在《流动的盛宴》中曾对巴黎给予无限的赞美：“假如你有幸年轻时在巴黎生活过，那么你此后一生中不论去到哪里她都与你同在，因为巴黎是一席流动的盛宴。”数百年来，巴黎吸引了世界上无数喜爱艺术的人慕名前往。构建优秀的城市文明，不仅能够产生巨大的经济效益，推动城市经济社会发展，增强城市的硬实力，而且能够产生强大的人文效应，提升城市的文化软实力。

其次，城市在构建文化品牌的过程中，还可以将蕴含价值理念和文化诉求的文化产品向外输出，实现文化软实力的提升和文化话

① 转引自曲慧敏：《中华文化走出去战略》，清华大学出版社2017年版，第30页。

语权的获得。好莱坞是世界上最具号召力的电影品牌。依靠强大的电影产业，如今的洛杉矶，不仅是全球电影和音乐产业的中心，也是重要的时尚发源地之一，拥有世界顶级的电影科技、娱乐产业和奢侈品牌。为了支持电影产业发展，洛杉矶市政府通过制定文化政策、出台电影法规、降低税收门槛等措施，鼓励好莱坞电影公司积极开发境外市场。利用其庞大的跨国经营网络，好莱坞将体现美国价值观念甚至政治诉求的电影作品传播到全球各地，同时也借助好莱坞大片将美国文化输出到世界各国，在赚取巨额经济利润的同时，实现文化输出和赢得文化话语权，彰显其国家文化软实力。

最后，城市的文明程度直接关乎人们的获得感，是实现人们对美好生活向往的重要物质载体，一个国家代表性城市的文明程度，也是国家治理能力和文明程度的重要标尺。在各种宜居城市评选中，一个城市的综合宜居指数通常包括社会文明度、经济富裕度、环境优美度、生活便宜度、公共安全度等指标，其中社会文明度甚至排在经济富裕度之前，越来越受到人们的青睐和重视。奥地利首都和最大城市维也纳曾连续十年被联合国人类住区规划署评为全球最宜居的城市。这座城市不仅是举世闻名的“世界音乐之都”，更拥有得天独厚的自然条件和令人艳羡的城市文明。维也纳位于美丽的多瑙河畔，这里气候宜人，街道干净整洁；贫富差距非常小，社会治安好，甚至有人说，维也纳警察最重要的职责之一就是从树上救猫。维也纳的城市管理非常人性化，市民文化素养高，遵守公共秩序已潜移默化成为大家的普遍自然行为。

随着经济社会的发展，当前城市的发展方向正在由注重物质财富积累向物质文明和精神文明协调发展、实现安居宜居的方向跃升，市民对生态环境、文体休闲设施、市民文化素养等因素的要求日益提高。理念的变化与发展方向的选择对城市治理提出了新命题，在此背景下，城市的发展唯有满足市民对城市文明的新期待，才能不断实现人民对城市美好生活的向往。

通过多年的努力，当前深圳已实现了从“文化沙漠”到“文化绿洲”的蜕变，发展主题从“高速度”切换成了“高质量”，深圳的城市形象在国内外均有了显著的提升，经济更加强盛，城市风景更加优美，文化基础夯得更实。但也要看到深圳的文化辐射力、影响力与这座城市在国内外的地位和先行示范区的要求还不匹配，仍有很大的提升空间。我们既要看到一个文化资源并不丰富的超大城市在文化领域快速提升的成绩，也要看到粤港澳大湾区、深圳中国特色社会主义先行示范区“双区”建设对提升深圳文化软实力的现实要求。加强深圳城市文明建设，提升深圳国际化水平，是深圳自身城市发展的需要，也是时代和国家赋予深圳的重要使命。

三　交流互鉴与深圳城市文明建设的世界视野

建设面向世界的全球城市，构建足以垂范世界城市的城市文明，首先需要了解世界。放眼世界城市，诸多世界名城如纽约、伦敦、巴黎、东京等群星璀璨，各有特色。每一座名城皆有其独特的魅力，当我们靠近甚至听闻这座城市，就会被它的某一个方面特质所打动。文化因多样而精彩。打造城市文明典范，必须立足自身实际，同时具备世界视野，与世界先进城市文明交流互鉴。

“深圳，与世界没有距离。”在中国社会主义现代化事业总体布局中，作为粤港澳大湾区核心城市和中国特色社会主义先行示范区的深圳市将“城市文明典范”作为城市建设的总体目标之一，是中国特色社会主义迈入新的历史阶段的必然要求，也是时代赋予的机遇和挑战。2019 年 2 月，中共中央、国务院印发《粤港澳大湾区发展规划纲要》，指出，“塑造湾区人文精神。坚定文化自信，共同推进中华优秀传统文化传承发展，发挥粤港澳地域相近、文脉相亲的优势，联合开展跨界重大文化遗产保护，合作举办各类文化遗产展览、展演活动，保护、宣传、利用好湾区内的文物古迹、世界文化遗产和非物质文化遗产，支持弘扬以粤剧、龙舟、武术、醒狮等为代表的岭南文化，彰显独特文化魅力。增强大湾区文化软实力，进一步提升居民文化素养与社会文明程度，共同塑造和丰富湾区人文精神内涵。”“推动中外文化交流互鉴。发挥大湾区中西文化长期交汇共存等综合优势，促进中华文化与其他文化的交流合作，创新人文交流方式，丰富文化交流内容，提高文化交流水平。”2019 年 8 月，在《中共中央　国务院关于支持深圳建设中国特色社会主义先行示范区的意见》中，深圳在国家和区域文化版图中的地位再次被强调：“进一步弘扬开放多元、兼容并蓄的城市文化和敢闯敢试、敢为人先、埋头苦干的特区精神，大力弘扬粤港澳大湾区人文精神，把社会主义核心价值观融入社会发展各方面，加快建设区域文化中心城市和彰显国家文化软实力的现代文明之城。”

过去的40年尤其是近十年中，深圳积极推动城市外交，城市国际交往能力、城市品牌与人文辐射能力、国际互联互通能力、国际抗疫合作等全球议题的参与能力得到了显著提升。“十三五”时期，深圳国际友好城市与友好交流城市总数从63个增加到88个，被中国人民对外友好协会授予“人民友谊贡献奖”。2018年，深圳成功举办中国共产党和世界政党高层对话会专题会议等重大外事活动。2020年，深圳被外交部授予全国地方外事工作优秀集体奖。深圳还开了全国先河，以城市之名与智利、新加坡开展合作，推动中智双边合作深化完善，落实中新两国领导人关于深圳与新加坡开展智慧城市合作达成的共识。承办2019深圳国际友城智慧城市论坛，推动深圳与相关国家特别是友好城市在智慧城市共建领域的务实合作。2020年成功举办“携手应对挑战，共谋创新发展”外资企业交流会。联合香港贸易发展局服务科技企业“走出去”，打造与日韩创新主体合作新平台。发挥友城网络优势，积极引进德国巴伐利亚州中国代表处、瑞士西区经济发展署深圳代表处等国际经贸交流机构。同时，深圳在城市文明建设方面取得了显著成绩，城市影响力不断提升。社会主义核心价值观深入人心，文化产业迅猛发展，公共文化服务水平和城市文明程度显著提高，建成一批标志性文化基础设施，形成诸多具有国际影响力的城市文化品牌，一个年轻、开放、多元、现代的社会主义新城正在崛起。深圳自建立经济特区以来，始终坚持物质文明和精神文明“两手抓”，各项文化事业从无到有、逐步发展壮大。2012年“文化强市”战略的提出，为深圳宣传思想文化工作的开展带来澎湃动力。“十三五”时期，深圳出台并实施了《深圳文化创新发展2020（实施方案）》，提出了建设“新时代十大文化设施”，建立了“城市文化菜单”，制定实施《深圳市民文明素养提升行动纲要（2016—2020）》并第六次摘取

“全国文明城市”桂冠，拓展“大外宣”工作格局，塑造国际化城市形象。这些成果的积累都为深圳未来建设国际化城市和提升文化软实力奠定了基础。

“‘城市文明典范’本质上追求的是一种有示范性和引领性的城市品牌建构，是人类文明如何实现跃升的一种探索。城市走向‘城市文明典范’意味着通过生机勃勃的新经济、创意驱动的新科技、温暖人心的文化场景、消费的便利化、健康向上的社会风尚、人才汇聚的感召力、友善包容的城市环境引领一种更加美好的城市生活。”[①] 建设城市文明典范，代表区域和国家在世界城市之林中展现出中国现代化新城的魅力，深圳需要更大的舞台和更为广阔的视野。深圳要进一步加强国际化城市建设，学习和借鉴世界先进城市文明成果，深化对城市发展客观规律的认识，进一步树立世界眼光、拓宽国际视野，在城市发展的宏观规划和决策中，把国际化的理念和要求贯穿到城市发展和经济社会发展规划过程当中，把各国文化的先进要素和国际通行规则很好地融入到城市发展的经济、社会、文化、生态等方面，使国际化城市建设更加有力、有效、有序地推进，使深圳的城市文明建设不仅具有中国风格，更具有世界气派。

第二节　深圳城市文明建设的国际化之维

近十年来，深圳城市文明建设的成就及其在世界舞台上的出色表现世人有目共睹。在取得经济建设的巨大成就之后，深圳将目光投向世界先进文明城市的建设，以全球先进城市为标杆，提升城市国际化水平，推动城市各方面文明建设的进一步飞跃。党的十八大以来，深圳作为一个年轻的超大城市努力学习世界优秀城市文明建设经验，以多种有效举措和丰富实践提升国际化水平，取得了多方面的成绩。相关举措和实践主要包括：通过强化城市外交功能、主

① 范玉刚：《城市文明典范：人类文明跃升的方向》，《社会科学报》2022 年 3 月 16 日。

动承接承办大型国际会议和赛事永久举办权等打造城市品牌；通过继承发扬优秀中华传统文化、打造锐意创新的社会主义现代化新城等彰显国家文化主权；通过坚持舆论传播的国际视野、采用新科技新手段增强对话传播的时代意识、在构建人类命运共同体等理念的指引下塑造开放包容的城市形象等，在国际舞台上讲好深圳故事。深圳近年来尝试推进国际化街区建设，也是深圳建设国际化城市的重要创新举措之一。

一　深圳城市品牌的国际化之路

文化是城市保持其独特性和持续竞争优势的巨大潜在资源。“在全球化的背景下，全球城市在城市形态、制度规范、市民行为等方面日趋雷同，只有文化上的区别显得尤为重要、更有价值，每个城市的文化特征和文化品质为城市在竞争中创新、脱颖而出提供了土壤和资源。”① 一座城市的文化又常常通过其城市文化品牌来体现。城市文化品牌凝聚着城市独特的价值理念和审美趣味，可以最大限度整合文化资源，扩大城市的影响力和号召力。城市文化品牌又是一座城市文化特色、风貌和品位的体现，打造文化品牌是确立和推广城市良好形象的最有效方式之一，一定程度上讲，文化品牌是提升城市文化影响力的关键。在国际城市文化交流与竞争之中，文化品牌是一座城市参与交流互鉴的名片和资本，也是彰显国家文化软实力的重要体现。

文化品牌对于城市的重要性毋庸置疑，但文化品牌的建设并非一朝一夕之事，它需要历史的积淀，同时又要有特色和独特的价值。文化品牌是一座城市的历史文化、生活方式及与此相关的文化活动所形成的具有代表性的综合表述，是城市精神和文化价值的重要载体。它不仅是一座城市的自我认知和概述，而且是促进和维持城市文化产品输出的重要保证。美国洛杉矶的好莱坞电影制作，日本东京的动漫主题创意，法国巴黎的艺术氛围，奥地利维也纳的音乐气息，每一座世界名城无不有其独特的文化品牌和精神气质，正

① 王振等：《上海：全球城市坐标的文化战略》，上海社会科学院出版社 2018 年版，第 1 页。

是这种文化品牌使其在世界城市之林中占据重要位置，发挥着不可替代的作用。“文化具有极强的个体性，只有每个个体积极参与的文化才具有强大的生命力。”① 法国戛纳以戛纳国际电影节驰名于世，电影节创立于1939年，每年举办一次，是世界上最具影响力的电影节之一，它颁发的金棕榈大奖也被公认为电影最高荣誉之一。毫不夸张地说，正是电影节这一文化品牌成就了戛纳，戛纳也因此成为国际名流集会之地和闻名世界的旅游胜地。

深圳作为中国改革开放的前沿阵地，不仅在短短40年左右的时间里创造了中国城市发展的奇迹，而且在经济社会发展过程中有意识地提出了“文化立市”“文化强市”的文化整体发展战略，从城市文化精神、公共设施建设、文化创意产业等多个方面积极推动城市文化国际化建设，取得了显著成效。近十年来，深圳确立了建设与现代化国际化创新性城市相呼应的文化强市这一发展目标，将构建以全球城市为标杆的文化品牌作为文化发展的战略目标之一，在顶层设计、体制机制、发展规划等方面大胆创新，弘扬国家主旋律，传播社会主义核心价值观，有力地推动了深圳文化繁荣发展和城市文化品牌塑造。

在文艺精品创作方面，深圳坚持以人民为中心的创作导向，唱响“中国好声音”，实现经济效益和社会效益相统一。2012年，深圳有5部作品在中宣部第十二届“五个一工程”评选中获奖；2014年，深圳有动画电影《熊出没之夺宝奇兵》等7部作品在中宣部第十三届“五个一工程”评选中获奖；2015—2016年，《担子岛上的猴子王》获2015年度中国电视纪录片学术委员会短片“十佳作品”奖，《你幸福我快乐》获得第十一届美国百老汇国际电影节大奖，《鹰笛·雪莲》获得第七届欧洲万像国际华语电影节“最佳儿童故事片奖”。文艺精品为市场提供了充足的高质量文艺资源，深圳在大力推动文艺精品创作的基础上，积极打造丰富多样的文化品牌活动，为文艺作品创作拓展市场并形成良好的创作氛围。深圳在办好文博会、读书月、创意十二月等传统文化品牌的同时，创办国际科

① 张春朗、安治民：《深圳国际化城市文化建设路径及策略研究——兼议大众传媒在深圳国际化城市文化建设中的作用》，《交流之窗》2014年第81期。

技影视周、"'一带一路'国际音乐节"等国际品牌文化活动，引进中国国际合唱节等落户深圳。2012 年，深圳出台《深圳市原创动漫产品、影视作品、舞蹈演出剧精品奖励办法》，启动文化创意产业专项资金资助文艺类项目，第四届中国深圳国际钢琴协奏曲比赛创作选拔赛、第三届深圳钢琴音乐节、第十一届中国深圳文博会艺术节、"戏聚星期六"等一大批文化活动品牌从中受益。

深圳是中国第一个被联合国教科文组织认定为"设计之都"的城市，自 2008 年获此殊荣以来，深圳的设计文化和相关产业蓬勃发展，影响世界的新锐奖、七彩奖等多个国际性的设计大奖落户深圳。在红点、IF、G－MARK 等知名的国际设计大奖评比中，来自深圳的设计作品多次获奖，赢得国际设计同行的重视和认可。2012—2014 年，深圳相继获得红点奖 15 项、18 项和 17 项；2012—2015 年，深圳仅工业设计类就获得 iF 奖 119 项，获奖总数占全国获奖数的三分之一以上。深圳在这两大设计奖的获奖总数，位居全国大中城市首位。2013 年，在联合国教科文组织的支持下，深圳举办了首届深圳创意设计新锐奖颁奖典礼，面向全球创意城市网络成员城市的青年设计师征集优秀作品，以一个中国新锐城市的名义鼓励和扶持世界青年设计师的成长。2016 年，第二届深圳创意设计新锐奖颁奖典礼暨优秀作品展在巴黎中国文化中心隆重举行，吸引了世界设计同行的目光。2017 年，首届深圳设计周举办，包括国际设计理事会主席大卫·格罗斯曼等在内的 200 多位业内人士和设计师出席或参与，活动先后有近 10 万人次参观。同年，全球最负盛名的德国 iF 设计大奖评选中，来自深圳的企业获得奖项达 142 项，连续 6 年居全国大中型城市首位。在当年举行的联合国教科文组织创意城市网络年会上，深圳作为城市召集人主持召开会议，受到世界各国的高度关注。2018 年，首届深圳环球设计大奖颁奖典礼举办，该奖项总奖金高达 100 万美元，来自意大利、美国、法国等 12 个国家或地区的 1000 余件作品参与评选，成为国际设计界的一件盛事。设计改变生活，深圳作为设计之都取得的成就，是社会对设计行业和深圳这座年轻城市的认可。

现代城市文化品牌的提升是一个巨大的系统工程，经济、生态、建筑、文化、体育等均是其中非常重要的因素。大型国际体育赛事不仅有助于改善城市规划的硬件设施，对于拉动城市经济、文化旅游等产业的发展，提升现代城市的声誉和吸引力，提高城市在国际国内的知名度，都会产生重大而深远的影响。自 2011 年筹办第 26 届世界大学生夏季运动会以来，深圳不断加大体育事业投入，体育设施更加完善，全民体育活动更加丰富，相关产业也不断发展壮大。2012 年伦敦奥运会，深圳籍运动员获得 2 金 3 银的优异成绩，仁川亚运会也获得 5 金 2 银的佳绩。2015 年，深圳 U15 少年足球队夺得全国青少年锦标赛冠军。深圳出台《深圳市促进体育产业发展的若干措施》，设立深圳市体育产业发展专项资金，先后成功举办 WTA 和 ATP 网球深圳公开赛、高尔夫深圳国际赛、中国网球大奖赛等十余项高水平体育赛事。WTA 深圳公开赛自 2013 年起已经连续举办了 5 届，深圳赛也成为除中国网球公开赛和广州国际女子网球公开赛之外的第三站 WTA 巡回赛事。赛事的成功举办，吸引了包括 CCTV5 等国内外各大媒体的持续关注，收获了各方的好评。

“对于深圳这样的‘非资源禀赋型’新兴城市而言，要想提升影响力，要想打造文化品牌，必须要弘扬‘敢闯敢试、开放包容、务实尚法、追求卓越’的新时代深圳精神，坚持市场化、法治化、国际化的道路，尤其是要进一步改革创新，充分激发市场在催生文化品牌中的创造活力。”[①] 近年来，通过深化文化体制改革、加强文化产业发展、强化城市外交功能及主动承接承办大型国际会议和赛事永久举办权等举措，深圳城市文化品牌建设的成就及其在世界舞台上的出色表现世人有目共睹。虽然与纽约、伦敦、巴黎等世界先进城市相比，乃至与北京、上海等国内一线城市相比，深圳的城市文化品牌建设在诸多方面仍然存在较大的差距，但立足于自身城市发展的特色文化品牌正逐渐显现出其崭新的独特面貌和价值。在一定历史阶段，城市文化品牌的竞争是城市竞争的主要体现。城市文化品牌不仅具有商业属性，是引导和促进文化产业发展的重要动力，而且具有人文属性，是增强社会正面认知的评价系统。在此意

---

① 李凤亮：《提升文化软实力，构建城市文明典范》，《深圳特区报》2021 年 6 月 1 日。

义上，打造城市文化品牌，是加快城市文化发展的重要途径，也是推动中国文化走向世界、增强国家国际话语权的重要手段。构建城市文化品牌，不仅能够增强城市的产业发展和硬实力，而且能够产生强大的人文效应，提升城市文化软实力，成为国家文化主权的城市担当。

二 彰显国家文化主权的深圳担当

实现中华民族伟大复兴是全体中国人民的共同理想和追求。中华民族的复兴，需要扎实的物质基础，更为重要的，则是中华文明价值的重新建构和国际认同。2013 年 11 月，习近平总书记在视察山东时强调，一个国家、一个民族的强盛，总是以文化兴盛为支撑的，中华民族伟大复兴需要以中华文化发展繁荣为条件。民族的复兴离不开国富民强，同样也离不开文化的繁荣昌盛，其中尤为重要的就是核心价值的张扬和文化软实力的提升。一个国家和民族的强大，首先要在国际上享有应有的尊严，赢得世界的尊重。而要成为一个世界性大国，就必须在精神价值层面得到世人的认可，拥有自信且强大的国家文化主权。国家文化主权是国家根本利益的组成部分，是一个国家文化影响力的核心要素和突出表现。在当前的经济与社会形势下，一个国家中心城市的文化水平无疑是国家文化主权的重要体现，国家之间软实力的竞争，尤其是通过中心城市的竞争来实现。“在经济全球化和文化软实力竞争日趋激烈的国际背景下，国际大城市正日益成为跨国界经济活动的主要组织框架和多元文化集聚、融合的空间，对区域甚至整个世界产生越来越大的影响，而像纽约、伦敦和东京等影响力极大的高能级城市就被称作世界城市。世界城市作为人才、资金、技术、信息等各种资源的汇聚地，已成为世界经济与社会活动最重要的载体，构成区域乃至全球发展的核心。”①

综观世界上大国之间综合国力的竞争，往往离不开中心城市软实力之间的较量。那些世界级城市的文化特征，无不是其背后一个

① 刘波：《从精神文明视角看世界城市软实力建设》，《理论学习》2011 年第 12 期。

国家的象征和缩影。美国的纽约音乐节，每年吸引各种音乐流派和表演形式汇聚于此，几百万名的音乐爱好者将纽约变成了一个五彩斑斓的大舞台，体现出美国文化大熔炉的独特气质。德国负有盛名的法兰克福书展是世界上规模最大的书展，每年有多达100多个国家和地区的7000多家出版商和书商参加，被称为“世界出版人的奥运会”。该书展不仅使法兰克福更加广为人知，也使德国成为世界最重要的图书贸易中心之一，是盛产哲学家的德国人热爱读书的一个缩影。法国巴黎时装周起源于1910年，已有100多年的历史，由法国时装协会主办。在许多设计师看来，米兰和伦敦的时装周过于保守，而纽约时装周商业气息又太过浓重，只有巴黎才是世界时装精英最好的舞台。英国伦敦设计节为全球设计师提供交流的平台，是世界最具影响力的设计盛会之一。创意设计不仅为伦敦带来经济利益，还使伦敦因此成为世界创意产业中心，提升了英国的国家形象和文化软实力。

放眼世界，任何一个国家和民族的复兴，无不伴随着一批代表性城市的崛起，民族复兴的同时也是传统思想精华与时代观念融合创新的历史过程。“作为国家软实力的重要组成部分，城市软实力和国家软实力既有联系，又保持相对独立。在政治文化、主流意识形态上，城市软实力和国家软实力保持高度一致；基于城市的地域性、特色性、文化资源的差异性、发展定位的分歧性等特征，城市软实力又各有特点。”①《粤港澳大湾区发展规划纲要》中明确提出了对湾区城市文化发展的期待：“塑造湾区人文精神。坚定文化自信，共同推进中华优秀传统文化传承发展，发挥粤港澳地域相近、文脉相亲的优势，联合开展跨界重大文化遗产保护，合作举办各类文化遗产展览、展演活动，保护、宣传、利用好湾区内的文物古迹、世界文化遗产和非物质文化遗产，支持弘扬以粤剧、龙舟、武术、醒狮等为代表的岭南文化，彰显独特文化魅力。增强大湾区文化软实力，进一步提升居民文化素养与社会文明程度，共同塑造和丰富湾区人文精神内涵。吸收中华优秀传统文化精华，大力弘扬廉

① 刘波：《从精神文明视角看世界城市软实力建设》，《理论学习》2011年第12期。

洁修身、勤勉尽责的廉洁文化，形成崇廉尚洁的良好社会氛围，共同维护向善向上的清风正气，构建亲清新型政商关系，推动廉洁化风成俗。”深圳作为湾区枢纽城市和中国第一个经济特区，更是在2019年成为中国特色社会主义先行示范区，作为在国家经济和社会发展中具有重要战略地位的城市，深圳的命运注定与中华民族的命运捆绑在一起，中华民族的文化复兴，深圳同样责无旁贷。

近年来，深圳通过继承发扬中华优秀传统文化、构建锐意创新的新型社会主义现代文化，并努力寻求共鸣和共赢的人类共通文化，以国际一流城市的定位参与国际文化交流，在展示城市文化特色的同时，形成文化话语权，并努力彰显国家文化主权。2013年，深圳历时7年创作的大型合唱交响乐《人文颂》在巴黎联合国教科文组织总部成功上演，该活动是深圳探索文化外交的开创性尝试。《人文颂》包含仁、义、礼、智、信五个乐章。仁、义、礼、智、信即传统儒家文化所谓的“五常”，在儒家看来，“五常”是指我们在日常生活中应该拥有的五种最基本的品格和德行，具有丰富的文化内涵和当代价值。《人文颂》用西方交响乐的形式和手法，将东方内涵与外在的西方音乐形式融合辉映，深入诠释了中华儒家文化的核心价值理念，极具艺术感染力。《人文颂》凭借丰富的内涵和创新的音乐形式自信地登上世界文化交流的高层次平台，得到了世界的尊重和认可，是中国文化走出去的优秀范例和彰显国家文化主权的创新之举。

另一个提升城市文化话语权的重要途径是赢得国际组织给予的城市文化奖项和荣誉。2013年，联合国教科文组织授予深圳“全球全民阅读典范城市”，这是该组织对深圳市民热爱阅读和深圳推广全民阅读工作的肯定。多年来，深圳连续多年举办深圳读书月活动，努力使爱书、读书成为这个新兴城市市民文化生活的一部分。深圳还会同联合国教科文组织等国际机构，主导起草了全球图书业发展的《深圳宣言》草案，这是中国城市首次主导建立国际图书文化业规则。对阅读和书籍的注重使深圳在国际舞台上取得了诸多的成绩，2017年9月，被誉为全球印刷界“奥斯卡”的美国印制大奖在芝加哥举办，雅昌文化（集团）有限公司斩获37项大奖，成为本次得奖数最多的中国企业，尤为值得一提的是，雅昌连续五年蝉联“全场大奖”桂冠。以雅昌为代表的深圳企业在这一世界最具分量的印刷业盛典上为国家赢得了荣誉，让源于东方的印刷术在国际舞台上赢得了世界的认可和尊重。

增强文化输出能力，提高文化话语权，离不开发达的文化产业。在高度市场化的时代，产业对于文化的可持续发展和文化走出去具有重要的推动作用。中国（深圳）国际文化产业博览交易会是深圳在国家有关部门支持下构建的国际化文化产品展示交易平台，文博会连续数年的成功举办，对于推动深圳乃至全国的文化产业发展皆具有重要意义。一方面，文博会催生了一批国内优秀的文化企业和品牌，推动了国内文化资源向文化资本的转换，提升了民族文化凝聚力和软实力；另一方面，通过文博会的平台，中国文化产品得以集中包装、展示，带动文化产品输出，从而实现文化内容的输出，取得经济效益与文化传播的双重效果。同时，深圳着力实施“文化立市”战略，培育文化市场主体，推动文化创意产业集聚化、规模化发展，逐步形成较完备的产业发展体系。2013 年深圳文化创意产业增加值达 1357 亿元，成为深圳重要的战略新兴产业和四大支柱产业之一。2014 年，深圳文化创意产业增加值占当年 GDP 的比例达 9.8%，成为深圳经济发展的重要引擎和助推器。通过文化产业的发展，深圳已初步形成充满活力的现代文化市场体系，成为影响越来越大的国际文化中心城市。

回顾历史，国家文化主权的竞争，不仅是概念和理论之争，更是文化软实力和文化前进方向的争夺；不仅是文化价值内涵之争，更是技术、手段和策略的较量。“文明特别是思想文化是一个国家、一个民族的灵魂。无论哪一个国家、哪一个民族，如果不珍惜自己的思想文化，丢掉了思想文化这个灵魂，这个国家、这个民族是立不起来的。”① 在全球化时代，城市以其灵活的姿态便于开展更多的文化交流和对话，也越来越多地成为国家文化战略的重要载体。弘扬国家文化主权，需要国家层面长远的设计和建构，也需要每一座

① 习近平：《在纪念孔子诞辰 2565 周年国际学术研讨会暨国际儒学联合会第五届会员大会开幕会上的讲话》，人民出版社 2014 年版，第 9 页。

城市尤其是中心城市的担当和彰显。相对而言，城市软实力的提高是一个漫长的过程，需要根据各个城市自身的特点和条件进行不同的制度设计和长远规划。新时代呼唤新担当、新作为，建设与城市综合实力相匹配的文化软实力，构建城市文明典范和社会主义现代化新城，一直是深圳这座年轻城市孜孜以求的奋斗目标。我们需要把优秀的历史文化和蕴含在其中的文化核心价值以文化艺术的形式固定下来，以创新创意的设计使其得到世界的认可，以发达的文化产业将其推向世界交流和展示，在区域乃至全球发挥强大的影响力，从而去影响世界，赢得尊重。

三 在国际舞台上讲好深圳故事

传媒在城市发展中具有不可忽视的地位，发挥着非常重要的作用。在现实生活中，文化和价值观等软实力资源，通过媒介的广泛传播，才能获得更多认同并产生积极效果。一个国家文化的影响力，不仅取决于其是否有独特的内容，还取决于是否具有先进的传播手段和强大的传播能力。特别是在当今信息社会，凡是传播手段先进、传播能力强大的国家，其文化理念和价值观念就能广为流传，就能掌握影响世界、影响人心的话语权。① 在此意义上，传媒是文化软实力呈现的中介，是城市影响力的重要组成部分。当今世界，通信技术的发达使媒体和信息步入全球化的新阶段，大容量和高速度传播的信息使媒介在城市建构中扮演的角色越发重要。欧美为主的西方媒体正是凭借美联社、路透社、法新社等国际主流媒体和覆盖全球的传播网络，影响国际社会对种种问题的认知和评价。强大的传播能力和手段对于一个国家和城市的文化建构都具有非常重要的作用。

党的十九大报告指出：“推进国际传播能力建设，讲好中国故事，展现真实、立体、全面的中国，提高国家文化软实力。”简而言之，“讲好中国故事，传播好中国声音”，是习近平总书记对提升中国文化国际传播能力和国际话语权的精练表述，也是展示真实、

① 《提高国家文化软实力》，《人民日报》2007 年 12 月 29 日。

立体、全面的中国和加强中国国际传播能力建设的重要任务。中国特色社会主义进入新时代，向世界展现真实、全面的中国，是中华民族伟大复兴的需要，也是时代发展的需要。在复杂的国内外形势背景下，如何加强和提高国际传播能力，无疑是当下文化建设的重大议题。作为国家前沿开放城市和见证中国时代巨变的窗口城市，深圳在国际传播的城市担当中具有独特地位并负有重要责任。“加强对外传播工作，制定出台《关于进一步加强和改进国际传播能力建设行动计划》，整合港澳、侨务、口岸、商务、贸促、研究等国际传播资源，构建大外宣格局，不断增强评述力、传播力、影响力，让世界从深圳故事、深圳声音、深圳名片中读懂中国、读懂中国共产党、读懂中国特色社会主义。这是深圳作为先行示范区的题中之义。”深圳市委常委、宣传部长张玲在全市宣传思想文化工作会议上指出。应当注意的是，习近平总书记提出的“构建人类命运共同体”“文明交流互鉴”等重要思想，对中国国家形象建构与国际传播能力提升具有重要意义和启示。

近年来，深圳大力拓展对外传播渠道，通过对外传播塑造深圳国际化城市形象，取得了诸多成绩，让“深圳好声音”跨出国门，走向世界。1997 年创刊、成立于香港回归祖国之时的《深圳日报》，是中国内地首家地方英文日报。报纸每周一至周五出版，目前保持每周五期、每期 16 个版的出版规模。服务对象主要为外籍人士和本土的英文爱好者。纸媒内容涵盖政治、经济、社会、文化、体育、生活和服务资讯等方面，英文报道基本满足居深外籍人士的新闻信息需求和海外人士了解深圳的信息需求。深圳卫视国际频道面向外国观众，制播的外宣栏目《今日深圳》和纪录片《共赢海上丝路》《大漠绿色梦》等，深受好评。深圳卫视国际频道实现在亚太、北美和欧洲地区的覆盖，并取得内地在香港外宣频道排名第一的出色成绩。深圳举办的“一带一路”国际音乐季邀请奥地利、俄罗斯、印度等国家的媒体进行专访，中央电视台、新华社等国内媒体也进行了集中报道，CBS、NBC、韩联社等多家国外媒体进行转载，今日头条 24 小时阅读量达 1000 多万人次，有效提升了深圳的国际形象。《丝路古韵话鹏城》《深圳：创业之都》专题片在中央电视台国际频道播放，《魅力深圳》电视专栏持续在澳大利亚和欧洲等地播出，向世界展示了深圳良好的营商环境和美丽的生态环境，展示了深圳美好的城市形象。2022冬奥会开幕式，奥组委选择上海、深圳等城市在开幕式前组织分会场演出，深圳是华南地区唯一一座城市，也是唯一没有自然冰雪的城市。通过深圳这一窗口我们向世界展示了全国积极参与冰雪运动的良好国民形象和精神状态，同时深圳也利用这一重要机会向世界展示了深圳形象和传播了深圳声音。

21世纪以来，互联网已逐渐融入人们的社会生活甚至日常行为习惯当中，极大地改变了人们的生活方式，移动终端几乎已成为人们身体功能的延伸。2014年，在中国全功能接入国际互联网20周年之际，习近平总书记在关于网络安全和信息化建设的重要讲话中，强调要把中国建设成为网络强国，提出“没有网络安全，就没有国家安全；没有信息化，就没有现代化”[①]“建设网络强国的战略部署要与‘两个一百年’奋斗目标同步推进”[②]等重要论断，深入阐释了国家对于加强网络安全和信息化工作的指导思想及方针路线。当前，5G、云计算、大数据、人工智能、元宇宙等迅猛发展，持续深刻改变着舆论生态、文化业态、传播形态，既为我们做好工作提供了新舞台，也给我们带来了新课题、新挑战。

网络已成为主流媒介之外极为重要的信息传播平台，在城市形象的对外传播中具有主流媒介所不具有的强大优势。“只有站在时代前沿，引领风气之先，精神文明建设才能发挥更大威力。当前，社会上思想活跃、观念碰撞，互联网等新技术新媒介日新月异，我们要审时度势、因势利导，创新内容和载体，改进方式和方法，使精神文明建设始终充满生机活力。”[③]深圳在新闻舆论和国际传播中，充分发挥科技优势，把握信息网络技术的时代风口，牢牢占领互联网主阵地；积极处理青年一代思维方式、价值取向、行为特点等方面的“代际差异”，走好新时代网上群众路线；在粤港澳大湾

① 《习近平关于网络强国论述摘编》，中央文献出版社2021年版，第43页。

② 《习近平关于网络强国论述摘编》，中央文献出版社2021年版，第34页。

③ 习近平：《在会见第四届全国文明城市、文明村镇、文明单位和未成年人思想道德建设工作先进代表时的讲话》，《人民日报》2015年3月1日。

区建设中进一步发挥文化的核心引擎作用，助力人文湾区建设，推动人心回归，不断增强港澳同胞的认同感和凝聚力。深圳城市英文门户网站“EYESHENZHEN”由中共深圳市委宣传部主办、*Shenzhen Daily* 承办，网站于2016年5月上线，是华南地区首个城市对外英文门户网站。“EYESHENZHEN”设置了新闻报道、涉外服务、文化艺术、多彩深圳等七个频道，为国外来深游客提供精准友好的信息服务，充分体现了深圳的人文情怀和包容精神。深圳报业集团以深圳英文门户网站为依托，通过谷歌等海外主流网络渠道推介深圳，2018年3月深圳英文官方网站总访问量近6万人次，跃居中国地方政府英文网站访问量首位。“EYESHENZHEN”网站先后开通了Twitter、Facebook、YouTube等新媒体账号，吸引了大量居深外籍粉丝的关注，网站举办的线上线下相结合的各种涉外活动，也受到众多外籍人士的热烈欢迎。Eyeshenzhen已成为深圳提供国际化资讯服务、打造国际传播体系的重要平台，网站浏览量在国内同类英文网站中名列前茅，被评为“2018年度全国最具影响力外文版政府网站”。《深圳日报》（英文版）初步形成了包括纸媒、客户端、微信公众号、官方微博及Twitter、YouTube、Facebook等境外社交平台账号的英文融媒体矩阵。旗下各新媒体平台则每天更新，在新闻信息发布频率上，可实现纸媒权威报道、新媒体实时更新的模式。2021年英文《深圳日报》还在深圳官方微信公众号“深圳发布”开辟“外眼”栏目，每周一期，选登优秀外宣作品。“外眼”采用中英双语，以短视频为主，内容主要为对在深工作和生活的外籍人士的采访，请他们讲述在深圳生活的点滴和感受。“在深外籍友人走上抗疫一线”“专访深圳网红公园的西班牙设计师”“外籍摄影师坪山行”“专访日本导演竹内亮”等，广受用户欢迎。深圳在网络建设方面的许多创新手段也客观上为城市形象的国际传播起到了良好的辅助作用。2012年，深圳建立“120分钟原则”的发布机制，规定“发生突发公共事件，以及有可能发生的影响公众生活的事件，要在启动事件处置预案120分钟内通过政务微博途径，发布已掌握的事件时间、地点、基本事实及现状等基本信息”。2013年深圳制定《深圳政务微博运行管理制度》，规定“对于网民在政务微博上反映的涉及公共政策、公共利益的社会热点问题，政务微博值班管理员要第一时间逐级报告，并在当天作出答复。”“深圳市网络问政平台”“深圳微博发布厅”等网络互动平台已成为深圳网络治理和政务建设的重要手段。

深圳是在世界聚光灯下的一座“奇迹之城”“未来之城”，舆论传播工作坚持国际视野，以更强的时代感，为新闻舆论和国际传播插上科技的翅膀、争取更广的人缘、集聚更大的能量，通过深圳先行示范的故事，精彩讲述广东故事、大湾区故事、中国故事，塑造中国可信、可亲、可敬的形象，在世界文明交流互鉴中彰显深圳作为。概而言之，深圳作为经济特区和社会主义先行示范区，在中国文化的国际传播中表现出高度的文化自觉，通过坚持舆论传播的国际视野、采用新科技新手段增强对话传播的时代意识、在构建人类命运共同体等理念指引下寻求对话共识以塑造开放包容的城市形象和国家形象等，以中心城市和先锋城市的担当，着力建构国际城市形象，加强国际传播能力建设，在国际舞台上讲好深圳故事，为展示生动立体的中国形象作出自身的独特贡献。

四　建设国际化街区的创新与尝试

城市在时间中发展，在空间中展开。城市在空间上是区域社会的中心点，资源汇聚的交叉点，人流、物流、资金流、信息流的密集点，也是经济高效的增长点，为构成区域空间的一个部分。城市相对于其外在空间是区域社会发展的动力和源泉。同时，城市又拥有复杂的内部结构。20 世纪以来城市化过程加速，城市人口迅速增长，规模不断扩展，出现了许多超大城市。城市内部的工业、交通、商业和居住区等布局结构日趋复杂，这为城市的精细管理和合理发展提出越来越高的要求。一座城市的国际化建设不能无视城市内在的管理和提升。街区是城市建设布局的一种形式，是城市的基本组成单位，街区通常具有如下特征：功能上是居住、工作、休闲等城市生活的有机组合；空间上是构成城市肌理的最小部分之一；管理上则可以尝试精细化的城市管理。因此，街区不仅具有居住或通行等物理功能，而且是人们休憩、停留、交流和娱乐的生活与文化场所。随着城市管理的发展和进步，当前国内外有各种颇具特色的街区，如民俗街区、商业街区、历史文化街区等。相对而言，国际化街区是由来自世界各地不同国家和民族的人们聚居从而具有国际化特征的城市空间。在国际化街区建设方面，一些发达国家有很多优秀的范例，如温哥华的高豪港、新加坡的乌节路、东京的丸之内、墨尔本的中央区等。

深圳近年来尝试推进国际化街区建设，也是深圳建设国际化城市的重要创新举措之一。国际化街区建设是深圳推进国际化工作的创新实践，也是尝试城市治理向基层下沉的积极探索。2014 年 5 月深圳公布《深圳市国际化城市建设重点工作计划（2014—2015 年）》，首次提出将南山区沿山、水湾，福田区东海、水围，罗湖区百仕达，盐田区梅沙，龙华区观澜以及龙岗区华为 8 个社区建设为“国际化试点社区”，并以上述社区为试点进行推广。2018 年起深圳市人民政府外事办公室组织成立课题组，通过调研、座谈等方式，对继续深化国际化社区建设、打造国际化街区等相关问题进行了全面和深入的研究探索。2019 年 6 月，深圳印发《关于推进国际化街区建设提升城市国际化水平的实施意见》（以下简称《实施意见》）。首度正式提出建设“国际化街区”，启动国际化街区建设。根据《实施意见》，深圳国际化街区建设将遵循以下原则：坚持产城人融合，以人为本，打造功能复合的街区发展空间；坚持可持续发展，建设绿色低碳街区；坚持因地制宜，建设富有本区域特色的国际化街区；坚持共建共享，营造开放包容和谐的“软环境”。国际化街区建设目标将分三步走：到 2022 年，建成首批 15 个国际化街区；到 2025 年，形成深圳市国际化街区网络；到 2030 年，国际化街区成为深圳新时期国际化城市建设的重要基础，集聚全球先进技术、生产要素与高端人才。建设国际化街区的主要工作重点是：先行布局全市国际化街区网络，提升街区公共服务的国际化水平，打造国际化街区服务平台，打造有影响力的街区中外交流活动品牌。《实施意见》从国际化街区网络规划、教育医疗等公共服务配套、人才服务体系、智慧化建设、国际化软环境、国际化街区理念传播推广六大领域对深圳国际化街区建设进行了安排和布局。

2019年深圳全市首批申报的20个国际化街区覆盖了10个区和新区。深圳各区结合区情和各自特点，形成了各具特色的国际化街区建设方案：南山蛇口街道和招商街道是传统的深圳外籍人士聚居区，建设国际化街区条件最为成熟。蛇口街道登记在册外国人有近万人，占全市外国人数量10%以上，有来自美国、法国、加拿大、日本、韩国等106个国家和地区的人员在蛇口聚居。招商街道曾在改革开放之初建设和引入了中国第一个对外开放园区，是中国最早实施对外开放的地区之一。招商街道居住着来自45个国家的6000余名外国人，孕育了多所国际学校。南山区将针对相关工作人员，开展国际化培训，通过交流与学习帮助基层社区工作人员开阔视野、转变观念。同时继续完善辖区内国际医疗机构、国际化学校等基础配套设施，对境外人员管理中心、外国人服务站等设施提供更多支持。福田区香蜜湖街道有来自美国、澳大利亚、韩国等22个国家的外籍人口，将引入更多富有国际视野的社区工作者，提升外籍人士参与社区活动的融入意识，增加国际公共服务供给。宝安区重点打造新安街道为国际化街区，通过提升生活品质和组织各类活动增强中外居民融合，从而吸引和留住更多高层次人才在宝安居住工作。坪山大学城未来将成为国际科教人才的集聚地，而燕子湖片区未来将建设成会议会展为主要功能的坪山“城市客厅”。龙华区致力将观澜街道国际化街区建设与片区产业生活发展相结合，因地制宜，提升社区社工的沟通能力，以国际化街区建设提升城区的国际化品位。光明区拟重点发展新湖街道和凤凰街道为国际化街区。光明区将依托产业发展，提升打造产业集聚型国际化街区，并提升社区服务水准，让中外居民更有归属感与获得感。截至目前，首批20个申报街区通过加强硬件设施建设和服务能力提升，已取得初步成效。如招商街区编制发布了《南山区招商街道国际化街区建设白皮书》，蛇口街区建成全省首个涉外公共法律服务中心、建立了一支100多人的国际志愿者队伍，通过基层实践积极探索符合本地实际的国际化街区建设模式；华强北街区率先建成全国首个5G体验街区；罗湖区全方位打造“罗湖国际化街区连绵带”，桂园街区建立了罗湖首个国际人才服务中心等；宝安区启用全国首个户外单体国际青年志愿服务U站，龙华区民治街区、观澜街区国际服务中心相继建成开放；公明街区立足产业特色，持续提升国际化人才服务水平；盐田区、大鹏新区充分利用山海资源，建设宜居宜游的高品质街区。在疫情期间，各区国际化街区为全市涉外疫情防控机制提供了有力支撑，提升了市基层涉外公共服务水平。

国际化街区建设是国内城市治理的创新之举，受到国家发改委的点赞和发文推广。《关于推进国际化街区建设提升城市国际化水平的实施意见》出台后，为增强文件的可操作性，深圳外事办又会同深圳市多个部门根据出台《深圳市国际化街区建设重点工作指引（2019—2022年）》，对建设“国际化街区”提出可供借鉴的具体对策建议。“国际化街区”不仅是“国际化社区”的升级，更是在社区的基础上结合片区综合规划、产业经济发展、高素质人才引进等要素进一步形成的较为完善的体系，尝试通过人人参与、人人共享的街区国际化建设，实现国际化居住、生活和营商的良好社会氛围，提高深圳超大型城市治理体系和治理能力现代化水平，推动城市国际化水平的整体提升。

“双区”驱动、“双区叠加”为深圳国际化城市建设提供了新的契机。深圳“十四五”规划提出，要打造一批充满魅力的“国际化城市新客厅”，建设一批具有不同文化特色、品质卓越的国际化街区。深圳国际化街区建设有助于以街区建设带动周边区域的发展，提升区域发展平衡性和协调性，成为提升城市国际化水平的重要引擎；打造与国际接轨的宜居宜业的营商环境，吸引并集聚优秀的海内外人才；培育多元共融的国际交往氛围，使不同国家、种族、民族背景的人能够和谐共处，提升公共服务国际化水准从而推动形成共建共治共享的社会治理格局。当然，国际化街区建设不是政府管理部门的“独角戏”，持续提高街区公共服务水平、打造共建共治共享的国际化街区新格局，需要社会各界的广泛参与。国际化街区建设是深圳开放、包容、创新、拼搏的城市气质的体现，也是深圳建设中国特色社会主义先行示范区的探索和尝试，深圳将借此向国际社会展示中国改革开放的丰硕成果和光明前景，不断提升城市的国际影响力和竞争力。

第三节　风起鹏城：站在新的历史节点擘画深圳国际化城市建设

2019 年 8 月 18 日，《中共中央　国务院关于支持深圳建设中国特色社会主义先行示范区的意见》（以下简称《意见》）发布，《意见》将“城市文明典范”列为深圳建设中国特色社会主义先行示范区五个战略定位之一。《意见》的发布显示了国家对深圳的城市发展寄予厚望，同时也将深圳置于巨大的机遇和挑战面前。风起鹏城，新时代的鹏城当有责任也有义务展翅翱翔、扶摇九天。也应看到，深圳与全球先进城市在文明建设方面仍有相当大的差距，唯有正视历史和现实，志向高远，同时脚踏实地，作为后起之秀的深圳才可能逆风翻盘、后来居上。站在新的历史节点，深圳应做好规划国际化都市中心战略布局，融入粤港澳大湾区建设并引领湾区国际都市群发展，建设全球标杆城市；凝练深圳城市文明特质，致力于现代化国际化创新型城市建设，打造现代文明之城；积极开展城市外交，扩展“鹏友圈”，提升深圳国际形象。

一　规划国际化都市中心战略布局，建设全球标杆城市

湾区经济是当今世界最具活力和竞争力的一种滨海经济形态和经济发展模式，是城市国际化的重要空间载体。一方面，由区域内核心城市带动，湾区经济往往通过形成以一个或多个城市为中心的城市群，城市之间形成广泛的经济联系，并通过多样化和专业化集聚形成集聚优势，不断拓展区域经济辐射能力；另一方面，湾区经济发展的优劣，也反过来作用于区域内城市的发展，城市之间的产业布局、经济政策、竞争与合作关系等影响着整个区域经济系统。“任何一个城市的形成和发展都离不开一定地域范围，城市的发展都有它辐射的经济区域，城市与区域正在形成相互融合的地域生产综合体，这种综合体其实就是城市文明扩散的必然

结果。"[1] 因此，在竞争激烈的国际化都市群中，一个城市的国际化发展水平，不仅取决于城市本身，也取决于整个区域经济系统。

显而易见，湾区经济作为当今世界重要的滨海经济形态，是各国经济版图的突出亮点，也是世界国际化城市的显著标志。世界上顶级湾区城市群如美国纽约湾区、旧金山湾区以及日本东京湾区等，以开放性、国际化为突出特征，具有发达的国际交往网络，开放的经济结构、高效的资源配置能力和强大的集聚外溢功能，在各国经济乃至世界经济发展中发挥着引领创新、聚集辐射的核心功能，已成为带动全球经济发展的重要引擎和引领技术变革的发动机。作为中国经济最发达的地区之一，粤港澳大湾区是中国改革开放的前沿和经济增长的重要引擎，推进粤港澳大湾区建设，是以习近平同志为核心的党中央作出的重大决策，是习近平总书记亲自谋划、亲自部署、亲自推动的国家战略，也是推动"一国两制"事业发展的新实践。

2019 年 2 月 18 日，中共中央、国务院印发的《粤港澳大湾区发展规划纲要》指出，"当前，世界多极化、经济全球化、社会信息化、文化多样化深入发展，全球治理体系和国际秩序变革加速推进，各国相互联系和依存日益加深，和平发展大势不可逆转，新一轮科技革命和产业变革蓄势待发，'一带一路'建设深入推进，为提升粤港澳大湾区国际竞争力、更高水平参与国际合作和竞争拓展了新空间"。"香港作为国际金融、航运、贸易中心和国际航空枢纽，拥有高度国际化、法治化的营商环境以及遍布全球的商业网络，是全球最自由的经济体之一。澳门作为世界旅游休闲中心和中国与葡语国家商贸合作服务平台的作用不断强化，多元文化交流的功能日益彰显。珠三角九市是内地外向度最高的经济区域和对外开放的重要窗口，在全国加快构建开放型经济新体制中具有重要地位和作用。"鉴于粤港澳湾区的特殊地位和时代发展的迫切需要，"打造粤港澳大湾区，建设世界级城市群"。还特别强调了深圳在湾区发展中的特殊地位和作用："发挥作为经济特区、全国性经济中心

---

① 余志乔、陆伟芳：《城市区域发展的梯度性假设——世界视野中的城市文明走向》，《城市观察》2018 年第 2 期。

城市和国家创新型城市的引领作用，加快建成现代化国际化城市，努力成为具有世界影响力的创新创意之都。”

2019 年 8 月，《中共中央　国务院关于支持深圳建设中国特色社会主义先行示范区的意见》（以下简称《意见》）发布，《意见》将“城市文明典范”列为深圳建设中国特色社会主义先行示范区五个战略定位之一，并对深圳的发展提出要求和寄予厚望。《意见》指出，“到 2025 年，深圳经济实力、发展质量跻身全球城市前列，研发投入强度、产业创新能力世界一流，文化软实力大幅提升，公共服务水平和生态环境质量达到国际先进水平，建成现代化国际化创新型城市。到 2035 年，深圳高质量发展成为全国典范，城市综合经济竞争力世界领先，建成具有全球影响力的创新创业创意之都，成为中国建设社会主义现代化强国的城市范例。到 21 世纪中叶，深圳以更加昂扬的姿态屹立于世界先进城市之林，成为竞争力、创新力、影响力卓著的全球标杆城市”。“助推粤港澳大湾区建设。进一步深化前海深港现代服务业合作区改革开放，以制度创新为核心，不断提升对港澳开放水平。加快深港科技创新合作区建设，探索协同开发模式，创新科技管理机制，促进人员、资金、技术和信息等要素高效便捷流动。推进深莞惠联动发展，促进珠江口东西两岸融合互动，创新完善、探索推广深汕特别合作区管理体制机制。”

从《粤港澳大湾区发展规划纲要》的发布到《中共中央　国务院关于支持深圳建设中国特色社会主义先行示范区的意见》的实施，无不显示出国家对深圳的城市发展充满期待且提出了更高的要求。站在新的历史节点，深圳首先应做好规划国际化都市中心战略布局，融入粤港澳大湾区建设并引领湾区国际都市群发展，建设全球标杆城市。

改革开放以来，随着社会经济的发展，珠三角区域城市群的规模和空间结构发生了深刻变化，逐渐由香港的单极引领向香港、广州、深圳并驾齐驱、共同引领转变。从经济学角度看，城市群结构的转变反映了集聚经济和拥挤效应的权衡取舍。有学者认为多极城市区域产生的集聚效应无法与同等规模的单中心城市产生的集聚效应相媲美。也有学者认为集聚效应可以在临近的城市之间共享；多极结构城市群可以避免单中心城市诸如土地和劳动力要素的激烈竞争、交通堵塞、环境污染以及高犯罪率等不利因素，因而从单中心结构向多极城市结构的转化被视为降低集聚不经济的有效途径。因此，粤港澳大湾区未来发展的一个重要方向就是避免多极城市群的劣势，激活其优势，加强城际合作，减少城市之间的同质化竞争，构建粤港澳融合发展的良性生态。

对于深圳市而言，要制定融入“粤港澳大湾区”战略的新策略，为实现粤港澳融合发展贡献力量，从而以湾区为空间载体，实现自身的城市国际化战略。从全球湾区经济发展的一般规律看，湾区经济的发展一般呈现出由港口经济、工业经济向服务和创新经济演化的过程。目前，粤港澳大湾区大部分城市正处在工业经济向服务业经济转型阶段，湾区整体处于港口经济和工业经济阶段。深圳在科技创新、金融领域、新兴产业、生态环境等方面具有较强的竞争力。粤港澳大湾区地理优势突出，航运业发达，是世界港口、机场最繁忙的地区之一，客货运输量都居全球前列，是国家开放格局中的重要门户。深圳具有吞吐量位居世界前列的重要港口和拥有国际影响力的航空枢纽。当前，大湾区产业结构以先进制造业和现代服务业为主。其中，深圳向创新经济转型，在湾区城市中具有领先优势，在全球创新价值链中也占有一定地位。未来，深圳应充分发挥自身比较优势，不断加强对外开放力度，通过前海自贸区等新的经济发展模式，探索建设面向港澳全面深度开放的特别合作区，创造先行先试新经验；不断推动深港之间基础设施相互联通、深港金融市场互联互通以及深澳特色金融合作；通过创业补贴政策积极推进深港青年创新创业基地、前海深港青年梦工场等港澳青年创业就业基地建设，支持港澳青年和中小创新型企业在深圳发展；合理、高效运用经济特区立法权，加快构建适应深圳创新发展的法律体系及规章制度，加强深港司法领域合作交流。最终，通过一系列融入粤港澳大湾区的新策略新方法，提高深圳市的区域影响力，将深圳市建设成为粤港澳世界级大湾区的核心引擎；并以粤港澳湾区为依托和载体，在对纽约湾区、旧金山湾区、东京湾区等世界知名湾区的学习借鉴和弯道超车过程中，不断提高深圳市的国际影响力和国际化水平。

习近平总书记在庆祝改革开放 40 周年大会上的重要讲话中说：“四十载惊涛拍岸，九万里风鹏正举。”[①] 深圳是中国改革开放的窗口和中国特色社会主义建设成果的集中体现，如今又被赋予了建设中国特色社会主义先行示范区的重要历史任务。未来的深圳，将是中国模式和中国道路的缩影，是中国制度走向世界的重要门户。“城市是文明的标志，更是文明的载体和容器。文明的实质在于精神创造，这意味着‘城市文明典范’的塑造蕴含着新时代城市高质量发展的思想脉络和价值理论，其本质是对城市文明跃升方向的探索，旨在强调以一种更加全面、协调、可持续的城市发展方式助力社会主义现代化强国建设。”[②] 因此，深圳市国际化道路战略布局不仅要着眼于粤港澳大湾区中心城市，还要在此基础上，放眼全球，规划世界城市群国际化都市中心战略布局，做好“由点及线，由线及面，三位一体，全面布局”的梯次跃升规划，不断拓展深圳的国际竞争力、国际影响力，建设成为全球标杆城市。

二　凝练深圳城市文明特质，打造现代文明之城

城市学脱胎于西方经济学，深受经济学理论基本框架、指标体系的影响。当前国内某些政府官员和综合规划管理部门长期以来以 GDP 为主导的政绩观便是此种理论的后遗症之一。然而人们慢慢发现，凡属花钱可以实现的硬件水平、设施条件，在世界城市综合实力的比拼中并不是唯一要素，甚至不是最重要的。“在经济主义领衔一轮后，学界、社会跟进的讨论纷纷回归理性，开始重视实现‘世界城市’的资源、过程、力量的思考，呼吁着力建设文化软实力、建议用全面文明进步加强可持续发展力的主张。”[③] 随着城市物

① 习近平：《在庆祝改革开放 40 周年大会上的讲话》，人民出版社 2018 年版，第 43 页。

② 范玉刚：《城市文明典范：人类文明跃升的方向》，《社会科学报》2022 年 3 月 16 日。

③ 沈望舒：《构建首都城市的“文明价值”——刍议北京“世界城市”路径与参照系》，《北京联合大学学报》（人文社会科学版）2011 年第 1 期。

质基础的提升和人口、规模的扩大，人们逐渐认识到文明特质和文化潜力才是城市的灵魂，是城市保持活力与魅力的关键。为了取得文化建设上的突破，日本东京都政府 2000 年推出了面向未来 50 年的发展规划“东京构想 2000”，将城市发展目标定为“文化重建”，甚至将之视为日本“文化立国”方针的重要部分。伦敦市于 2004 年 4 月公布《伦敦：文化之都—发掘世界级城市的潜力》，将其作为伦敦“十年文化战略发展报告”，以打造和巩固伦敦世界一流文化都市的地位。可见，当城市发展到了一定阶段，对自身的文化审视和重新建构是全球城市发展的应有之义，也是引导下一阶段发展的必然要求。

独特的城市文明特质是城市文化的重要构成部分。它代表一个城市的精神气质和风格，也是城市社会成员的精神认同。放眼世界，那些蜚声国际的大城市无不有着独特的城市文明特质。比如伦敦的绅士风度、巴黎的浪漫气息、罗马的厚重历史等。城市文明特质反映了城市的历史积淀，更体现了城市的人文情怀和价值追求。深圳是一座年轻的移民城市，相对很多世界名城而言，深圳的历史不够悠久，文化积累也不够深厚，但深圳同时又是一座崭新的城市，是这个国家发展和民族复兴的重要代表性城市，具有不可替代的民族特色和时代特点。建设现代化国际化创新型城市，需要凝练深圳城市文明特质，凸显深圳城市文明的优势和独一无二的特殊性，打造现代文明之城。

2018 年 9 月，深圳海上世界文化艺术中心入选美国《时代周刊》发布的 2018 年“全球百佳目的地”排行榜；2018 年 11 月，《孤独星球》评选的“2019 全球十大最佳旅游城市榜单”，深圳成为中国唯一上榜的城市并且名列前茅。值得注意和深思的是，这两项荣誉的获得也许并不在“百佳”和“十大”本身，而在于它提供了一个“他者”视角，那就是在世界坐标中的深圳是什么样的，以及它如何成为更为国际化的城市。《时代周刊》的评价标准一般关注的是经济质量、创新能力和可持续发展等方面，《孤独星球》青睐深圳的特点主要是设计、创新、科技、音乐、文化和各种艺术空间。这意味着在深圳人引以为傲的全球全民阅读典范城市、志愿者之城、设计之都等文化要素之外，深圳还有更为丰富的文化魅力，值得我们探讨、凝练和加强。

首先，深圳应该是进取的。这种“进取”应该带有冒险气质和拼搏精神。深圳是一个移民城市，正是来自五湖四海的移民依靠冒险和拼搏，克服种种困难将深圳从一个边陲小镇建设成为一个现代化大都市。这种进取精神甘冒风险、敢闯敢拼，同时，勇于创新，不惧失败，将科技、人文、白日梦种植于现实的土壤并让它生根发芽。进入21世纪以来，科技与创新无疑是深圳城市发展一抹靓丽的色彩，华为、腾讯、大疆等科技公司不仅在国内具有举足轻重的地位，在国际上也是不容忽视的存在。《粤港澳大湾区发展规划纲要》在对湾区的战略定位中指出：“具有全球影响力的国际科技创新中心。瞄准世界科技和产业发展前沿，加强创新平台建设，大力发展新技术、新产业、新业态、新模式，加快形成以创新为主要动力和支撑的经济体系；扎实推进全面创新改革试验，充分发挥粤港澳科技研发与产业创新优势，破除影响创新要素自由流动的瓶颈和制约，进一步激发各类创新主体活力，建成全球科技创新高地和新兴产业重要策源地。”在湾区城市群中，深圳的科技创新前景最为广阔，具有极大潜力和优势。深圳要突出科技、开拓和梦想精神，凝聚文化特色。挖掘、整理深圳移民文化材料，落实“深圳成长故事”的宣传工作，彰显深圳有容乃大的城市气质；凝练深圳科技创新和企业精神，以“深商文化”等为主题，重新定义新时代“深圳精神”。对改革开放以来反映深圳城市变迁的文化建筑与标识进行梳理、保护，加快中国国家博物馆·深圳馆、深圳改革开放展览馆、深圳科学技术馆、深圳自然博物馆等场馆建设，建成一批与国际化城市功能相匹配的公共文化设施，注重城市形象视觉艺术建设。

其次，深圳应该是人文的。科技应该富有艺术气息，商业应该富有人情味。深圳如今的成就来自深圳人的敢闯敢试、踏实肯干。随着经济社会的发展和时代的变迁，人们对深圳的期望会越来越高。深圳人要的不仅是梦想家的乐园，更是广大市民的安居之所。深圳需要医疗、教育、生态等各种宜居的条件以及相应的城市文明。总而言之，深圳需要有温度的人文关怀，科技需要插上艺术创意的翅膀，商业需要兼顾公平和友爱。当然，相比物质条件，人文环境的提升需要更为长久的持续的努力。深圳要大力发展高等教育和人文研究尤其是思想文化研究，厚植人文土壤。在高等教育方面，继续加强本土高校建设，引进国际国内一流大学在深设立分校和实体研究机构，支持在深高校与国际一流大学联合在深办学、扩大留学生规模。设立专项基金，支持本地高校、研究院所师生前往国外一流大学、科研院所进行交换学习和学术访问。鼓励企业以捐赠、设立讲席、设立研究机构等方式与高校深度合作，邀请国际一流学者及其团队在深开展长期稳定的教学研究工作。鼓励高校充分利用远程网络教育等方式，积极和国际知名学校开展交流与合作。引入国际优质教育资源，鼓励中小学开展国际课程、双语课程和多语种课程，丰富教学实践，提高国际化水平，为深圳未来发展储备高素质人才。在学术研究方面，要大力推动人文基础研究和人才队伍建设，增强城市文化积淀，繁荣发展学术文化。着力推动实施“学术名家计划”，建立学术人才柔性引进机制，营造良好的学术研究环境，从市级层面理顺和建立科学公正的学术评审和成果转化机制，着眼于长效和可持续研究，为思想文化研究和基础理论研究奠定基础。建设“有思想”的深圳。

最后，深圳应该是包容的。鼓励成功，宽容失败。深圳是一座移民城市，也是一座具有广阔胸襟的城市。王京生在《城市文化十大愿景》一书中将深圳的包容性文化总结为三个方面：多样文化的包容、干事创业的包容和公共意识的包容。在多样文化上，是对来自全国各地乃至世界各地不同文化形态的包容；在干事创业上，是对创新的鼓励、对失败的包容；在公共意识上，则体现在对公共事务的关注，大家群策群力为构筑一种平等、和谐的社会环境而努力。[①] 包容同时又是开放的孪生兄弟，包容性往往意味着极大的开放性，意味着青春、创新和试验性。“来了，就是深圳人。”深圳的开放不仅是“物”的开放，是经济的开放，更是“人”的开放，是

① 王京生：《城市文化“十大愿景”》，中国人民大学出版社 2015 年版，第 64 页。

文化与精神的开放。当然，随着深圳现代化建设的飞速发展和国际化先进城市战略的提出，深圳的包容性还应突出国际视野这一重要维度。人口的国际化、文化的多元化是衡量一个城市国际化的重要标准，融入世界文化、探索构建一种共通文明，增强深圳包容四海、和谐共处的文化建构能力，是对深圳的挑战，也是深圳发展进步的重要机遇。“深圳，与世界没有距离！”深圳是中国特色社会主义新城，同样也应是世界的深圳，是世界城市阵营中一个崭新靓丽的存在。

先进的文化价值观一定来自先进的文化生活方式和相关的社会实践。[①] 深圳早期的拓荒价值、崇尚效率的精神等无疑对中国经济社会发展具有重要的创新意义。但城市文化又是在不断发展和演变的，如何基于自身原有优势，并在社会发展和经济运行中逐步形成新的特征，塑造出崭新的城市文明与个性，是深圳城市文明价值突破的内在动力。时间的累积对于城市文明的塑造无疑十分重要，40年也许太短。但城市文化的崛起也会有一个突变期，譬如世界大都会纽约的崛起其实也不过用了几十年的时间。当今世界，文化要素的流动与生长呈现不断加快的趋势，期待深圳的发展优势能够进一步凝结为文化优势，为城市文明的提升和国际影响力的扩大提供潜在的文化能量。

三　扩展“鹏友圈”，提升深圳国际形象

如果说城市的规划发展战略和文明特质的凝练大致属于内在的提升，那么扩展“鹏友圈”、通过城市外交和文化交流提升深圳的国际城市形象，则属于外在努力。和北京、上海等中国特大城市不同，深圳的人文历史内涵和综合文化实力距离许多世界名城尚有不小的差距，但传统从来不是深圳的强项，深圳的优势就在于突破传统，进而重新塑造崭新的文化和城市形象。

开放是相互的。积极开展城市外交，通过引进来和走出去、与世界各国不同文化交流互鉴，是提升深圳的国际形象、推动城市文

---

① 王为理主编：《全球与深圳——城市文化的视角》，社会科学文献出版社 2021 年版，第 103 页。

明进一步提升的需要，也是时代发展的必然要求。“深圳要建设与现代化国际化创新型城市和国际科技、产业创新中心相匹配的文化强市，需要在更高的国际舞台上亮相，代表国家参与世界文化交流与对话，打造‘文化枢纽之城’。”[①] 截至2021年年底，深圳市已与全球56个国家的88个城市缔结了友好关系（24个友城和64个友好交流城市），其中欧洲38个、亚洲20个、美洲17个、非洲7个、大洋洲6个。深圳因此先后获得中国人民对外友好协会“人民友谊贡献奖”“国际友好城市交流合作奖”等荣誉。当前深圳正进入“双区驱动”“双区叠加”的黄金发展期，在中国实行大国外交战略和全新的世界城市格局中，深圳还应当发挥城市外交功能，与世界其他城市进行更加纵深的合作和交流，推动与友城的务实合作，注重开展对外宣传，创新对外话语体系，用合作伙伴乐于接受的方式来开展合作交流，提升深圳的国际知名度和美誉度。

首先，树立“友爱深圳”的国际形象，建立国际友好交流城市“鹏友圈”。深圳应依托粤港澳大湾区发展规划的重大机遇，加快落实党中央关于深圳建设中国特色社会主义先行示范区部署，积极融入世界湾区合作，在国际城市事务中发挥积极作用；制定专项财政支出预案，支持深圳参与国际公益和慈善活动，以经济援助和文化交流的形式，树立“友爱”的城市形象。定期组织、培训市民志愿者，积极参与和开展国际性志愿服务活动，树立“友爱”的“深圳人”形象。充分发挥深圳市国际交流基金会等公益性社会组织的作用，参与深圳城市形象的塑造传播。分领域选拔一批城市“形象大使”，展现“友谊深圳”风貌，开展城市联谊活动，推动城市外交。制定“友城外交”的具体实施方案，将“友善深圳”的理念融入友城经济、文化交流的各项事务中。通过城市之间的友好交流，在国际上树立并不断优化深圳城市形象，传播并不断推介深圳城市形象。建设国际化街区，营造良好的国际语言环境，推动教育国际化，提升公共服务国际化水平。加强与世界著名湾区中心城市的友好互动，建立多领域多渠道湾区城市合作项目，在世界城市群格局

① 李凤亮：《提升文化软实力，构建城市文明典范》，《深圳特区报》2021年6月1日。

中凸显城市特色和影响力。

其次，主动承接大型国际会议和赛事，强化城市外交功能。一是在外事活动方面，扩大活动范围、升级活动层面，争取中央部委支持，主动谋划承办国家重大主场外交，对接和承办国家层级的外交事务，更大地发挥深圳城市外交作用、扩大城市外交影响。推动更多重要国际组织和机构落户深圳，筹备成立世界创新城市合作组织，以更高视野和平台参与世界城市之间的合作；积极争取外交部、国务院侨务办公室、中国人民对外友好协会等国家部委及相关部门支持，推进地方外事与国家外交互动。在教育、环保、青年文化交流等领域积极开展与联合国教科文组织、联合国人居署等部门合作，扩大深圳在国际舞台的影响力。积极承办G20、金砖国家组织、上海合作组织等重要国际组织峰会；积极申办国际经济与金融年会、世界科技创新与城市发展年会；创办全球城市发展论坛，优先创办“全球城市论坛”“全球智库发展论坛”“金砖国家论坛”“一带一路”高端对话论坛、粤港澳大湾区发展论坛等，有针对性地吸引相关领域的政商学界人士定期来深圳参会，为深圳建设全球城市提供智力支撑，增加城市的国际吸引力和“会聚度”，赢得全球城市建设话语权，主动向世界发出“深圳之声”。二是培育一批与产业和城市发展高度匹配的国际知名展会。积极组织和参与国际大型展会，特别是与深圳相关的产业、服务业、消费领域的国际性展会，如信息技术、互联网、新能源、无人机、电子消费品、精密仪器设备等。不断提升高交会、国际人才交流会等影响力。鼓励、支持相关行业、企业积极申办国际行业协会年会、国际学术组织年会或特别会议。在智慧城市、生态建设、城市外交、文化产业、旅游等领域，组织筹办全球性高端会议、论坛等。三是在体育方面，主动申请承办国际性大型体育赛事。引进一些国际上影响较大、商业开发程度较高的体育项目，如世界顶级F1赛事、网球赛事、高尔夫赛事、斯诺克赛事等，在深圳设立大师赛、冠军赛或分站赛等；发展具有广大民众基础的乒乓球、网球、排球等项目，夯实国家队体育训练基地建设。将深圳马拉松国际赛事等创办为世界知名和权威的赛事；建设一批符合国际标准的文体场馆，在市、区层面设立市民参与度高的文体项目，鼓励街区、社区开展全民文体活动。四是设立创意设计大赛、举办国际电子竞技大赛和单项赛等。以各项相关赛事吸引国际人流走近深圳、了解深圳，从而为深圳城市形象的国际传播创造有利条件。面向全球，设立创意设计大赛、举办国际电子竞技大赛和单项赛等，提升国际文化交流能力。大力支持发展科创竞技，打造世界知名的科创竞技活动品牌。科技创新是深圳的名片，深圳有数量众多的科技创新企业。在科创企业发展过程中，产品研发和产品使用生态密切相关。深圳应加大力度鼓励、支持科创企业和行业在深举办国际性的开发者和产品使用者大赛，打造本土化的无人机大赛、人工智能开发大赛、新能源交通工具竞赛等，并以此为平台，集聚相关行业的全球优秀人才。

最后，吸收民间力量参与和推动国际合作，培育多元城市国际形象推介主体。“要重视公共外交，广泛参加国际非政府组织的活动，传播好中国声音，讲好中国故事，向世界展现一个真实的中国、立体的中国、全面的中国。”① 要吸引国际机构、非政府组织来深落地，在科技创新、智慧城市、生态环境、新能源、海洋开发等领域优先尝试加强与国际相关机构和组织的合作。举办多元城市外交活动，诸如国际友好城市经贸合作洽谈会、中国国际友好城市大会、国际友城市长创新论坛、中欧创新合作圆桌会、国际友城高校技术创新论坛、城市与世界可持续发展大会等。通过拨款资助、政策创新、缔造平台等手段，支持社会组织积极对外交流，组织和引导非官方舆论阵地，借助社会组织的力量，传递深圳城市志向和精神文化，优化深圳城市的国际形象，加强城市国际化推广的资源统筹。充分认识城市国际化推广工作的重要性、多元性、综合性和国际性，建立分工清晰、资源共享、信息互通、优势互补的“大外宣”格局。在党中央、广东省委外宣办的指导支持下，进一步完善体制机制，加强各部门的统筹协调，充分调动跨国企业、民间力量的积极性。建立完善“深圳外宣工作联席会议”机制，整合深圳城市外宣、外事、旅游文化、经贸交流和投资推广的宣传推介资源，

① 习近平：《在中国国际友好大会暨中国人民对外友好协会成立60周年纪念活动上的讲话》，《人民日报》2014年5月16日。

进一步为提升深圳城市影响力和知名度发挥作用。深化国有文化集团改革，打造具有广泛影响力的全媒体矩阵。同时充分调动企业、社会组织、民间力量开展城市国际化推介工作。通过深圳市人民对外友好协会、深圳市对外文化交流协会、深圳市海外交流协会等平台，充分利用“设计之都”“国际形象大使”“人文颂”友城“深圳周”等品牌。支持鼓励媒体不断打开思路，做好素材积累，及时跟进热点焦点，主动推介发声。如全球最权威的世界城市研究机构之一 GaWC 发布的《2018 年世界城市名册》将深圳列入 Alpha - 级，成为全球55 个世界一线城市之一；《孤独星球》（“世界旅游圣经” Lonely Planet 的中文版）将深圳评选为 2019 年世界最佳旅游城市第二名，都是展示深圳的重要机会，应主动策划选题，推介深圳形象。策划实施深港澳台文化交流项目，丰富对外交流的文化内涵。支持国有文化集团、官方媒体与国际著名媒体展开合作，制作多语言城市宣传片；鼓励个人、团体和机构制作双语城市旅游宣传片、行业宣传片、机构宣传片；鼓励充分利用新媒体和流媒体等新技术，在选题策划、表现方式、传播渠道等方面积极创新。支持鼓励相关机构、组织、个人在人文地理、经济、社会、旅游等国际知名媒体发表专文、专刊、专题报道，营造“全民推介”的氛围，积极提升深圳的国际知名度和吸引力。

纵观世界城市发展的历史，一个成功和可持续繁荣的城市，尤其是具有世界影响的全球城市，必然是具有多元文化特质的城市。正如美国著名城市学家刘易斯·芒福德所说，城市是文化的熔炉，能否融通多样人群带来的多元文化，以及能否因多元文化的魅力和融合而吸引多样的人才来创新创业，对城市发展至关重要。① 站在新的历史节点，深圳的发展和腾飞离不开对国际先进城市经验的借鉴和多元文化的融合，积极谋划推进新形势下国际城市交往与合作，全方位推进公共外交、民间外交，着眼长远结交真朋友，传播深圳声音，讲好中国故事，是深圳建设全球城市的重要支撑，也是提升深圳城市文明的重要维度。

---

① 转引自王振等：《上海：全球城市坐标的文化战略》，上海社会科学院出版社 2018 年版，第 104—105 页。

结语　在创造人类文明新形态中走向城市文明典范

习近平总书记指出："我们坚持和发展中国特色社会主义，推动物质文明、政治文明、精神文明、社会文明、生态文明协调发展，创造了中国式现代化新道路，创造了人类文明新形态。"① 面向新时代，深圳建设"城市文明典范"，要让社会主义核心价值观不断春风化雨入人心，促进深圳精神不断涵养厚实、丰富发展，市民思想道德素质、科学文化素质和身心健康素质持续提高，市民精神文化生活日益丰富，人的现代化、人的全面发展取得突破性进展，社会主义物质文明、政治文明、精神文明、社会文明、生态文明全面进步，创造信仰坚定、物质丰裕、公平正义、廉洁高效、文化厚重、崇德向善、诚信尚法、健康向上、和谐宜居、安全稳定、生态美丽、人民满意的现代城市文明。深圳要不断在"全球视野、国家战略、广东大局、深圳特色"四维空间中找准定位，在世界文化版图上勇做标杆，在全球文明浪潮中勇立潮头，向世界精彩展示中国创造的人类文明新形态，向世界精彩讲述中国道路的深圳故事。

一　回顾：新时代深圳城市文明建设的宝贵经验

党的十八大以来，习近平总书记多次视察深圳，高度重视深圳的发展建设，尤其在城市文明建设方面提出了明确要求："经济特区要坚持'两手抓、两手都要硬'，在物质文明建设和精神文明建设上都要交出优异答卷。"②《中共中央　国务院关于支持深圳建设

---

① 《习近平谈治国理政》第4卷，外文出版社2022年版，第10页。

② 习近平：《在深圳经济特区建立40周年庆祝大会上的讲话》，《人民日报》2020年10月15日。

中国特色社会主义先行示范区的意见》中，打造“城市文明典范”成为深圳建设先行示范区的五大战略定位之一，深圳要“率先塑造展现社会主义文化繁荣兴盛的现代城市文明”。近年来，在习近平总书记和党中央的殷殷寄望下，深圳不断探索新时代的现代城市文明典范建设，秉持标杆城市的自觉担当，坚持高标准、严要求、细部署，以“绣花功夫”深入推进城市文明建设，着眼于市民的文明幸福和谐，着眼于经济特区精神的涵养拓展，着眼于城市的可持续发展，努力以物质文明与精神文明的丰硕成果，向世界展示社会主义先行示范区的城市文明典范。

（一）书香四溢　活力四射，打造区域文化中心城市

精神文明建设，离不开文化滋养。深圳作为一座年轻的移民城市，城市文化呈现出独树一帜的活力和包容力。近年来，深圳在增强文化软实力上成果丰硕：交响套曲《我的祖国》等两部作品入选国家优秀舞台艺术作品展演，《英雄颂》等精品力作广受好评，“十大特色文化街区”改造提升全面完成，国深博物馆、深圳创意设计馆、湾区书城开工，深圳音乐学院揭牌等。

打造全民阅读的“深圳样本”。深圳人不仅有敢闯敢拼的时代精神，更有主动追求知识的读书热情。作为获得联合国教科文组织表彰的唯一一座“全球全民阅读典范城市”，深圳在全民阅读推广领域思想理念先进、实践经验丰富。“深圳读书月”是深圳人流动的文化盛宴，第22届读书月（2021年）期间开展了1400多场主题活动，吸引超千万人次参与。第三届深圳书展同步举办，500多家国内外优秀出版机构、102家出版社设摊展销。

打造新型特色的文化空间。文化地标关乎城市形象，更关乎民生幸福。深圳歌剧院、美术馆新馆、深圳创意设计馆等“新时代十大文化设施”加速建设，一批世界级公共文化地标群将于2024年基本建成，深圳文化生态越来越好。由香港许李严事务所、建筑设计大师严迅奇等打造的“湾区之声”——深圳滨海演艺中心，成为粤港澳大湾区又一重要文化地标。大鹏所城、南头古城等“十大特色文化街区”经过提升改造，展示了这座城市的历史文化脉络和丰富文化内涵，成为市民休闲旅游“打卡”的好去处。

打造城市文化的菜单品牌。文化活动是丰富市民精神生活的重要载体。“城市文化菜单周周发”精选每周全市有品位、有特色、有影响力的文化活动，通过“深圳艺文惠”和市区“文体通”“深圳发布”等新媒体向广大市民推送，让市民体验“月月有主题、全年都精彩”的文化生活新模式，享受文化的精神盛宴。此外，深圳还培育出深圳文博会、深圳设计周、“一带一路”国际音乐季、大剧院艺术节、创意十二月等颇有影响力的文化品牌活动。

（二）良法善治　民之所向，打造法治先行示范城市

法治正成为深圳的核心竞争力之一。近年来，深圳出台建设法治先行示范城市五年实施方案，制定全国首个行政复议保障标准，完成街道综合执法，设立全国首家个人破产事务管理机构，率先实施公平竞争独立审查机制试点，位居法治广东建设考核第一名。

提高行政复议社会公信力。2021 年，深圳行政复议体制迎来大变革——除由国家、省等上级部门直接领导的行政机关、税务和安全机关外，全市行政复议机关实行大精简，市、区两级行政复议机关从原来的 71 家精简至 10 家。变革以来市复议办共新收行政复议案件 6282 宗，案件量较 2020 年同期增长约 3.1 倍，行政复议越来越成为公民、企业解决行政争议的首选。

破解基层行政执法难题。基层行政执法事关政府公信力。深圳近年来始终坚持探索更集约、更高效的综合行政执法模式。2021 年，深圳明确将城市管理、规土监察、文化市场、房屋租赁等“17 +1”类行政执法事项下放街道，推动街道以自己名义开展行政执法工作。

加快法治深圳建设进程。促进形成法治城市建设新格局，2021 全年进入市人大及其常委会审议议程的相关法规草案达到 14 件，出台发布政府规章 6 项。《深圳经济特区数据条例》等一批具有全国首创性和引领性、体现改革创新、先行示范的法规陆续出台，以良法引领改革、推动发展、保障善治。“深圳市行政案件集中管辖改革”获评第六届“法治政府奖”，成为广东省 3 个入选项目之一。公共法律服务体系极大完善，揭牌成立全省首家涉外公共法律服务中心，陆续建成 49 个法治宣传教育基地，深入推进城市基

层普法工作。

（三）共治共享　安居乐业，打造民生幸福标杆城市

民之所望，政之所向。住房、教育、医疗、环境，一直以来都是深圳民生“头等大事”。2021 年，深圳聚焦“民生七有”九大类民生支出 3197 亿元，占一般公共预算支出的比重为 70%。新增基础教育学位 13.1 万个，新增三甲医院 7 家，建设筹集公共住房 9.7 万套（间）。

住有宜居建设力度更大。住房是民生之本。能住上优质居住空间是都市人的共同梦想。2021 年，深圳启动实施大规模住房建设计划，全市实现住宅用地供应面积 3.63 平方公里，全年新开工住房面积达到 1528 万平方米，基本完成 30 个公共住房建设项目，改造筹集租赁住房约 11.7 万套（间）。

学有优教改革推进更深。教育是百年大计。2021 年，深圳教育事业发展大踏步前进。在基础教育领域实施综合改革 20 条，完成新改扩建中小学、幼儿园 151 所。深圳贯彻落实“双减”政策，率先全市范围开展课后延时服务，连续 3 年在广东省履行教育职责评价中名列全省前列。高等教育成绩斐然，南方科技大学入选新一轮国家“双一流”大学建设名单，深圳大学新增博士点数量位居全国高校第一，深圳高等教育正由高速度发展向高质量发展不断迈进。

病有良医步子迈得更快。健康是幸福之源。深圳加速医疗高端资源集聚，持续提升医疗卫生水平。2021 年，包括国家癌症中心南方分中心、国家公立医院高质量发展试点医院在内的一批“国家队”医疗资源项目落位深圳。同时，中山大学附属七院二期等项目相继开工，截至 2022 年 8 月，深圳三甲医院总数达到 30 家。

深圳全力巩固水污染治理成效巩固。全市实现消除劣 V 类水体，推动“治污”向“提质”迈进。目前，已消除黑臭的 159 个水体水质持续向好。同时，深圳大力推进海绵城市建设，初步建成智慧管理系统。

（四）人人为我　我为人人，打造崇德向善“关爱之城”

志愿精神是一座城市的文明之光，志愿服务是社会文明进步的重要标志。深圳将“打造全国文明典范城市”列入市政府十大工作

重点，深化“关爱之城”“志愿者之城”建设，推动城市文明程度百尺竿头、更进一步。

志愿服务助力疫情防控。人人红马甲，满城玫瑰香。当前，深圳疫情防控取得了来之不易的阶段性成果，志愿者们功不可没。2022年3月14日至20日，在深圳疫情防控最吃劲的关键阶段，深圳志愿者注册人数井喷式增长，仅3月17日当天新增注册志愿者人数就超2万人，他们有机关干部、教师、退休老人、家庭主妇，也有外卖骑手、服务员等。团市委、福田区、南山区等发布志愿者招募信息后，短短几个小时内即招募满员，再次展现了志愿服务“深圳速度”。卡口值守点、核酸监测点、物资配送站……随处可见志愿者们忙碌的身影，他们是最美“逆行者”，是城市“守护者”。守望相助的志愿精神已经内化为这座城市的基因，镌刻在每一位市民心中。

关爱弱势群体携手同行。深圳始终坚持扶残助残、守望相助，着力解决困难群体最关心、最直接、最现实的利益问题。在深圳这座“关爱之城”，公益早已成为市民的自觉行动，关爱让温暖阳光洒满全城。2021年，深圳提高重度残疾人护理补贴、困难残疾人生活补贴，惠及3.2万名残疾人；残疾人精准康复服务率位列广东省前列，全年投入残疾儿童康复救助经费3.1亿元，吸纳170家定点服务机构提供康复救助服务；户籍残疾人就业率达54.7%，涌现出张莹莹、邱浩海、孙小军等一批残疾人创业明星。

二　走向：新时代打造城市文明典范的根本趋势

时间性是人类文明发展的伴生规律。对于文明，其“根”之萌发、“域”之拓展、“度”之深化，无不以伟大的时代为见证。党的十八大以来，以习近平同志为核心的党中央统揽伟大斗争、伟大工程、伟大事业、伟大梦想，坚持稳中求进工作总基调，出台一系列重大方针政策，推出一系列重大举措，推进一系列重大工作，战胜一系列重大风险挑战，解决了许多长期想解决而没有解决的难题，办成了许多过去想办而没有办成的大事，推动党和国家事业取得历史性成就、发生历史性变革。这是时代的荣耀，时代的见证，也意味着新的使命承载。回望时代，新旧交替既似洪流，也如涓细，总是推动人类历史走向无尽未来，而城市文明恰是其中的浪花一株。

从“文明城市”迈向“文明典范城市”，是深圳城市文明建设在新时代的重要转向。早在2005年，深圳就被评选为首批全国文明城市之一，作为国内城市综合类评比中的最高荣誉，深圳至今已连续六次荣膺该称号，2021年度测评排名更是上升至全国第二。2021年，深圳再一次被列为全国文明典范城市创建首批试点城市之一，这将是深圳打造城市文明典范的崭新启航。“文明典范城市”相比“文明城市”，更具有标杆性、示范性、稀缺性，意味着更高的整体要求，也更需要牢牢把握住新时代城市文明典范建设的应然趋势。

（一）全面均衡谋文明

纵观人类文明发展史，在极大推进人类文明向前发展的同时，现代化也给人类文明的未来带来诸多挑战：一是人与自然和谐共生的矛盾日益突出。人类以自身的生存发展为出发，不断加速“人为世界”向“自在世界”的肆意渗透，一味以人类为中心的改造自然界，也给人类社会带来了一系列的生态和自然危机。二是人类社会成员及其族群之间的矛盾日益突出。自由资本主义的全面扩张、全球化进程的持续推进，加剧了人类文明多样化发展规律与文明一体化发展企图的矛盾，扩大了不同民族、国家、宗教和价值体系之间的文明裂痕。三是加剧了人的自身发展价值由“人的自由全面发展”向人的“物化”“异化”和“对象化”转变。人们越发注重对于人类自身所创造的物质文明的追求，将人的本质属性和终极价值屈服于自己的“对象物”。这也造成了人与自身的矛盾，禁锢了人类的全面自由发展。人类文明新形态，必须从根本上解决这些现代化给人类带来的突出问题。

“我们坚持和发展中国特色社会主义，推动物质文明、政治文明、精神文明、社会文明、生态文明协调发展，创造了中国式现代化新道路，创造了人类文明新形态。”我们所坦然面对的“五大文明”，既是基于中国特色社会主义文明理论的高度凝练，也是对于创造“人类文明新形态”伟大实践的根本阐释。将“五大文明”理论投射到城市文明的创新与发展上来，本质上就暗含了城市文明典范建设的全面性与系统性。“城市文明典范作为人类文明的一种高级形态，既是城市物质生产和精神生产成果的体系化总和，又是人类创建更高级的城市形态的动态过程。它意味着通过生机勃勃的新经济、创意驱动的新科技、优美共生的新自然、人才汇聚的新环境、友善包容的新氛围来打造一种以人为本的美好城市生活，”① 因此，未来城市文明的发展必然走向系统性、均衡性、全面性。

（二）民生幸福筑基石

习近平总书记强调：“城市是人民的，城市建设要坚持以人民为中心的发展理念，让群众过得更幸福。金杯银杯不如百姓口碑，老百姓说好才是真的好。”② 城市文明建设关乎城市形象，更关系群众生活质量。城市文明好不好，老百姓最有发言权。要把群众需求作为城市文明建设的第一需求，多听听群众呼声，设身处地为群众考虑，下更大气力打通堵点、纾解痛点、化解难点，努力让群众生活得更便利更舒适。然而，随着近年来中国城市化进程的急剧加快，超大城市的人口不断膨胀、资源承载力日益紧张，城市的交通、住房、医疗、环境、基础设施等与民生福祉息息相关的城市建设越发面临重大考验。如果这些现代“城市病”得不到良好解决，人民群众的普遍幸福感、价值认同感和心灵归属感都将是“空中楼阁”。

城市的核心是人，城市是人们共有的居所，城市文明无论发展到何种高度，其根基都是人的生产与生活，未来的城市文明典范建设也始终要遵循“人以城为家，城以人为本”的根本准则，以民生福祉筑牢城市文明典范的基石。民生福祉可以通过大量民生工程来提升，通过城市老旧小区改造项目，能解决公共卫生、老龄化，及社区医院短缺等问题；通过提供多元化、多样化的就业岗位，解决低收入群体的就业和收入问题。民生福祉可以彰显城市温度，为城市文明增加厚重感，在城市建设管理中知民情、解民忧，切实办好

---

① 赵鑫、周国和：《深圳：以创新思维推动城市文明典范建设——专访南方科技大学党委书记李凤亮教授》，《深圳特区报》2022 年 7 月 26 日。

② 张晓松、朱基钗：《习近平：城市是人民的》，新华社，2019 年 8 月 22 日。

群众牵肠挂肚的民生大事和天天有感的身边小事，把群众大大小小的事办好。打造城市文明典范，努力让高度的文明像水和空气一样时刻氤氲在我们身边，民生幸福必定会达到新的高度。

（三）文化自信育灵魂

“文化是民族生存和发展的重要力量。人类社会每一次跃进，人类文明每一次升华，无不伴随着文化的历史性进步。”① 文化也是一座城市历久弥新的印记，它不仅彰显着城市特色，更是一座城市的根脉和灵魂，其发展水平决定着城市的个性和品位。坚持把厚重的文化底蕴融入到城市建设之中，既符合文化发展自身规律，又能满足广大人民群众的精神文化需求。坚持文化自信既是提升城市文化软实力的根本，也将为城市更长远、更深沉、更良性的建设与发展培根铸魂。

文化是城市成长的滋养之源，对于每一座志向远大的城市来讲，文化的意义极为深远。无论何时，城市文明典范的树立，都离不开文化的持续浸润，离不开城市精神的持续塑造。城市精神是支配市民的价值取向、行为方式、心理导向的精神力量，是一座城市的灵魂。对于深圳这样的现代化城市来讲，既要率先塑造繁荣兴盛的社会主义文化、加速建成区域文化中心城市、充分彰显国家文化软实力，又要以文化为载体，不断提高广大群众思想道德素质和社会文明水平，不断重塑鼓舞市民健康向上的城市精神文明，将城市文明典范建设工作转变为新时代举旗帜、聚民心、育新人、兴文化、展形象的引领工程。

（四）智慧管理提效能

如果说文化是城市文明高度发展的灵魂，那么，数字智慧就是城市文明得以高度繁荣的保障，未来城市文明典范建设的一大基本趋势就是智慧管理。城市一切的建设和管理成果，最终目的都是为了人民的美好生活，而智慧化手段的目的也不例外。智慧化手段可以促进经济发展，通过智慧化的投资、消费、生产，可以拉动经济增长，促进消费升级，带动生产力提升，而人民的生活质量也将随

① 习近平：《在文艺工作座谈会上的讲话》，新华社，2014 年 10 月 15 日。

着经济发展而得到提升。智慧化手段可以促进民生质量的提高，推进智能医疗、智能养老、物联网监管、区块链金融等都可以大大提升服务的能力，提升人民对城市温度的感知。城市的建立就是为了人民的美好生活，应该让更多的人通过智慧化手段享受智能红利，提升政府治理能力，用智慧化手段化解养老、教育、医疗等民生难题。

在不断推进城市治理体系和治理能力的现代化进程中，以及在不断推进的以人为核心的城市文明典范建设中，我们都应科学合理地使用人工智能、物联网、区块链等智慧化手段，寻找技术的赋能逻辑，最终实现城市智慧化和治理现代化、实现城市文明的跨越式发展。

城市会思考，治理更高效。当前，智慧管理已经成为不少城市的大脑，通过城市大脑驱动智慧交通，让出行更便捷；将人脸识别系统应用智慧社区，让业主刷脸回家；通过智能天网系统，让违法行为无所遁形……未来，随着智慧城市建设进程的提速，数字化“智理”已融入了百姓日常，成为城市社会治理的重要力量，也成为城市文明发展的新风向。

（五）绿色生态可持续

“生态兴则文明兴，生态衰则文明衰”，文明与生态相辅相成、缺一不可。在未来的城市文明典范打造中，生态文明城市建设将尤为重要。何为生态文明城市？生态文明城市就是通过实现人与自然的和谐，进而实现城市在自然、经济与社会之间的可持续发展。生态文明城市要求城市的发展应以人的活动为主导、自然与生态环境为基础、要素流动为命脉、文化与体制为经络，形成“社会—经济—自然”的良性互动复合系统，是生态良好、环境友好、经济高质量、文化兴盛、社会和谐的城市发展典范。生态文明城市建设，有利于城市建设者们在当今世界高速城市化进程和城市人口迅速攀升的严峻形势下，不断强化自然环境、城市建设与人的需求满足等三个有机系统之间的高度耦合与互动，是我们实现创造更美好的城市栖所、更美好的社会生活的根本路径。

在 2013 年 12 月举行的中央城镇化工作会议上，习近平总书记曾深情指出："要让城市融入大自然，让居民望得见山、看得见水、记得住乡愁。"① 城市与自然是一个生命共同体，敬畏自然、善待自然，就是敬畏城市、善待城市的同义反复。建设亲近自然、融入自然的生态文明典范城市，是打造城市文明典范的重要组成部分，这一趋势不可当。以生态涵养城市文明，以绿色赋能文明典范建设，就是要以习近平生态文明思想为指导，统筹推进生态城市、森林城市、海绵城市、韧性城市、智慧城市和文明城市建设，率先形成人与自然和谐发展的现代化城市文明建设新格局。

三　典范：为创造人类文明新形态提供"深圳方案"

"典范"在词义上即是"可以作为榜样而起示范作用的人或事物"。城市文明典范反映了未来中国城市整体文明的最高水平，在中国式现代化新道路上和构建人类文明新形态进程中发挥引领示范作用，应成为全国乃至世界城市可学习、仿效标准的对象。深圳要打造城市文明典范，实际上就是要在城市文明领域做出"创造人类文明新形态"的"深圳方案"。

达此目的，至少要在三个层面有所明晰：一是典范性的衡量体系构建，我们可以将之称为"城市文明典范指数体系"的构建；二是示范性的比较含义阐释，关键是通过将中国式现代化条件下的城市文明典范与西方文明底色进行比较；三是深圳要打造的城市文明典范所具有特色及价值如何彰显与体现。

（一）城市文明典范指数构建

城市文明是国家文明的单元，是涵盖了经济建设、政治建设、文化建设、社会建设和生态文明建设"五位一体"总体布局的文明。城市文明典范的指数设计更加应该突出综合实力，更具有"先行示范"的特色与优势。

构建城市文明典范指数，要在基本内涵上完善"一模范、四高四力"的内容体系。"即模范学习宣传贯彻习近平新时代中国特色社会主义思想，物质文明建设和精神文明建设高质量发展，社会治

① 《习近平总书记系列重要讲话读本》，学习出版社、人民出版社2014年版，第74页。

理能力和城市治理水平高效能提升，群众生活质量和城市发展体制高水平改善，市民文明素质和城市文明程度高标准示范，具有显著的创建带动力、价值引领力、区域辐射力、国际影响力的文明城市范例。”① 构建城市文明典范指数，要在基本要求上注重城市文明建设的先进性、引领性，要能够充分展现中华民族和中国人民的高素质，充分展现中国城市的高质量建设水平，为加强社会主义城市建设和城市治理提供先进经验，做出先行示范。构建城市文明典范指数，要围绕“政治廉洁高效、经济高质量发展、文化繁荣昌盛、社会和谐安定、生态文明良好”等方面进行细化分类，在中国式现代化理论和实践探索基础上，研究一系列具体指标，形成具有引领性、实操性、可复制的城市文明发展指引。

中国式政治文明新形态的强大生命力在于不断创新和执政为民，依托马克思主义政治实践理论，尊重各国民主发展道路的多样化和独立性，坚持国家和民族发展的自信、自觉和自为，创造性地将党的领导、人民当家做主和依法治国有机统一，开创中国特色社会主义政治道路的同时，也为世界政治文明进步贡献中国方案。“政治廉洁高效”的指数构建，可以将民主法治、政府效能和社会基层作为主要目标指向，在政治民主、法治完善、政务高效、廉洁政府、数字政府、社区治理等方面进一步夯实。

中国式物质文明新形态的重要表征是经济高质量发展，主张以质的视角对经济发展成效和发展模式的品质优劣进行深刻揭示。经济高质量发展的核心是质量，主体是经济，充分强调质量要素的重要性，是对以往经济发展成效和模式评价的有效改进，不再单一侧重经济发展在数量、规模和速率方面的片面性追求。“经济高质量发展”的指数构建，可以将经济规模、经济结构、经济效益、创新经济和开放经济等作为主要目标指向，在宏观经济上的投资、消费、外贸等规模指标，经济结构上的产业、投资和消费等结构指标，以及全要素生产率等投入产出指标方面进一步夯实。

中国式精神文明新形态的核心旨要在于牢牢掌握意识形态工作

① 中央精神文明建设指导委员会办公室对全国文明城市典范的基本定义即为“一模范，四高四力”。

领导权，大力培育和践行社会主义核心价值观，加强社会主义先进文化建设，坚定文化自信，为全国各族人民实现伟大复兴中国梦提供坚实的思想基石、强大的精神动力、丰沛的道德滋养。“文化繁荣昌盛”的指数构建，可以将城市公共文化事业、城市文化产业、对外文化交流和城市文化治理与安全作为主要目标指向，在公共文化机构、公共文化活动、文化内容建设、文化产业增加值、文化企业及文化载体、对外文化艺术交流、文化知识产权维护、文化遗产保护、文化治理与执法等方面进一步夯实。

中国式社会文明新形态是人类社会关系与社会结构高度发展的表现，恩格斯就曾指出，文明是“社会的素质”。社会文明是人类在社会领域的进步程度和一切的积极建设成果，包括社会主体文明、社会关系文明、社会观念文明、社会制度文明、社会行为文明等方面的总和。“社会和谐安定”的指数构建，就是要实现社会关系与社会结构的和谐稳定，根基在于社会民生幸福，保障在于社会制度完善，核心在于社会观念文明，维护在于社会关系和谐及社会行为美化。

中国式生态文明新形态是遵循人与自然和谐共生的新主张，在“双碳”背景下，生态文明建设对中华民族伟大复兴和构建人类文明新形态的价值不断凸显。只有不断推进人与自然和谐共生的现代化建设，才能筑牢人类文明新形态的生态根基。“生态文明良好”的指数构建，可以从生态、生产和生活的“三生合一”中构建指标，从处理好人与自然的关系、生态文明与现代文明的关系、生态文明建设与经济发展的关系出发，细化好生态保护、生态经济和生态生活的相关指数。

（二）当代西方文明悖论及其野蛮底色

人类社会的特征之一本是文明多样，无奈“文明”概念在近代被殖民主义者政治化，人类被分为“文明”和“野蛮”两类。中国式文明新形态给人类社会所照亮的新前景，正是基于西方文明正在逐渐走向撕裂、悖反与野蛮的衬垫中而得出的。西方文明在经历了漫长的萌发、生长和对外扩张之后，已经从居于文明主导不断走向文明困顿，文明悖论越发凸显，文明外衣下的野蛮底色也在被逐渐揭开。

一般认为，西方文明的源头是地中海沿岸的古希腊、古罗马文明，它们以城邦为物理空间，以伦理为精神基石，以政治生活为公民存在，是适应古代西方奴隶制发展的政治、经济和社会模式的总和。在其起源之初，就不得不面临更早于它们的两河文明、古埃及文明的竞争压力，只有通过强化自身并向外扩张才能换来文明的延续，这也就造成了西方文明之源的本质外向性，侵占与扩张成为西方文明根植于内的重要基因。近代以来的“文艺复兴”浪潮和“工业革命”浪潮，分别为西方文明的思想解放和物质解放提供了充足的弹药，“理性主义”“天赋人权”“自由平等”等思潮更迭弥漫整个欧罗巴，“私有财产”“商品经济”和“生产过剩”等资本主义经济元素方兴未艾，西方文明也以野蛮态势开启了现代化和工业化的全球扩张之路。

从某种角度来看，资本原罪就是西方文明的原罪，无论是西方的文明和还是其现代化，都是伴随着“血与火”的进程，是靠掠夺与杀伐的野蛮得来的。自新航路的开辟，对于世界范围来说，既是一场伟大的航海行动，同时也是一场悲惨持久的杀戮的开始。新航路开辟后，结束了各大洲封闭不往来的状态，于是商贸开始繁盛起来，不同国家的产品相互交换，不同文明之间开始交流碰撞。西方世界以其超越东方国家的科学技术和生产力发展优势，用“血与火”来打开东方文明抱残守缺的豁口，实现其对异域文明和异质文明的长期征服、统治和同化，也造成了东西方文明体系的失衡与冲突。殖民史和全球掠夺史，就是西方文明得以主导世界的起源，更是西方文明体系的发家史。

西方中心主义根源于西方文明的中心主义和唯我主义的精神内核，其长期盛行为全球发展带来了严重的负面影响。一方面，西方中心主义是一种对世界文明多元化发展极具伤害性的国际话语体系和意识形态工具，西方文明向来对其他世界和地区采取“顺我者昌、逆我者亡”的价值倾轧，西方标准绝对凌驾于其他世界和地区人民之上，其不断将自我标榜的所谓的“绝对真理”，形成“普世价值”向全球强行兜售，甚至不断变本加厉地强制核心国家与盟友国家开展“文明站队”。在西方中心主义那里，所谓世界文明，不过是非我即彼，有我无他；另一方面，西方中心主义已经迷失在疯狂的自我价值的扭曲当中，社会内部的是非对错与善恶之分也日渐陷于“混乱之幕”，形式民主远大于实际民主，人民幸福远让步于政党之争，求之于外远大于求之于己，局部进步也远远抵消不了社会阶层的全面分化……西方中心主义必将在内外交困的境地中逐渐丧失生命力。此外，西方中心主义得以长盛，无外乎西方文明在全球体系中的霸权地位，“真理之在大炮射程范围之内”，从这个意义上来讲，西方文明也是充满了强权与霸凌的野蛮映射。

西方文明的不断困顿已经深刻影响到社会内部的极度撕裂。以美国为例，自南北战争结束后，其国内一直维持着较为平稳的局面，并未爆发大规模的内部冲突。经过上百年的积累，美国社会内部的矛盾已经十分尖锐，达到了总爆发的边缘。如今的美国至少面临着两大矛盾，第一大矛盾是阶级矛盾，作为典型的奉行新自由主义政策的资本主义国家，美国国内的贫富差距极为夸张。目前美国前1%的超级富豪占据了全美27%的财富，超过了占总人数60%的中产阶级所占有的财富。而美国排名在后50%的国民，所占有的财富不及前1%的富人的十分之一。第二大矛盾是种族矛盾，如今非裔美国人和拉丁裔美国人的人口比重飞速增长，白人很可能在几十年内丧失主体民族的地位。新冠疫情暴发三年以来，美国社会撕裂的问题愈加严重。围绕种族歧视问题、妇女堕胎权、社会正义和持枪权议题的政治斗争、社会对立、重大事件越来越突出，这凸显出了美国在价值观、社会问题上的态度及其实践上日趋分裂的现实。

西方文明矛盾的不断激发，当代世界大变局的持续演化，都需要呼唤人类文明发展格局的重塑，这种重塑的根本目的指向的就是摆脱西方中心主义的强势辐射和肆意操控，为构建人类命运共同体提供新的多元文明自由发展的良好参照、价值遵循和国际关系规范。中国所贡献的人类文明新形态，是对全球文明体系不断走向自由、多元、和谐发展之路的重要创新，是对全球文明依附格局和霸凌格局的“破”，是对全球文明和谐共生、美美与共发展愿景的“立”，已经“成为中国引领时代潮流和人类文明进步方向的鲜明旗帜”。

（三）中国城市文明典范的特色与价值彰显

中国城市文明典范作为中国文明新形态的集中体现，需要彰显的是中国式城市文明新形态，用中国表达、中国价值、中国范式来坚守中国城市的“文明之光”“文明之魂”。要坚持中国城市文明建设的独特理念，把牢中国城市文明建设的目标方向，完善中国城市文明建设的机制保障。

中国城市文明典范的建设理念，要汲取中华优秀传统文化的精髓。城市文明的构建一定不是“无根之木”“无源之水”，中华优秀传统文化作为中国城市文明发展的精神富矿，其所涵养的社会主义核心价值观，已经成为中国城市文明典范建设的核心旨要。城市文明典范建设过程中，涉及的城市治理智慧彰显、市民道德素质提升、社会文明和谐有序、经济发展高质高效以及生态环境优良美好等重要方面，都可以从中华传统文化中撷取无限的创意、理念和灵感。通过城市文明典范的打造，积极汲取传统文化精髓，对传统文化开展创造性转化和创新性发展，是树立科学的城市文明典范建设理念的关键所在。中国城市文明典范的建设理念，要以马克思主义的文明发展观和城市建设观作为理论指导。城市文明既是这座城市经济、政治、文化的综合“总体”，又是生活在城市中的市民生活总体的每一个方面。如何发展城市不仅涉及城市经济发展的社会关系，也必然涉及以市民权利的保障和维护为核心的政治关系，以及以习俗、价值体现、精神等为主要内容的市民思想观念的作用。全面均衡的城市文明发展是建设中国特色社会主义现代城市文明的必由之路。

中国城市文明典范的建设理念，要以城市本身的精神内核及其“在地转化”为现实参照。从某种程度上讲，城市文明典范建设的内容应该掌握在每一个城市市民的手中。城市文明的内核就是人的文明。每位市民都是城市文明的参与者、创造者和享受者。而文明城市的创建过程就是一个塑造新的市民共同体的过程，是一个滋养城市公共文明、城市公共精神的过程。一座城市让人们记住的，不仅仅是一栋栋高楼大厦、一串串经济数字，更是她文明、友爱、温暖的独特气质，以及这个不断自觉淬炼城市文明品格的过程。

中国城市文明典范的指向目标，要以人民为中心。文明城市的创建标准不断变化，但不变的指向都是为了“人”，必须把人民满意作为目标的出发点和落脚点。以人为本、民生为重才能彰显文明城市的气度。打造城市文明典范，要突出为人民服务的宗旨，从群众最关心的问题抓起，从群众反映最强烈的问题改起，要在城市管理、诚信经营、文明出行、社会服务、环境卫生、绿化美化等软硬件上积极完善。要不断提振民生，解决好教育、医疗、就业、养老等群众最关心、最操心、最烦心的事情，满足人民群众日益增长的美好生活需要，让每一个普通市民都能从城市的变化和进步中感受幸福，获得实惠。

中国城市文明典范的指向目标，要涵盖新时代的共同富裕。“仓廪实而知礼节，衣食足而知荣辱”。新时代的共同富裕必然是在物质生活和精神生活两个维度上的全面富裕，新时代的共同富裕也必然是在全体市民之间的共同富裕，要不断消除物质文明和精神文明、不同城市和区域、不同阶层和行业之间的不全面、不均衡发展的矛盾。推进城市文明典范建设，要不断促进城市基本公共服务的均等化、普惠化发展，在丰富市民物质满足的同时，补齐市民精神文化基础设施建设，满足市民对于精神文明的美好追求。

中国城市文明典范的指向目标，要以文明互鉴为目标构建人类命运共同体。城市之间的文明对话是构建人类命运共同体的具体路径和方法。相较国家间交往层面，城市文明对话多关注经贸合作与人文交往等非主权性事务，拥有更多灵活性。与此同时，又比各国单纯的民间交往多了一份正式感，能够更主动、有效地对接国家对外整体战略。以城市文明交流为契机，多维度地对外传播国家发展理念与价值观念，将会日益彰显出其独特性与有效性，更好地服务人类命运共同体的构建。

中国城市文明典范的指向目标，要以人与自然和谐共生为重要靶向。只有处理好人与自然的关系，才能使城市文明得以健康可持续发展。城市文明典范建设要牢固树立和践行“绿水青山就是金山银山”理念，打造安全低碳的生产空间、舒适宜居的生活空间、碧水蓝天的生态空间，要使城市文明在优良的生态建设中开花结果。

中国城市文明典范的建设机制，要以制度机制为保障。在文明典范创建中，要不断健全城市文明建设协同机制与长效治理机制，完善市民参与机制，坚持“人民城市人民建设，建好城市为人民”，积极引导和鼓励广大市民深入参与文明出行、文明就餐、文明用语、文明上网、垃圾分类、诚信经营等活动，形成城市文明共建共治共享的发展格局。

中国城市文明典范的建设机制，要以产业机制为支撑。在城市文明典范建设中，要推动城市文化产业的高质量发展，依托城市文化资源打造优势文化产业和产业集聚载体，强化文化产业对于城市精神的基础性夯实作用。要充分利用文化科技发展要素，将厚重的传统文化资源向新兴文化产品和文化资本转化，打造城市自己的文化 IP，输出城市文化价值。

中国城市文明典范的建设机制，要以文化软机制为导向。打造城市文明典范，要充分发挥文化在传播、启迪、凝聚和弘扬城市精神方面的重要功能，以文化的思想传播功能为基础，要以文化的人心凝聚功能为依托，要以文化的精神内化功能为指向，促进市民对于社会主义核心价值观的理解和践行，赋予城市发展积极向上的澎湃精神能量。

中国城市文明典范的建设机制，要以社区机制为依靠。打造城市文明典范，要充分发挥社区文明阵地的宣传、引导、动员作用，利用社区宣传栏、显示屏、微信公众号、居民群等“线上 + 线下”宣传方式，以点带面，在辖区范围内营造浓厚的创建氛围。充分发挥社区网格员作为居民和社区之间的“联络员”，号召市民做文明人、说文明话，以主人翁的精神参与到城市文明典范的建设中去。

参考文献

《习近平谈治国理政》，外文出版社 2014 年版。

《习近平谈治国理政》第 2 卷，外文出版社 2017 年版。

《习近平谈治国理政》第 3 卷，外文出版社 2020 年版。

《习近平谈治国理政》第 4 卷，外文出版社 2022 年版。

习近平：《在中国共产党第十九次全国代表大会上的报告》，人民出版社 2017 年版。

《马克思恩格斯选集》（1—4 卷），人民出版社 2012 年版。

《邓小平文选》第 3 卷，人民出版社 1993 年版。

鲍宗豪：《当代中国文明论》，东方出版中心 2019 年版。

陈宏在：《中国经济特区的精神文明建设（深圳卷）》，中共党史出版社 2003 年版。

陈威编：《公共文化服务体系研究》，深圳报业集团出版社 2006 年版。

陈威编：《完备的公共文化服务体系研究》，深圳报业集团出版社 2010 年版。

丁士昭、杨胜军：《政府工程怎么管：深圳的实践与创新研究》，同济大学出版社 2015 年版。

郭建宁：《中国文化强国战略》，高等教育出版社 2012 年版。

郭明飞：《网络发展与我国意识形态安全》，中国社会科学出版社 2009 年版。

韩源：《中国国家文化安全评论》，社会科学文献出版社 2014 年版。

胡惠林：《文化产业发展与国家文化安全》，广东人民出版社 2005 年版。

胡惠林、胡霁荣：《国家文化安全治理》，上海人民出版社 2020

年版。
黄敏：《智慧交通深圳的创新与实践》，人民交通出版社 2015 年版。
李凤亮、宗祖盼：《跨界融合与文化创新——文化产业论集》，社会科学文献出版社 2019 年版。
李小甘主编：《深圳文化创新之路》，中国社会科学出版社 2018 年版。
连玉明：《重新认识世界城市》，当代中国出版社 2013 年版。
毛少莹：《公共文化服务概论》，北京师范大学出版社 2014 年版。
聂立清：《我国当代主流意识形态认同研究》，人民出版社 2010 年版。
曲慧敏：《中华文化走出去战略》，清华大学出版社 2017 年版。
深圳创新发展研究院：《中国改革创新报告：国家治理现代化研究》，人民出版社 2015 年版。
石文卓：《新时代中国文化安全问题研究》，华东师范大学出版社 2021 年版。
陶一桃、魏建漳：《深圳改革创新之路（1978—2018）》，中国社会科学出版社 2018 年版。
王京生：《城市文化"十大愿景"》，中国人民大学出版社 2015 年版。
王京生：《我们需要什么样的文化繁荣》，社会科学文献出版社 2014 年版。
王为理、陈长治编：《深圳文化发展报告·2020》，社会科学文献出版社 2020 年版。
王为理主编：《全球与深圳——城市文化的视角》，社会科学文献出版社 2021 年版。
王岩：《新时代中国精神文明建设研究》，中国社会科学出版社 2020 年版。
王永华：《网络媒体传播下维护主流意识形态安全研究》，中国社会科学出版社 2021 年版。
王振等：《上海：全球城市坐标的文化战略》，上海社会科学院出版社 2018 年版。

吴定海主编：《深圳密码：迈向社会主义现代化强国的城市范例》，中国社会科学出版社 2010 年版。

吴松营：《深圳的艰难与辉煌》，广东人民出版社 2015 年版。

吴忠：《城市文化与文明》，人民出版社 2011 年版。

新华通讯社课题组编著：《习近平新闻舆论思想要论》，新华出版社 2017 年版。

邢毓静：《金融改革开放 40 年：深圳案例》，中国金融出版社 2018 年版。

艺衡、任珺、杨立青：《文化权利：回溯与解读》，社会科学文献出版社 2005 年版。

于炳贵、郝良华：《中国国家文化安全研究》，山东人民出版社 2007 年版。

于洪君主编：《理解“百年未有之大变局”》，人民出版社 2020 年版。

曾荣平：《我国文化产业安全实现机制研究》，经济科学出版社 2010 年版。

张骥：《中国文化安全与意识形态战略》，人民出版社 2010 年版。

张小平：《当前中国文化安全问题研究》，社会科学文献出版社 2012 年版。

赵德江：《当代中国意识形态转型研究》，经济科学出版社 2009 年版。

中共深圳市委宣传部、深圳市社会科学院编：《新时代深圳精神》，海天出版社 2020 年版。

中共中央党史和文献研究院编：《习近平关于社会主义文化建设论述摘编》，中央文献出版社 2017 年版。

中央国家安全委员会办公室：《国家文化安全知识百问》，人民出版社 2022 年版。

周晓宏：《我国文化产业安全预警体系构建研究》，人民出版社 2020 年版。

［美］爱德华·W. 萨义德：《文化与帝国主义》，李琨译，生活·读书·新知三联书店 2003 年版。

［美］刘易斯·芒福德：《城市发展史——起源、演变和前景》，宋俊岭等译，中国建筑工业出版社 2004 年版。

［美］刘易斯·芒福德：《城市文化》，宋俊岭等译，中国建筑工业出版社 2009 年版。

［美］塞缪尔·亨廷顿：《文明的冲突与世界秩序的重建》，周琪等译，新华出版社 2010 年版。

［美］约瑟夫·奈：《美国注定领导世界？——美国权力性质的变迁》，刘华译，中国人民大学出版社 2012 年版。

［英］彼得·J. 泰勒等：《世界城市网络：一项全球层面的城市分析》，刘行健、李凌月译，江苏凤凰教育出版社 2018 年版。

［英］彼得·霍尔：《文明中的城市》，王志章译，商务印书馆 2016 年版。

［英］查尔斯·兰德利：《创意城市：如何打造都市创意生活圈》，杨幼兰译，清华大学出版社 2009 年版。

［英］托尼·本尼特：《文化、治理与社会》，王杰等译，东方出版中心 2016 年版。

后　　记

深圳是一座特别的城市，一定意义上，深圳的崛起、发展是中国社会主义现代化建设的缩影。今日的深圳，更是承载着无数人的期望，甚至国家的使命。2019 年 9 月，《中共中央　国务院关于支持深圳建设中国特色社会主义先行示范区的意见》首次提出“城市文明典范”的概念，并明确将之作为深圳建设中国特色社会主义先行示范区的五大战略定位之一。2021 年 7 月，在庆祝中国共产党成立 100 周年大会上，习近平总书记提出了“创造人类文明新形态”的论断。而城市文明典范，理所当然是这种文明新形态的重要体现。

从 2008 年来深圳算起，转瞬间我在鹏城已经工作、生活 14 年了。除了故乡盐城，深圳是我待的时间最长的地方，说是第二故乡，毫不为过。在深圳十多年，从个人感受上来说，深圳环境一流，年轻、永远充满活力，是个让人无法不爱的城市。能够在深圳工作和生活，是我和这座城市的缘分，而能够以研究者的身份审视和了解深圳，更是我个人的荣幸。深圳在成为经济特区以来的经济发展有目共睹，有感于这座城市文明建设的进步和提升，2022 年以来，南方科技大学在中共深圳市委宣传部、深圳市社会科学院指导支持下，积极筹建“全球城市文明典范研究院”。2022 年 5 月，市社科院筹划“深圳改革创新丛书”之《深圳这十年》特辑，其中“深圳打造城市文明典范研究”一册，顺理成章地找到了我们牵头研究和写作。这对于南方科技大学，是难得的与这座城市同呼吸共成长的机缘；而对于我个人，则更多的是压力和挑战。

本书是集体劳动的成果。全书由我拟定写作框架、主持编写修改，团队主要写作者包括杨晗旭博士（南方科技大学，负责第一章）、王德军教授（南方科技大学，负责第二章）、袁园副研究员（深圳市文化广电旅游体育研究中心，负责第三章）、曹科岩教授（深圳职业技术学院，负责第四章）、杜磊副教授（深圳大学，负责第五章）、王占军博士（深圳大学，负责第六章）、陈能军副教授（南方科技大学，和我共同负责前言和结语）。全书由我最后进行统稿，王占军博士在收集整理书稿及统稿修改过程中做了大量扎实有效的工作。本书的写作得到了中共深圳市委宣传部和深圳市社会科学院的大力支持，前不久的 8 月 3 日，由中共深圳市委宣传部与南方科技大学合作共建的“全球城市文明典范研究院”揭牌，11 月 6 日，由南方科技大学全球城市文明典范研究院承办的首届“全球城市文明论坛”在深圳举办。这个秋天，这本书将和研究院一起作为我们城市文明典范研究新的起点，期望它们能有益于这座城市并可以和她分享一起成长的荣光。

城市文明典范是一个崭新的研究领域，既需要深入的理论探讨，也需要系统的实践分析。本书在这方面做了一点尝试，试图以深圳为样本，对党的十八大以来深圳城市文明建设的成就进行总结回顾，对未来城市文明典范建设进行规划展望。本书前言“为建设全球标杆城市提供巨大文明能量”阐述背景、提出问题，旨在说明文化建设和文明发展在全球城市建设中的独特价值；中间六章按照背景和理念、实践与经验、展望与设想的逻辑，分别对这十年来深圳城市文明建设的不同领域进行总结和阐发；结语“在创造人类文明新形态中走向城市文明典范”面向未来，分析在我国创造人类文明新形态的历史进程中可能提供的“深圳方案”“深圳路径”。研究团队在短短几个月的撰写过程中，努力搜集相关材料，多次讨论写作方案，尽量使写作保持较好的研究水准并能拿出有质量的成果。由于时间仓促、城市文明研究的学科跨度大等因素，全书对深圳这十年文明建设理念与实践的把握仍有欠缺，对深圳城市文明典范填补人类文明新形态的思考仍有待提升。除此之外，本书的其他错谬想必亦有不少，请各位读者不吝指正。

李凤亮

2022 年秋于深圳听云轩